KB083481

조선여자근로정신대 유족과의 교류

인간의 보루

인간의 보루 조선여자근로정신대 유족과의 교류

초판인쇄 2020년 3월 20일 **초판발행** 2020년 3월 30일
지은이 야마카와 슈헤이 **옮긴이** 김정훈
펴낸이 박성모 **펴낸곳** 소명출판 **출판등록** 제13-522호
주소 서울시 서초구 서초중앙로6길 15, 1층
전화 02-585-7840 **팩스** 02-585-7848
전자우편 somyungbooks@daum.net **홈페이지** www.somyong.co.kr

값 17,000원
ISBN 979-11-5905-512-6 03910
ⓒ 소명출판, 2020

조선여자근로정신대
유족과의 교류

인간의

보루

THE BASTION OF HUMANITY

야마카와 슈헤이 지음 ｜ 김정훈 옮김

소명출판

조선여자근로정신대로서

고난의 길을 걸어야 했던 사람들에게 바친다.

이 책은 저작권자와 출판권자의 양해와 협의로 출간되었습니다. 이 책의 일본어판은 다음과 같습니다.
山川修平, 『人間の砦』, 三一書房, 2008.

근로정신대 피해자를 지원하는 일본 시민단체의 정식 명칭은 '나고야 미쓰비시 조선여자근로정신대
소송을 지원하는 모임'입니다. 본문에서는 약칭으로 표기할 때 '나고야 지원회'로 표기하였습니다.

차례

서문

이 책은 전 미쓰비시중공업 나고야 항공기제작소 도토쿠道德공장 (아이치현愛知県)에서 군용기생산에 종사해야 했던 '조선반도 여자정신대 근로봉사대'의 소녀들이 겪은 가혹한 운명을 들추어낸 것입니다. 그리고 그들의 전후배상에 관한 재판투쟁의 동향을, 한 사람의 일본인으로서 한국·조선과의 관계 속에서 직접 체험한 삶을 통해 그려낸 내용입니다.

'조선반도 여자정신대 근로봉사대'의 소녀들은 아시아태평양전쟁이 휘몰아치던 상황에 일본의 '국책'에 따라 조선반도에서 일본으로 끌려왔습니다.

"일본에 가서 일하면 기숙사에 들어가 급료를 받으면서 여학교에 다닐 수 있고 공부할 수 있다"고 하는 감언에 속은 결과였습니다. 하지만 일본에 와보니 형식적인 '교육'일 뿐 학교는커녕 비행기생산에 종사할 수밖에 없는 나날을 보내야만 했습니다. 일본의 패색이 짙어져 가는 상황에서 식량도 넉넉지 않았습니다.

군부는 이와 같은 사실조차 보도하는 것을 금지시켰습니다. 1944년 12월 7일, 도난카이東南海 지진으로 6명의 소녀들이 건물의 붕괴로 소중한 목숨을 잃었습니다(그중에는 당시 14세이던 김순례金淳禮

씨도 있었습니다. 그녀의 큰오빠인 김중곤金中坤 씨와의 만남이 그 후 나의 20년의 역사를 바꾸었습니다).

소녀들은 그 후 도야마富山로 이전한 공장으로 가서 일본이 패전할 그날까지 노동에 시달려야 했습니다. 그리고 1945년 10월, 맨몸으로 조국으로 돌아와야 했습니다. "조만간 임금을 보내주겠다"라는 말만 믿고서……. 공장에서의 익숙치 않은 작업은 고통스러운 것이었습니다. 형식적으로 급여도 나오게 되어 있었으나 소녀들은 한 푼도 손에 쥐지 못했습니다. 당시 발족 후 얼마 지나지 않은 후생연금보험 가입도 소녀들이 전혀 알지 못한 채 진행되었습니다.

소녀들의 '전후사'는 제2차 세계대전 후 조국과 민족을 둘로 갈라놓은 한국전쟁으로 더욱 가혹한 행보를 할 수밖에 없는 시간의 연속이었습니다. 조국의 상황이 겨우 안정되자 소녀들은 자신들의 '전후사'를 정리할 목적으로 전시하의 건에 배상을 요구하며 1999년 일본과 미쓰비시중공업을 상대로 나고야지방재판소에 소송을 제기했습니다.

제1심에서 '국가무답책國家無答責', '제척기간除斥期間', '한일조약의 청구권협정에 의해 양국 간의 배상·보상 문제는 해결되었다' 등의 '이유'로 원고(소녀들)의 청구는 기각되고 말았습니다. 원고는 나고야고등재판소에 항소했지만 제2심에서도 역시 청구는 기각되었습니다. '사법부가 판단할 영역이 아니다. 판단 불가능한 영역'이라는 의미였을까요. 제1심도 제2심도 최고재판소의 과거 판례에 의거해 이러한 판결을 내렸습니다.

그러나 나고야고등재판소는 제1심이 전혀 해석의 여지없이 판단을 내린 문제에 대해 다음과 같이 인정했습니다.

① 국가와 미쓰비시중공업의 불법행위 책임의 성립을 인정하며, 아직까지 미해결된 문제이다.

② 어린 소녀들의 향학열을 역으로 이용해 가족의 품에서 끌어간 행위는 "기만 혹은 협박으로 정신대원에 지원하게 한 것으로 인정되며 강제연행이라고 보아야 한다".

③ 소녀들에게는 "연령에 비해 가혹한 노동이었던 점, 빈약한 식사, 외출과 편지의 제한·검열, 급료의 미지불 등의 사정이 인정되며 게다가 정신대원을 지원하기에 이른 경위 등도 종합하면 강제노동이이라고 보아야 한다".

④ 당시 일본도 비준한 ILO(국제노동기관) 조약29호(강제노동에 관한 조약)를 위반했다.

⑤ 국가무답책의 법리 적용에서 명확히 벗어나 미쓰비시중공업이 그 책임을 회피하기 위한 논거로 삼아오던 전쟁 전의 미쓰비시중공업과 현재의 미쓰비시중공업의 '별도 회사론'에 대해 실질적으로는 계속성이 존재하므로 불법행위 책임을 질 여지가 있다.

이 나고야고등재판소의 판결처럼 '조선반도 여자정신대 근로봉사대'의 소녀들이 일본으로 끌려온 것은 기만에 의한 것이었습니다. 지각없는 소녀들에게 고통스런 노동을 강요한 것을 강제연행·강제노동이라고 말하지 않는다면 도대체 무엇을 강제연행·강제노동이라고 말할 수 있겠습니까.

소녀들의 운명을 바꾼 것은 일본제국 전시하의 '국책國策'이었습니다. 전시하의 '국책'도, 조선·한국의 전후사와 한국전쟁과 남북분단의 역사도 일본이 조선을 식민지로 수탈한 역사를 논외로 하고서는 존재할 수 없습니다.

일본의 패전까지 우리는 조선인을 '황국신민'으로 삼았습니다. 조선인에게서 조선어와 이름을 빼앗은(창씨개명) 주체는 다름 아닌 일본입니다.

제게는 '소녀들'에 대한 배상의 건에 있어서 양국 간의 조약으로 매듭이 지어져 '완전히 해결'됐다고 방관하는 것은 도저히 불가능합니다.

전후 60여 년이 지난 지금 당시 '소녀들' 다수가 80세의 고령자가 되었습니다. 강제연행·강제노동의 사실을 분명히 인정한 뒤 인도적이고 현실적인 해결 방법을 추구하는 것이 지금 우리들 눈앞에 놓인 과제입니다. 역사 앞에 겸허해야 함과 동시에 무지해서는 안 됩니다. 잘못을 고치는 데 인색해서는 안 된다는 말도 있지 않습

인간의 보루

니까. 이 책을 한 사람이라도 더 많은 일본인이 읽어주기를 진정으로 바랍니다.

그리고 재판관을 비롯한 사법관계자 분들도 꼭 읽어주시길 바랍니다. 과거 판례는 존중해야 마땅하다고 저도 생각합니다. 하지만 여러 사실이 밝혀졌고 차츰 역사의 진실이 드러나고 있을 때에는 판례에 상관없이 인도적이고 현실적인 해결을 추구하는 판단(판결)이 한 사람 한 사람의 재판관에게 요구된다고 생각합니다. 자립과 자율에 근거한 판결을 내리시는 것, 이것이 결국 사법의 독립, 재판관의 독립을 담보하는 길 아니겠습니까.

또한 미쓰비시중공업 사원 분들도 읽어주시기 바랍니다. 매주 금요일 아침, 미쓰비시중공업 본사 앞에서 '어필행동'(금요행동)을 이어가고 있는 것도 우리들의 의사를 이해해 주시리라 생각하기 때문입니다. 지금까지의 재판에서는 현재의 미쓰비시중공업과 전시 중의 미쓰비시중공업은 동일 회사가 아니라는 '논리'를 전개하며 잘못이 없고 배상 책임을 지지 않겠다는 근거로 활용했습니다. '원고의 마음을 왜 헤아릴 수 없을까' 하고 전 일찍이 분노하기도 했습니다만, 지금은 여러분의 양심에 호소하려고 노력하고 있습니다. 미쓰비시중공업이 인도적인 입장에서 현명하고 현실적인 대응을 해주기를 바라고 있습니다.

새로운 시대의 한일·북일의 관계, 나아가 중국 및 아시아 제국諸

國과의 관계를 구축하기 위해서도 정부관계자와 정치와 행정에 관여하는 분들 역시 읽어주시기 바랍니다. 정부의 중요한 위치에 있는 분의 결단은 역사를 바꾸는 커다란 요소가 됩니다. "한일조약으로 모든 게 완전히 해결"되었다는 냉랭한 태도에서는 양국의 진정한 우호와 평화가 움트지 않습니다. '과거를 잊지 말고 미래의 스승으로 삼자[前事之忘 後事之師]'(『사기』)라는 말도 있는데, 일본인으로서 잊어서는 안 되는 일이 무엇인지, 진지하게 대처해 가야 하지 않겠습니까.

인간의 보루

1

반도 여자정신대
근로봉사대

소녀들이 도착한 곳은 미쓰비시중공업 나고야 항공기제작소 도토쿠공장이었다.
(제4 료와(寮和) 기숙사 입실 풍경)

국민의 대부분이 허우적대며 혼돈을 겪던 버블경제라는 것은 무엇이었을까? 그로부터 이미 십수 년이 흘렀지만 후유증은 아직도 남아 있다. 국민 생활에 헤아릴 수 없을 정도로 상처를 남긴 이 버블경제는 1989년부터 약 3년간이 절정기였다.

나는 하우스 메이커의 영업 추진부장이라는 직책을 맡아 그때를 체험했다. 주택산업은 특히 버블경제의 혜택을 입은 산업 중 하나이다. 당시의 상황을 한마디로 표현한다면 축제 때처럼 법석대는 바로 그 자체였다.

일본의 총 주택 착공건수를 시기적으로 관찰하더라도 89년부터 3년간은 매년 160만 호를 유지했다. 그리고 이 시기의 은행 주택융자 신규대출 건수는 매년 117만 건, 주택금융금고의 대출 건수는 98만 건에 이르렀다. 금액으로 산출하면 이 3년간 약 70조 엔이 넘게 대출되었다.

사내의 지점장 회의나 영업 회의의 과제는 '어떻게 하면 수주를 올릴까'에 있었던 게 아니라 '어떻게 하면 시공 체제를 강화할까'에 있었다. 직원 부족이 심각한 과제였다.

각 하우스 메이커의 주가는 급등했고 경영진과 간부사원은 주식란에서 눈을 떼지 못했다. 매일 달라지는 버블경제의 지수를 냉정하게 파악하는 자체가 어려웠다. 일반 사원은 큰 상여금에 흥분했다. 기업의 수익은 재테크와 해외까지 미치는 부동산 투자와 다각 경영으로서의 리조트 개발에 집중되어 많은 사람들이 몰려들었다.

휴일에는 골프 삼매경에 빠졌고 사내의 골프 대회나 업계의 골프 대회가 빈번히 개최되었다. 열병의 만연이었다.

버블경제는 실체의 근거가 없는 상황에서 예측만으로 지가나 주가가 폭등하는 경우를 말한다. 실체 없는 경제는 언젠가 붕괴한다는 것을 이론으로는 이해하고 있어도 남이 돈을 벌었다는 얘기를 들으면 자극을 받는 것이 인지상정이다. 그것은 기업도 개인도 마찬가지다.

나 자신도 버블경제의 혜택을 입은 사람임에 분명하다. 때때로 한국 여행이 가능했던 것도 또한 골프 삼매경에 빠져 지낸 것도 버블경제가 없었다면 있을 수 없는 일이었다.

하지만 버블경제 붕괴 후 지옥을 경험한 기업이 대부분이었다. 주택산업계만을 놓고 보더라도 도산하거나 폐업한 기업은 헤아릴 수 없을 정도로 많았다. 이 악몽의 버블경제는 도대체 어떻게 불타오른 것일까? 붕괴 후 경제학자가 해명한 버블경제 발생의 경위를 도식화하면 대충 다음과 같다.

플라자합의(1985.9.22) → 블랙 먼데이(1987.10.19) → 영구 저금리신화 → 융자난맥亂脈 → 투기 붐(버블경제)

뉴욕의 플라자호텔에 미국과 일본, 그리고 유럽 선진 5개국의 재정경제부 장관과 중앙은행 총재가 실제적 가치 이상의 달러화 강세를 시정하기 위해 모였다. 각국은 협조해 '달러 시세 인하유도'라는 합의를 했다. 이것이 플라자합의이다. 국제정책협조가 이루어져 2년 후인 87년에는 달러화 약세의 목표는 달성되었다. 시세도 안정되었다. 이 무렵 일본과 서독은 금리인상을 유도하는 정책을 폈다.

1987년 10월 19일 뉴욕의 주가가 갑자기 크게 폭락했다. 자금이 뉴욕에서 빠져나갔다(블랙 먼데이). 일본과 유럽의 금리 오름세에 대한 기대가 도화선이 되었다. 일본의 은행은 금융조절에 철저히 착수해 시장금리를 대폭 낮췄다. 그 후 공정금리를 2.5%로 계속 낮게 책정했다. 공정금리를 낮추면 다시 달러가 폭락하리라는 우려가 있었다. 이런 상황이기에 일본의 금융기관은 '영구 저금리'를 확신했다.

17

이 확신이 바로 '영구 저금리 신화'라고 불리는 개념이다. '영구 저 금리'는 연구 융자난을 의미했다. 은행의 대출에 대한 초조함이 기 업과 개인의 융자난맥으로 이어졌다. 융자난맥으로 남아도는 자금 은 재테크를 위해 투자되었다. 투자 대상이 된 주식, 부동산은 금세 폭등했으며 이때 나타난 현상이 다름 아닌 버블경제였던 것이다.

당시 '영업 전략연구회'라는 모임이 있었다. 큰 규모의 여러 하우 스 메이커 회사의 영업스태프 간부사원으로 구성된, 정보 교환을 목적으로 한 모임이었다. 영업 추진부, 기획부, 또는 광고 선전부의 부서 과장들이 멤버였다. 서로가 라이벌 회사여서 전략연구를 내세 우는 것은 모순이었다. 실제로는 가벼운 친목회라고 보는 편이 타 당했다. 2개월에 한 번 차례대로 간사를 맡아 개최하였는데 각 회사 에서 두세 명이 출석했다. 나도 그곳의 단골멤버 중 한 사람이었다.

1년에 두 번 온천지 등에서 1박을 겸하는 골프대회도 열렸다. 기 업의 벽을 뛰어넘는 가족적인 친목회였다. 골프를 싫어하는 멤버는 한 사람도 없었다.

1992년 여름, 버블경제에도 어두운 그림자가 드리우기 시작할 무렵이었다. 누군가 한번 해외로 가서 플레이를 해보자는 의견을 제시했다. '앞으로 경제가 어떻게 될지 모른다. 게다가 국내의 골프 장에 나가는 건 성에 차지 않는다. 지금이 해외로 나가 플레이를 해

볼 찬스인지 모른다.' 모두들 그렇게 생각했다. 하지만 해외로 나가자면 자금도 드는 데다가 삼사 일은 쉬어야만 한다. 자금 때문에 걱정을 할 멤버들은 아니었으나 아무래도 시간을 낼 수 없다고 하는 의견이 많았다. 결국 관심 있는 사람들만 나가기로 했다. 가까운 해외라면 괌, 한국, 대만 등이다. 나는 해외에서 플레이를 해보고 싶다고 생각할 정도로 골프광은 아니었다. 우선 실력으로 보더라도 불안한 수준이었다. 이미 괌이나 하와이 등에서 플레이를 경험한 멤버도 적지 않았으니 말이다.

"최근엔 한국의 제주도가 재미있을 것 같네요."

정보통인 멤버가 제안해서 엉겁결에 모두의 의견이 그곳으로 모아졌다. 해외에 나가서까지 골프를 할 의사는 없었던 나였지만, 한국이라면 꼭 참가하리라는 생각이 강했다. 이미 수차례 서울을 방문한 적이 있었고 NHK라디오방송의 한글 강좌를 매일 아침 청강하고 있었다. 하지만 제주도에는 한 번도 가본 적이 없었기에 언젠가 골프와는 상관없이 그곳에 가보려고 생각하고 있던 참이었다.

'영업 전략연구회'의 멤버 중 학창 시절 골프부에서 활동했다고 하는 싱글 플레이어가 있었다. K홈 영업기획부의 미야하라宮原 차장이었다. 그에게 이번 투어에서 간사 역할을 맡기기로 결정했다. 여행회사와의 협의에서부터 현지 스케줄에 이르기까지 그에게 일임했던 것이다.

후일 투어 기획내용이 정해져 참가자를 모집했다. 그런데 결국 나를 포함한 4명만이 참가하게 되었다. 바로 골프에서 말하는 한 조였다. 가까운 장소라지만 해외에 나간다니 어지간한 골프광이 아니면 주저하지 않을 수 없다. 회사 사정에다가 가정 일도 있다. S홈 영업개발부의 사쿠마佐久間 부장, T하우스의 광고선전부 이마무라今村 부장, 간사를 맡은 K홈의 미야하라 차장, 그리고 나를 포함해 4명 뿐이었다. 나를 제외하고 3명은 한국 여행이 처음이었다.

92년 7월 초순 중년인 네 사람은 2박 3일의 일정으로 골프 투어에 나섰다. 나리타成田를 출발, 부산을 경유해 제주도로 들어갔다. 시차가 없는 가장 가까운 외국, 비행 시간 약 2시간밖에 걸리지 않는 한국이다.

일본의 현縣에 해당하는 행정구분은 한국에서는 도道다. 제주섬 이지만 제주도라고 불린다. 섬 하나가 하나의 도인 것이다.

조선반도의 남단에서 약 70킬로, 제주 해협을 끼고 남쪽 바다에 떠 있는 섬이다. 텔레비전에서 기상도의 영상이 비칠 때 마치 반도의 물방울처럼 보이는 섬이다. 총면적으로 보면 사도시마佐渡島의 약 두 배 정도의 넓이다. 섬의 거의 중앙 지점에 한국에서 가장 높은(해발 1,950미터) 휴화산인 한라산이 우뚝 솟아 있다. 그 웅대한 산의 자태는 섬의 어느 위치에서도 바라볼 수 있다. 섬 전체가 이 당당한 한라산의 품에 안겨 있는 듯한 인상이다. 섬 주민은 약 54만 명. 인구는 섬 북부에 위치하는 제주시와 남부에 위치하는 서귀포시에 몰려 있다. 현재는 섬 전체가 한국 제일의 관광지이고 40여 곳 이상의 관광호텔이 밀집해 있다. 80년대에 들어와 급속히 관광개발이 추진되었지만 원래 관광자원인 자연이 묻혀 있던 섬이다. 한때는 한국의 신혼여행의 메카이기도 했다.

서귀포시는 일본에선 축구팬뿐만 아니라 많은 이에게 월드컵 선정지로도 그 이름이 알려져 있다. 또한 이곳엔 고급 리조트호텔이 여러 개 있어서 정치적으로도 국제회의나 정상회담이 종종 열리기

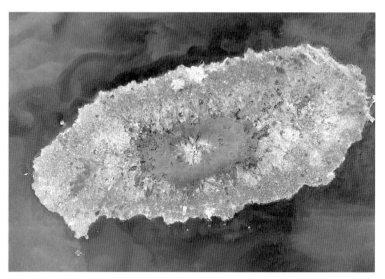

제주도 위성사진

도 한다. 관광객들도 일본뿐만 아니라 아시아 각지에서 방문하고 있다. 하지만 이 섬의 역사는 결코 현재처럼 화려하지 않다. 일본과의 관계로 보아도 한국에서는 가장 연이 깊은 곳이지만, 이 화산섬에는 피와 통곡의 역사와 독특한 문화가 숨어 있다.

착륙 직전 상공에서 바라본 제주도의 첫인상은 녹음이 무성한 자연의 아름다움 자체였다. 녹음 속에 산재해 있는 민가의 지붕 색깔은 붉은 계열이 많았다. 그 색의 대비가 리조트의 섬임을 느끼게 했다.

오후 4시를 조금 지나서 도착했다. 도착 로비에 들어서자 환영을 나온 인파가 반원을 그리고 있었다. 관광객을 맞이하는 플래카드가 적지 않게 눈에 띄었다.

"아, 저쪽에 와 있네요."

미야하라 차장이 재빨리 자신의 이름이 쓰인 플래카드를 발견하고 말했다.

손가락으로 가리키는 쪽을 보니 '미야하라 씨 일행 분들'이라고 쓰여 있었다.

"일행 분들이라니 두 손 들었네요."

T하우스의 이마무라 부장이 웃으면서 말했다. 네 사람은 얼굴을 마주보며 수줍은 듯 웃었다.

"미야하라 씨입니까?"

플래카드 쪽으로 다가가자 40대로 보이는 키 큰 남자가 말을 걸어왔다.

"가이드 박입니다. 잘 부탁드립니다."

네 사람은 가볍게 답례를 했다. 간사인 미야하라 차장이 명함을 내밀었다.

"이번 제주 여행은 제가 끝까지 안내하겠습니다."

박 씨가 각자에게 명함을 건넸다.

"잘 부탁드립니다."

네 사람도 인사를 했다. 네 사람은 러프한 복장이었는데 박 씨는 반소매 와이셔츠에 넥타이를 단정히 매고 있었다. 독특한 스타일로도 여겨지는 남성용 손가방을 들고 있었다. 네 사람은 박 씨의 안내로 곧장 주차장으로 향했다. 여름의 햇빛이 눈부시게 비추고 있었다. 공기도 맑았다. 공항의 규모나 분위기, 그리고 밖의 자연 풍경을 보니 남쪽 오키나와沖縄의 나하那覇 공항과 비슷했다.

"상당히 좋은 곳이군요."

미야하라 차창이 말했다.

"고맙습니다."

박 씨는 기쁜 듯 미소를 보였다.

원박스카에는 젊은 운전수가 대기하고 있었다. 일본어를 전혀 못한다는 운전수가 웃음을 지으며 네 사람을 맞이했다. 공항에서 제주시의 시가지로 향하는 넓은 도로는 깨끗이 정비되어 있었다. 가로수도 아름다웠다. 박 씨는 앞으로의 계획을 간단히 얘기하기 시작했다. 공항에서 시가지까지 몇십 분밖에 걸리지 않는다는 말을 듣고 네 사람은 나리타 공항의 불편함을 새삼 실감했다.

자동차는 스피드를 높여 달렸다. 일본인이 한국에 와서 제일 먼저 놀라는 것은 달리는 자동차의 스피드. 자가용은 물론 택시도 버스도 마구 달린다. 솔직히 말해서 무섭다.

"얘기는 들었지만 정말로 마구 달리네."

S홈의 사쿠마 부장이 말했다.

"조금 무서울 정도군요."

이마무라 부장이 웃으면서 거들었다. 네 사람 모두 자동차 흐름에 넋을 잃었다.

시가지에 들어서자 한글 간판이 눈에 들어왔다. 해외에 온 실감이 났다. 일본의 거리와는 또 다른 정취가 넘쳐흐른다. 왠지 모르게 설레는 순간이다.

이윽고 커다란 고급 호텔 앞에 이르렀다. 제주시 넘버원의 그랜드호텔.

"내일은 이 그랜드호텔에서 숙박하실 겁니다."

박 씨가 설명했다.

"오늘은 서귀포의 리조트호텔에서 숙박하십니다."

모든 걸 가이드에게 일임한 실로 마음 편한 여행이다. 여행은 소수일 때가 가장 즐거울지도 모른다. 박 씨는 오사카大阪에서 3년 정도 보낸 경험이 있다고 하는 만큼 일본어가 완벽에 가까웠다.

서귀포까지 약 40~50분 정도 걸린다고 했다. 시가지를 벗어난 자동차는 서귀포로 향하는 길로 접어들었다. 깨끗이 포장된 드라이브 코스였다.

갑자기 박 씨가 말했다.

"예약은 하지 않았습니다만 혹시 여자가 필요할 때는 말씀해 주세요."

박 씨는 은근슬쩍 일본인 관광객을 유혹했다. 네 사람은 침묵한 채로 들었다.

"우리는 골프가 메인이니까요."

미야하라 차장이 웃으면서 미소로 답했다.

"네, 필요하실 때에는 불러주세요."

"네, 알겠습니다."

박 씨는 일본인의 마음을 간파한 듯 가볍게 쓴웃음을 지었다.

네 사람은 유혹에 끌려들어 갈 것 같은 불안과 동요를 느끼며 입을 다물고 있었다.

라디오에서 한국의 노래가 흐르고 있었다. 트로트라고 불리는 한국식 엔카演歌였다.

전부터 나는 한국어가 노래로 불리면 묘한 매력을 자아내는 언어로 변한다고 생각했었다. 한국식 엔카는 일본인의 마음을 사로잡아 버린다. 한국에 반한 다수의 일본인은 이 한국식 엔카에 그 원점이 있다는 것을 깨닫지 못하는 것 아닐까? 한번 한국 여행을 한 일본인은 한국요리와 풍물, 그리고 우연히 만난 여성에 매료됐다고 착각한다. 실은 그러한 소재를 품고 있는 트로트가 존재하고 있기에 한국의 매력에 사로잡힌 것이다. 매력의 근원은 그 발음 속에 숨겨져 있다. 그것은 언어의 의미와는 전혀 관계가 없다. 이론으로는 설명할 수 없는 한국어의 매력인 것이다. 인간 감성의 미묘함을 강하게 느꼈다. 네 사람은 어느새 한국의 무드에 빠져들었다.

"저것이 한라산입니다. 한국에서 가장 높은 산입니다."

박 씨가 왼편으로 시선을 돌려 자랑스럽게 말했다.

산의 모습에서 장엄하고 웅대한 힘이 느껴졌다. 서쪽으로 기운 태양의 빛을 받은 산의 표정에서 뭔가를 얘기하려는 듯한 영적 기운이 느껴졌다. 그것은 외침이나 기도처럼 가슴을 파고들 듯이 얘기하는 그 무엇이었다. 나는 좀처럼 시선을 돌릴 수 없었다. 제주도의 상징이라고 할 수 있는 한라산을 왼쪽으로 우러러보면서 달리는 드라이브 코스가 계속 이어졌다.

"아아, 참으로 훌륭한 섬이네."

사쿠마 부장이 무심코 중얼거렸다.

"제주도엔 여기저기 좋은 곳이 많이 있습니다."

박 씨의 표정에 자랑스러운 미소가 흘렀다.

한국에서 가이드라는 직업은 인기가 있다. 그런 만큼 자격증을 따는 게 대단히 어렵다고 들었다. 2년간 전문학교를 다니며 어학은 물론, 일반교양으로 문화, 정치, 경제, 역사 등 폭넓은 지식을 쌓아야만 한다. 자격증이 없는 가짜 가이드도 많다고 들었다. 박 씨에게는 확인해보지 않아서 모른다.

첫날밤의 숙박지는 하얏트 리젠시 제주호텔이었다. 동해를 바라보는 암벽이 기립한 고지대에 세워진 원형의 고급 리조트호텔. 건물 중앙 부분은 파티오 형태여서 최상층인 9층까지 훤히 트인 구조였다. 훌륭한 공간이었다. 파티오에는 열대식물의 초록내음이 공기를 타고 들어왔다. 우선 체크인을 한 객실은 전실이 트윈 룸. 호화롭게 1인 1실의 숙박이었다.

이 지역은 집중적으로 리조트 개발이 이루어지고 있는 장소였다. 바로 인접해 있는 '제주 신라호텔'은 정상회담이 열려 고르바초프 수상과 클린턴 대통령이 숙박한 곳이다. 그 후 하시모토橋本 총리도 이곳에서 정상회담을 했다.

호텔을 나와 5분 정도 걸리는 식당에서 저녁 식사를 했다. '불고기 하우스'에서 현지의 불고기를 실컷 맛보았다. 그 뒤 호텔로 돌아와 카지노를 엿보았다. 근소한 투자일지언정 모두 익숙지 않은 도박에 맥을 추리지 못했다. 그렇지만 일본에서는 느낄 수 없는 즐거운 시간을 보낼 수 있었다. 역시 한국이 풍기는 이국적 정서에 위안을 느낄 수 있었다.

다음 날 아침 골프웨어로 갈아입고 식사를 마친 후 7시 반에 골프장으로 향했다. 가이드도 운전수도 아침 일찍 나와 있었다. 그들은 비즈니스에 열심이었다. 여행사의 어드바이스로 골프슈즈와 볼만은 일본에서 지참했다. 골프채는 대여해 사용할 수 있었다. 네 사람 모두 골프채까지 일본에서 짊어지고 올 정도로 열심인 편은 아니었다.

골프장은 자동차로 12~13분의 지근거리에 있었다. 그 일대는 한참 리조트 시설을 개발 중인 중문리조트라고 불리는 지역이었다. 중문컨트리클럽도 그중 하나이다. 바다와 인접해 경치가 훌륭한 코스였다. 케디는 들은 바대로 4명. 자신의 전속 케디와 함께 걷는 것은 내게 처음이었다. 이것만으로도 즐거웠다. 박 씨는 스타트의 티그라운드까지 배웅해주었다. 더할 나위 없이 호화로운 여행이다. 스타트 앞에서는 클럽 전속 카메라맨이 네 사람을 함께 기념촬영해주는 모습까지 보인다. 정말이지 버블경제하의 일본인 관광객,

바로 그 모습임에 틀림없다.

일본어가 가능한 케디는 한 사람도 없었지만 골프용어는 국제어다. 플레이에 지장은 없었다.

코스는 그린을 포함해 전체적으로 다소 거친 편이었으나 신경 쓰지 않았다. 무엇보다 좋았던 것은 하프를 돌고 난 후 몇 분 정도 휴식을 취하며 라운드할 수 있는 점이었다. 도쿄였다면 새벽같이 집을 나서서 해가 진 후 귀가하는 만 하루 이상 걸리는 골프가 보통인데, 여기에서는 반나절도 걸리지 않고 끝낼 수가 있었다.

골프를 눈 깜짝할 새 끝낸 일행은 박 씨의 권유로 제주도 일대 관광을 하기로 했다. 일단 호텔로 돌아와 짐을 챙긴 뒤 곧바로 관광에 나섰다.

자동차는 섬 동쪽에 해당하는 제주도 일주도로를 해안선을 따라 달렸다. 바람이 상쾌해서 쾌적한 드라이브 코스였다.

제주도는 언제부턴가 '삼다도'라고도 불리고 있다. 바람과 돌과 여자가 많은 섬이라는 의미이다. 반도에서 떨어진 섬 제주도에 바람이 잦은 것은 당연할지 모른다. 하지만 그 뒤 가끔씩 섬을 방문했을 때는 특별히 바람이 잦다고 느낀 적이 한 번도 없다. 온난하고 쾌적한 자연환경의 혜택을 입은 섬으로밖에 느껴지지 않았다. 이는 여기를 방문하는 사람들 모두가 느끼는 점이 아닐까?

제주도 돌담

돌이 많은 것은 사실이다. 화산섬이고 섬의 모든 곳에서 용암 돌담을 볼 수가 있다. 엷은 표토表土 밑은 용암 덩어리로 덮여 있어서 과연 섬 주민들이 농지로 개척하는 데 얼마나 고생을 해왔는지 알수 있다. 돌이 많은 것이야말로 땀과 고난의 역사적 조건이었던 것임에 틀림없다.

여자가 많다는 것은 돌이 많다는 점과 일맥상통하다. 리조트나 관광이 실생활과 관련이 없던 제주도 본연의 삶은 가난했다. 농지의 혜택도 받지 못했던 주민, 특히 남자들은 돈을 벌기 위해 섬을 떠났다. 여자들은 해녀로 일했다. '여자가 많다'는 표현은 가난의 상징으로밖에 받아들여지지 않는다. 따라서 '삼다도'는 섬의 역사를 설명하는 단어로 중요하게 여겨진다.

박 씨가 안내한 곳은 백사장이 아름다운 표선表善 해수욕장 옆에 들어선 지 얼마 되지 않은 '제주민속촌'이었다. 이곳은 한국 전통의 민가가 줄지어 늘어선 민가공원이다. 일본에서 본다면 '일본민가원'과 같은 곳일까? 그날은 토요일 오후여서 지역의 아이들을 데리고 온 내방객이 많았다. "아빠―", "엄마―"라고 천진난만하게 외치는 아이들의 목소리가 미소를 자아낸다.

초가지붕의 민가가 대부분이었고 크고 작은 것 합해서 80동 넘게 복원되어 있어서 볼 만했다. 박 씨가 우리를 이곳에 안내한 것도 '일본의 주택회사에 근무하는 일행 분들'이라는 사려 깊은 판단에 의한 결과였다.

일행의 마음처럼 박 씨 자신도 제법 기쁜 듯이 보였다. 약 2시간 넘게 민속촌에서 보낸 뒤 꼭 안내하고 싶은 또 다른 곳이 있다고 말했다. 이제 일임하기로 한 터다. 제주민속촌은 관광용으로 지어진 민가원이지만, 지금도 사람들이 민가에서 실제 생활하고 있는 마을이 있다고 했다.

그가 안내한 장소는 섬의 중앙부로 약간 들어간 곳에 위치한 성읍민속촌이었다. 살아 있는 민속촌으로 불리는 마을. 약 350호 정도의 민가는 돌을 쌓아 만든 벽과 초가지붕으로 이루어져 있었다.

참으로 시간을 초월한 듯한 이상한 매력이 넘치는 마을이었다. 민가라는 곳은 역사의 무게를 느낄 수 있고, 이국 문화의 상징을 찾을 수 있는 곳이다.

실생활을 통해 민가를 지키고 있는 이 마을 사람들에게 이상한 매력을 느꼈다. 오로지 새로운 것을 추구하는 삶 쪽이 경솔한 것은 아닌지 돌아보게 된다. 살아 있는 민속촌은 경박한 현대인에게 '삶이란 무엇인가'를 생각하게 하는 적당한 장소이기도 했다.

성읍민속촌은 민속자료보호구로 지정되어 있었다. 일행은 생각지도 못했던 토착문화를 접하고 마음이 벅찼다. 오전 내내 골프를 친 사실 따위는 다 잊고 있었다. 주택설계를 직업으로 한 일행은 생각지도 못한 민가부락을 만나 감동하지 않을 수 없었다.

"내일은 골프 그만둘까요?"

이런 제안도 나왔다. 그 정도로 충격적인 마을의 분위기였다. 당황한 것은 가이드 박 씨. 모든 예약이 끝난 상태였기 때문이다.

"내일의 코스는 오늘 코스보다 더욱 좋은데요."

박 씨의 당황한 표정에 모두가 엉겁결에 폭소를 터뜨렸다.

해질 무렵 신제주의 그랜드호텔에 도착했다. 민속촌과는 달리 근대적이고 호화로운 도시형호텔이었다.

그날 저녁 만찬은 한국을 여행한 이래 가장 훌륭한 것이었다. 호텔 안에 위치한 '삼다정'이라는 한국식 고급레스토랑에서 궁중요리를 맛보았다. 가장 마음에 들었던 것은 레스토랑 분위기. 일본인에게는 역시 방석을 깔고 앉는 스타일이 가장 좋다. 그것은 한국에서도 마찬가지다. 넓고 느긋한 한국식 설비와 인테리어는 책상다리에 딱 어울린다. 커다란 유리문 너머로 보이는 정원에는 연못이 있었고 분수가 시원함을 자아내고 있었다. 더욱이 그 앞으로 웅대한 한라산의 실루엣이 보였다. 오후 7시인데도 도쿄와 비교해 제주도는 일몰이 늦었다.

넓은 테이블에 크고 작은 요리를 담은 그릇이 헤아릴 수 없을 정도로 줄지어 놓여 있다. 나도 모르게 한숨이 나올 정도로 호화로운 색색의 요리이다.

목말랐는데 맥주로 건배. 그 건배를 지켜본 뒤

"그럼, 천천히."

가이드 박 씨가 모습을 감추었다. 가이드가 항상 따라다니는 여행을 처음 체험한 나는 박 씨의 극진한 친절함에 혀를 내둘렀다. 가이드가 모습을 보이는 순간, 모습을 감추는 순간 모두 실로 절묘한 선을 지킨다고 느껴졌다.

한국요리를 싫어하는 일본인은 본 적이 없다. 그 정도로 한국요리는 일본인의 미각에 맞는다고 생각한다. 한국요리라면 매운 음식으로 생각하는 일본인이 많지만 결코 그렇지 않다. 김치의 매운

맛을 한국요리의 모든 것으로 생각하는 경향도 있다. 김치에도 200여 종류가 있다고 한다. 매운 김치만 있는 것이 아니다. 요즘에는 일본 가정의 식탁에도 항상 김치가 놓이게 되었다. 김치가 전 세계 절임반찬 중 제왕임은 틀림없을 것 같다.

야채요리, 고기요리, 생선요리와 식재료에 관계없는 깊은 맛에 감탄했다. 깊이 때문일지 모르겠다. 잠재하는 인간의 미각의 광맥에 모르는 새에 스며드는 것이 깊이다. 미각 영역의 깊고 넓음을 가르쳐주는 것이 한국요리다.

음주라면 소주다. 하지만 내가 가장 좋아하는 술은 탁주인 막걸리다. 일본에서 일컫는 '도부로쿠'이다. 쇼와 20년대(1940년대)의 일본, 청주가 없던 가난한 시대, 시골의 가정에서는 도부로쿠를 자주 밀조해서 마셨다. 아버지도 술을 좋아하셔서 어머니가 주로 도부로쿠를 밀조하셨다. 맛이 좋은 술이 완성되었을 때 아버지의 미소 띤 얼굴은 각별했다. 어머니는 그 아버지의 미소를 머금은 웃음을 보기 위해서 열심히 제조했음에 틀림없다. 나는 당시 어렸지만 자주 도부로쿠를 입에 머금었다.

"어린애가 도부로쿠를 자주 마시면 머리가 나빠져."

그때마다 아버지가 말했다. 조금 신맛이 나는 도부로쿠는 어린애에게도 맛있게 느껴졌다. 그러한 추억도 있기에 막걸리가 입에 맞았던 것이다.

한국의 막걸리는 작은 항아리에 담겨 식탁으로 나온다. 작은 국자로 술잔에 따라서 즐기는 분위기가 최고다.

또한 막걸리의 맑은 윗부분에 해당하는 동동주. 이것을 차게 해서 마시는 것도 뭐라 형용할 수 없을 정도로 참기 어렵다. 술을 좋아하는 네 사람은 소주와 막걸리를 제각기 마시고서는 궁중요리를 탐닉했다. 결과적으로 목적이던 골프가 제일 싱겁게 여겨진 한국 여행이었던 셈이다.

어느 틈엔가 창문 너머로 보이던 한라산에는 완전히 땅거미가 내려앉아 있었다.

이윽고 미소를 머금은 채 박 씨가 돌아왔다. 잰 듯한 타이밍이었다. 거하게 취한 네 사람의 얼굴은 완전히 엉망이었다.

"자, 박 씨, 어디라도 갑시다. 밤에 즐기기 좋은 장소로 안내해 주세요."

젊은 미야하라 차장은 취기에 젖어 말했다.

"오늘은 디스코클럽에 가시죠. 카지노는 어제 가셨으니까요."

박 씨의 웃는 얼굴이 느긋하게 보였다. 디스코클럽은 호텔 지하에 있었다.

"그렇군요. 클럽에 들어가기에 조금 이를지 모르니까 방으로 돌아가셔서 샤워라도 하시고 나오세요. 30분 후에 프론트 앞에서 모이기로 하시죠."

배부른 네 사람은 우선 자신의 방으로 돌아가게 되었다.

방으로 돌아온 나는 상쾌해서 천장을 보고 침대에 큰대자로 누웠다. 이대로 자고 싶은 생각이 들었다. 이제 귀국 전의 내일 골프는 재미없게 느껴졌다. 그러나 이번엔 혼자 온 여행이 아니다. 제멋대로 행동할 수는 없다. 누워서 이런저런 생각을 하며 약속 시간을 염두에 두고 있었다. 그때 갑자기 뱃속이 조금 이상해짐을 느꼈다. 과식한 데다가 막걸리를 너무 많이 마셨을까. 원래 나는 장이 약한 체질이다. 조금만 무리해도 종종 설사를 한다. '정로환'은 나의 상비약이다. 더욱이 해외에 나갈 때는 반드시 지참하는 약이다. 설사에 대한 예상은 빗나간 적이 없다. 그런 신호가 오면 한두 시간 후에는 틀림없이 나온다는 것을 이미 경험했다. 나는 일어나서 가방에서 '정로환'을 꺼내 4알을 복용했다. 이렇게 하면 설령 설사가 나온다 하더라도 빨리 예방할 수 있다.

나는 약속 시간에 맞춰 로비에 나갔다. 체력에 자신이 있는 동료들은 이미 모여 있었다. 모두 집합한 상황에서 박 씨는 디스코클럽에 대해 설명했다.

"각각 여자가 붙습니다. 만일 여자가 맘에 들지 않으면 교체할 수도 있으니까 그땐 보이에게 말해주세요. 전 여러분을 디스코클럽까지 안내하면 오늘 일정이 끝나니 돌아가겠습니다. 내일 아침 8시에

로비에서 뵙겠습니다. 아침 식사는 그때까지 마쳐 주십시오. 오늘
은 수고하셨습니다. 그럼 기다리시는 클럽까지 안내하겠습니다."

똑부러진 가이드의 모습이었다.

화려하고 넓은 디스코클럽. 무대에서는 젊은 뮤지션이 격렬한
템포의 멜로디를 연주하고 있다. 그 앞 홀에서는 남녀가 어깨와 어
깨를 맞대고 리듬에 따라 춤을 추고 있다. 고고 댄스다. 네 사람은
보이의 안내로 홀을 에워싸듯 설치되어 있는 시트에 착석했다. 압
도할 정도의 격정적인 무드다. 중년들에겐 너무 강한 분위기이지만
이곳은 이국인 한국이니, 작정하고 즐길 수밖에 없다.

이윽고 맥주와 세트로 정해진 안주가 테이블에 놓였다.

"여자들은 곧 올 겁니다."

보이가 일본어로 말했다. 제일 먼저 간단한 건배.

"야아, 굉장한 분위기군요."

사쿠마 부장이 수줍은 듯한 미소를 떠올렸다.

"오늘밤은 즐깁시다."

미야하라 차장의 젊음은 이 분위기에 이미 젖어들어 있었다. 내
게는 첫 체험이었지만 결코 불쾌한 것은 아니었다. 강렬한 연주의
울림과 고고 댄스의 물결에 휩쓸리고 있자니 현대의 퇴폐적으로
돌변한 요상한 에너지가 느껴졌다. 여기에서는 일본인 관광객뿐만

아니라 한국인 젊은 남녀들도 함께 춤추고 있었다. 그건 그렇고 뱃속 상태가 걱정이었다.

드디어 좌석에 젊은 한국 아가씨들이 등장해 네 사람 곁에서 각각 시중을 들게 되었다. 긴장과 쾌락의 공기가 등줄기를 타고 흘렀다. 박 씨의 얘기에 따르면 마음에 들기만 하면 그대로 동침할 수도 있고 아침까지 함께 있어도, 혹은 짧은 시간 함께 있어도 괜찮다고 했다. 그녀들의 목적도 거기에 있음을 확실히 밝혔다. 아가씨들은 더듬거리는 일본어로 얘기했다. 이럴 때 성인군자 행세를 해 보았자 보탬이 되지 않는다. 처음부터 이런 무드에 적응하는 것이야말로 이 장소에 발을 들여놓은 목적이 아니던가. 그녀들도 하나가 되어 요란스레 건배를 했다.

자신의 파트너의 마음을 노릴 듯이 보내는 아가씨들의 시선이 신경 쓰였다. 역으로 생각하면 중년들이 아가씨를 보는 시선도 매한가지임에 틀림없다.

나는 건배한 맥주잔을 한 모금도 들이키지 않았다. 설사 직전의 상황에 대해선 누구에게도 말할 수 없었다.

"자, 모두 춤추러 나갑시다."

그중에서 일본어가 가능한 한 아가씨가 말했다. 각각의 파트너는 남자의 팔을 끼고 일어섰다. 중년들은 수줍음과 기쁨을 만면에 떠올리며 일어섰다. 아가씨들에게는 춤추는 것이야말로 즐거운 일인지 모르겠다. 정작 홀에 나가 춤의 소용돌이에 휩쓸리면 그것만으로 즐거운 것이리라. 내가 고고 댄스를 추는 것은 처음이다. 팔과 허리를 적당히 흔들면 된다. 하지만 이마에는 진땀이 배어 나왔다.

춤추고 마시고 서투른 한국어로 장난치기도 하며 흥겨운 시간을 보냈다. 이렇게 1시간이 지날 무렵이었다. 난 갑자기 극단적인 상황에 휩싸였다. 콕콕 쑤시는 배를 움켜쥔 순간 나도 모르게 그곳에서 흘러내린 것 같았다. 속옷에서 섬뜩한 불쾌한 감정이 느껴졌다.

"아, 위험해."

나는 아연실색했다. 신체를 움직이면 한꺼번에 쏟아질 것 같았다. 이를 악물었다. 이제 다른 사람 말은 들리지도 않았다. 진땀이 흥건히 배었다. 화장실에 들어가면 순식간에 발생할 주체 못할 상태임에 틀림없다.

기회를 보다가 나는 미야하라 차장의 귀에 속삭였다.

"미안해요, 상당히 배가 아프니까 방으로 돌아갈게요. 아무래도 설사인 것 같아요. 막걸리를 너무 많이 마셔서 그럴지도."

"네, 괜찮은가요?"

미야하라 차장은 내 이마의 땀을 보고 납득했다.

"괜찮습니다. 자주 있는 일인데요. 전부 배출해 버리면 곧 안정될 거예요. 아무튼 미안하지만 춤추고 있는 사쿠마 부장과 이마무라 부장에게 잘 말해 주세요."

"알겠습니다."

"내일 아침까지는 좋아질 거라고 생각하니까 아무튼 방으로 돌아가겠습니다. 내일 아침 뵙겠습니다."

아가씨는 나의 모습을 보고 의아스러운 표정으로 출구까지 배웅하러 나왔다.

"배, 아파, 설사, 설사."

나는 웃으면서 말했다. 아가씨는 겨우 그 의미를 이해하고 걱정스런 표정을 지으며 나를 배웅했다.

배를 움켜쥐고 엘리베이터를 탄 뒤 단숨에 방으로 뛰어들었다. 바지를 벗어던지고 화장실로 뛰어가 좌변기에 앉았다. 그 순간 수도처럼 흘러내렸다. 속옷에 지린 오물이 악취를 풍겼다.

"이런, 제기랄."

나는 후회의 마음으로 한숨처럼 중얼거렸다. 또다시 '정로환'을 4알 복용하고 그대로 쓰러지듯 침대에 누웠다. 설사는 체력을 소모시킨다. 녹초가 되었다. 숨을 몰아쉬다가 어느 새인가 잠들었다.

눈을 뜨자 시간은 심야 2시를 지나고 있었다. 소등도 하지 않고 잠들어 버렸다. 나오는 것을 다 쏟아 버린 만큼 뱃속은 안정되어 있었다. 나는 소등하고서 한숨을 내쉰 뒤 다시 눈을 감았다. 그대로 아침까지 잠에 빠졌다.

베개 맡의 전화벨 소리에 잠에서 깼다.

"안녕하세요? 미야하라입니다."

"안녕하세요? 어젯밤엔 실례했네요. 미안합니다."

"어떤가요? 뱃속의 상태는?"

"이젠 괜찮은 것 같습니다. 하지만 골프는 아무래도 무리일 것 같네요."

"그런가요? 알겠습니다. 전 지금 1층의 레스토랑에 있습니다. 곧 사쿠마 부장과 이마무라 부장도 이쪽으로 옵니다."

"그렇습니까? 하여간 저도 지금 그쪽으로 가겠습니다."

"그럼 기다리고 있겠습니다."

나는 재빨리 세수한 뒤 옷을 갈아입고 레스토랑으로 향했다.

"안녕하십니까?"

이미 골프웨어로 갈아입은 세 사람은 같이 아침 식사를 하고 있었다.

"이거 정말 미안합니다."

"어떻습니까? 뱃속 상태는?"

"실례했네요. 전 천성적으로 장이 약해서요. 막걸리를 너무 많이 마신 것 같아요. 뱃속 상태는 그런대로 안정된 것 같은데 골프는 무리일 것 같네요. 오늘은 세 분이서 치시길 부탁합니다. 미안합니다."

나는 돌연 빠지게 된 점에 대해 깊이 사과했다. 네 사람은 모처럼 함께 여기까지 온 멤버들이다. 안타깝지만 어쩔 수가 없었다.

그때 박 씨가 미소를 머금으며 나타났다.

"안녕하십니까?"

"안녕하세요? 오늘도 잘 부탁드립니다."

"날씨가 최고군요, 잘 되었네요."

박 씨의 표정은 밝았다.

나는 박 씨에게도 깊이 사과했다.

"그런데 어제 저녁 디스코클럽은 어떠했습니까?"

박 씨는 의미심장하게 웃었다.

"네, 그저 뭐……."

"그랬나요?"

쓴웃음 속에 납득의 표정이 담겨 있었다.

우연한 만남

혼자 호텔에 남기로 한 나는 골프장으로 향하는 동료들을 호텔 현관 앞까지 배웅한 뒤 다시 방으로 돌아와 텔레비전을 보면서 휴식을 취했다. 동료들에게는 미안한 감이 없지 않았지만 골프에 참가하지 않은 점에 대해서는 내심 안심했다. 이제 뱃속 상태는 완전히 안정되었다. 장이 약한 나는 평생 귀찮은 컨디션 조절을 해야 함에 틀림없다.

골프는 오전 내내 진행될 예정이었다. 그 후 황급히 귀국해야 한다. 문득 나는 제주시 거리를 슬슬 거닐어 보려고 카메라 하나만 들고 호텔을 빠져나왔다. '어디로 가겠다'는 목표를 정하지는 않은 산책이다. 처음 거니는 거리를 누구도 신경 쓰지 않고 혼자서 걷는 것이야말로 내가 가장 좋아하는 여행이다. 가벼운 불안감과 두근거림이 매력적이었다.

제주시는 관광 중심지로 각광을 받아 급히 거리가 형성된 신제주와 구시가지로 나뉘어져 있다. 제주 그랜드호텔은 신제주에 위치해 있다. 나는 신제주의 거리를 서서히 거닐었다. 한글 간판을 글자를 깨우친 유치원생처럼 하나하나 헤아리듯 읽으며 걷는 것은 그것만으로 매우 흥미로운 일이었다. 일본어 간판이 거리에 여기저기 보였기에 도내에 얼마나 일본인 관광객이 많은지를 알 수 있었다. 오전의 거리는 사람들의 왕래도 그다지 없어서 조용했다. 거리의 분위기는 새로움과 기존의 한국 내음이 혼재해 있었다. 쏟아지는 여름 햇볕이 잘 어울리는 관광도시로 느껴졌다.

'이런 거리에서 한가로이 보내면 얼마나 좋을까.'

그런 생각을 했다. 하지만 여기에서 살아가는 섬 주민들은 매일 열심히 일하고 있음에 틀림없다. 외지 사람은 알지 못하는 어려움도 있을 것이다.

잠시 걷다가 한 골목으로 들어서자 다방이 눈에 보였다. 간판을 보니까 '약속다방'이라고 쓰여 있었다. '약속'은 한자어로 한국에서도 '약속'이다. 왠지 모르게 고풍스러운 이름이었다. 나는 이곳에서 잠깐 쉬려고 문을 밀었다.

"어서 오세요."

맞이해준 이는 청초한 차림의 40세 전후의 아줌마였다. 다방 안도 간판처럼 고풍스러운 이미지였으며 테이블이 몇 개 놓여 있었다. 먼저 온 손님이 안쪽 테이블에서 신문을 읽고 있었다. 60대로 보이는 이 지역 단골손님 같았다. 나는 조심스럽게 앉아 미소를 지으며 말했다.

"커피 주세요."

커피를 주문했다. 아주머니는 웃으며 고개를 끄덕였다. 한국어로 말했으나 일본인임은 순식간에 탄로가 났다. 일본인과 한국인은 한마디도 하지 않더라도 구분할 수 있다. 그것은 어디가 어떻다는 말이 아니다. 왠지 모르게 서로가 알아보는 것이다. 그러나 혼자서 일본인이 다방에 들어오는 것은 드문 일이다. 그녀의 시선을 보고 알 수 있었다. 신문을 읽고 있던 먼저 온 손님도 혼자서 박차고 들어온 일본인 손님에게 흥미를 느끼는 모습이었다. 그런 시선을 느꼈다. 한적한 다방에서 당연한 반응이라는 생각이 들었다.

이윽고 그녀가 미소를 보이며 커피를 가져왔다. 나도 미소를 띠고 응대했다. 서로 언어의 장벽이 있기에 대화는 없었다.

'지금쯤 골프 일행은 몇 홀 정도까지 돌았을까?'

나는 시계를 본 뒤 커피를 마시면서 생각했다.

먼저 온 아저씨와 아주머니는 한국어로 친하게 대화를 나누고 있었다. 가끔씩 두 사람은 내 쪽으로 시선을 돌리곤 했다. 두 사람의 대화에 귀를 기울였지만 나의 어학 실력으로는 이해할 수가 없었다.

시간이 좀 지났을까. 아저씨는 일어서서 다 읽은 신문을 카운터로 돌려주었다. 그리고 다시 테이블로 돌아가려던 참이었다. 아저씨와 내 시선이 딱 마주치고 말았다. 서로 어색하게 인사를 하고 미소를 교환했다.

"일본에서 오셨습니까?"

아저씨는 유창한 일본어로 말했다. 나는 생각지도 못했기에 내심 놀랐다.

"네."

"관광인가요?"

"네, 그렇습니다."

"도쿄에서 오셨습니까?"

"네네, 그렇습니다."

"혼자서요?"

"아뇨, 친구들과 함께 왔는데 친구들은 골프하러 갔습니다."

"아 그렇군요. 한국은 처음인가요?"

"아뇨, 한국엔 때때로 왔는데, 제주도는 처음입니다."

"그렇습니까? 제주도는 어떤가요?"

"좋은 곳이네요. 완전히 맘에 들었습니다."

"잘 되었군요."

"참으로 멋진 곳이네요."

"어디를 관광했습니까?"

"네, 어제는 민속촌에 갔습니다. 특히 성읍민속촌이 좋았습니다. 감동했습니다."

"그래요? 제주도에는 그 외에도 좋은 곳이 많이 있습니다."

아저씨의 일본어가 일본인으로 착각할 정도로 유창해서 나는 엉겁결에 얼굴을 빤히 쳐다보고 말았다.

아주머니는 카운터에서 두 사람의 대화를 흥미롭게 듣고 있었지만 일본어는 전혀 이해하지 못하는 눈치였다.

"언제까지 머무르십니까?"

"오늘 해질녘에 귀국합니다. 지금 골프 중인 동료들과 함께 돌아갑니다."

"오늘 돌아가신다고요? 바쁘시군요. 꼭 다시 제주도에 오세요."

"네 다시 오려고 생각합니다."

등골이 팽팽하고 정정한 장년의 아저씨였다.

나는 더욱 얘기를 하고 싶은 기분이었다. 모처럼의 제주도 여행이다.

"자, 앉으세요."

나는 그렇게 말하며 서 있는 아저씨에게 눈앞에 있는 의자를 권했다. 그러자 아저씨도 더 얘기를 나누고 싶은 생각이었는지 조심스럽게 앉아서 가슴 안쪽에서 명함을 꺼내며

"김이라고 합니다."

김중곤

라고 말했다. 명함을 본 나는 무의식중에 수긍하며 말했다.

"아, 일본어 선생님이십니까? 어쩐지 일본어가 너무나 능숙하다고 생각했습니다."

두 사람은 엉겁결에 서로 웃었다.

"나는 야마카와 슈헤이山川修平라고 합니다. 오늘은 명함이 없으니 나중에 써서 드리겠습니다."

"야마카와 씨입니까?"

"네, 도쿄의 주택회사에 근무하고 있습니다."

"주택회사에 근무하신다고요?"

받은 명함을 보니 '일본어 번역·교습 강사 김중곤'이라고 새겨져 있었다.

"선생님은 일본어를 일본인보다 더 잘하시네요. 존칭어도 잘 사용하시고요."

나는 감탄한 듯 말했다. 김중곤은 기쁜 듯 가슴을 폈다. 일본의 식민지 지배 시대에 일본어 교육을 받은 세대임에는 틀림없지만 이 정도로 완벽하게 일본어를 구사하는 한국인은 드물다.

"저는 일본의 중학교를 졸업했습니다. 대학에서도 조금 배웠습니다."

인간의 보루

"그랬습니까?"

"중학교는 오사카에서 다녔고 대학은 도쿄에서…… 일본대학을 다녔습니다."

"와, 놀랍습니다."

"당시는 전쟁 중이었고 여러 사정이 있어서 대학에 들어간 뒤 얼마 지나지 않아 중퇴했습니다. 일본어 교육을 받아야 하는 시대였습니다. 지금도 저는 어떤 생각을 할 때 일본어로 생각합니다. 한국인인데도…… 교육은 무서운 겁니다."

한국인에게 당시의 일을 듣는 것은 일본인으로서 괴로운 일이었지만 나는 더더욱 듣고 싶다는 생각이 강하게 들었다.

나와 김중곤의 만남은 이렇게 우연히 시작되었다. 설령 만남이 있었다 하더라도 거의 한 번으로 끝나는 것이 상례이다.

일본의 버블경제가 없었다면 제주도에 가서 골프를 할 일도 없었을 것이다. 또한 제주도에 가서 막걸리를 많이 마셔 설사를 하지 않았더라면 우리 두 사람의 만남은 없었으리라. 그리고 약속다방의 문을 열지 않았다면 김중곤과의 만남은 전혀 이루어질 수 없었을 것이다. 인간의 만남은 우연이라는 보이지 않는 실로 연결되어 있는 법이다. 나와 김중곤의 마음은 뭔가 서로 통하는 것이 있었을까?

대화는 계속 이어졌다. 첫 만남인데도 얘기는 활기를 띠었다. 김중곤의 과거와 여동생의 죽음에 대해서도 단편적인 사연을 들을 수 있었다.

"전 대학을 중퇴한 뒤 소집통지서를 받고 일본의 육군에 입대해야만 했습니다."

"그랬습니까?"

"대학에서 공부할 수 있는 시대는 아니었으니까요."

"고생하셨네요. 김 선생님은 종전(해방)을 어디에서 맞이하셨습니까?"

"부산이었습니다. 부산의 고사포 대대에 입대해 있었으니까요."

"부산입니까? 수고하셨습니다."

"해방 후에도 힘들었습니다."

"그랬을 테죠. 한국전쟁 때는 어디에서 무엇을 하고 계셨어요?"

나는 특히 한국전쟁 때에 대해 묻는 것에 큰 관심이 있었다.

"해방 후엔 광주로 돌아가 광주의 기마경찰대에 입대했습니다. 아직 식민지 시대의 조직이 여러 곳에 남아 있던 시절입니다. 얼마 지나지 않아 한국에도 군대가 생겼고 당시엔 호국군대로 불리었는데, 생활고를 해결해야 해서 입대했습니다. 호국군의 서울사관학교 1기생이었습니다. 거기에서 약 2년 동안 공부했습니다. 졸업 후엔 한국 제6사단 수색대라는 곳에 배속되어 강원도 원주라는 곳에 주둔해 있었습니다. 그때에 한국전쟁이 일어났습니다."

"그랬군요."

나는 눈을 부릅뜨고 김중곤의 얘기에 귀를 기울였다.

"그러나 전투준비가 되어 있지 않던 한국군은 눈 깜짝할 새에 부산까지 퇴각하지 않을 수 없었습니다."

당시 나는 중학교 2학년이었다.

"선생님, 당시 일본의 신문엔 조선반도의 전시상황 지도가 매일 실렸죠. 한국 영토의 흰 부분이 날로 사선으로 그어져 없어져 버리는 게 오늘일까, 내일일까 하고 생각하고 있었어요. 솔직하게 말하면 이제 끝이라고 생각하며 보고 있었거든요."

"야마카와 씨는 그 당시의 일을 잘 기억하고 있으시네요."

"네, 똑똑히 기억하고 있습니다. 그 전시상황 지도의 인상이 지금도 저의 한국전쟁에 대한 향수를 불러일으키고 있습니다. 죄송합니다. 전쟁을 향수라고 표현해서."

김중곤은 미소를 짓고 있었다.

"그 후 맥아더가 인솔하는 연합군의 인천상륙작전이 있었고 저도 미군과 함께 북쪽을 향해 진군했습니다. 압록강의 물을 물통에 담아 이승만 대통령에게 가지고 간다고 말하며."

김중곤은 웃으면서 얘기했다. 지금이니까 웃으면서 말할 수 있는 얘기다. 나는 한국전쟁에서 싸운 국군이 지금 눈앞에 있다고 생각하는 것만으로 완전히 도취됐다. 설마 이번 여행에서 이런 만남이 있으리라고는 생각지도 못했다.

"선생님은 용케도 살아 남으셨군요."

김중곤은 환한 표정으로 살포시 웃음을 보였다.

"휴전 후에는 어떻게 보내셨나요?"

나는 곧바로 물었다.

"휴전 후엔 육군의 전술교관으로 젊은 병사들의 교육을 담당했습니다."

"네에? 그러셨어요?"

한국전쟁 이야기가 나오면 나는 두근거리는 마음을 억누를 수 없었다. 하지만 중곤은 밝은 얼굴이었지만 한국전쟁에 대해 더 이상 구체적으로 얘기하고 싶지 않은 모습이었다. 이와 같은 체험이 내게 처음은 아니었다. 한국전쟁은 휴전협정이 맺어진 후 이미 반세기가 지났다. 그러나 '휴전 중'임은 변함이 없다. 그로 인해 같은 민족임에도 서로 전쟁을 치러 덧난 전쟁의 상처는 한국인의 마음속에 복잡한 그림자를 드리우고 있다.

한국인 앞에서 나는 몇 번인가 북한을 비판한 적이 있다. 한국인이라면 북한에 대해 비판하는 것을 기뻐하리라고 생각하고 있었다. 그러나 같은 민족인 북한을 일본인이 비판하는 것에 대해 한국인이 그리 유쾌하게 생각하지 않는다는 사실을 알았다. 일본인에게 북한을 비판하는 자격 따위는 없다고 생각하는 듯한 감정이다. 이후 나는 한국인 앞에서 북한을 헐뜯는 듯한 발언을 삼가려고 노력하고 있다. 식민지 시대 같은 고통을 강요당한 같은 민족이기 때문이다.

"처음 만난 일본인에게 이러한 얘기까지 할 셈은 아니었는데, 실은……."

중곤은 화제를 돌려 생각지도 못한 얘기를 시작했다.

"실은 제 여동생이 일본에서 목숨을 잃었습니다."

"여동생이요? ……일본에서?"

"네, 14살 때였어요."

"네? 그렇게 어렸는데."

"일본식으로 쇼와 19년(1944년)이므로 전쟁이 끝나기 바로 전 해입니다."

"어찌하여 그런……."

"당시 근로정신대라는 것이 있었습니다. 나고야의 군수공장에서 일하다가 죽었습니다."

"네?……"

"쇼와 19년 12월 7일, 대지진이 일어나서 공장 건물이 무너졌는데, 그 잔해에 깔려서 죽었습니다."

"그랬나요?……"

나는 할 말을 잃었다.

나고야시립동산동물원 앞(1944년). 두번째 줄 오른쪽이 김중곤의 부인 김복례, 다음이 지진
으로 희생된 여동생 김순례

"그것에 대해선 이 이상 얘기하고 싶지 않습니다."

김중곤은 가만히 과거를 회상하듯이 눈을 감았다.

"그러고 보면 태평양전쟁 말기, 도카이東海 지방에 대지진이 일어
나 꽤 희생자가 발생했음에도 불구하고 국민의 전의 상실을 두려
워한 대본영이 지진의 보도를 규제했다는 소식을 들은 적이 있습
니다. 그때의 지진이었군요……."

"도난카이東南海 지진이라 불리는 지진입니다."

"음, 놀랐습니다. 설마 제주도에 와서 당시의 희생자 유족을 뵈리
라고는……."

나는 내심 충격을 받았다. 동정이기도 했다. 뭔가 서로 마음이 통하는 데가 있다고 생각했다.

"자자, 야마카와 씨, 그리 신경 쓰지 마십시오. 이런 내용을 낯선 일본인에게 얘기한 것은 처음이네요. 혼자서 제주의 거리를 거닐다가 이 다방에 들어오신 야마카와 씨는 분명 좋은 분이라고 생각했기 때문입니다."

나는 묵묵히 고개를 숙였다. 그때 카운터 맞은편에서 두 사람의 얘기를 흥미 있게 듣고 있던 아주머니가

"서―비스"

라고 말하며 미소를 띤 채 딸기를 담은 접시를 테이블 위에 놓았다.

"아아, 감사합니다."

"제주의 딸기는 맛있습니다."

김중곤이 말했다. 그가 권하자 나는 딸기를 입에 넣었다.

"선생님, 또 제주도에 올 테니 여러 말씀을 들려주십시오."

"꼭 다시 오십시오. 다음에 야마카와 씨가 제주도에 오실 때엔 제가 안내하겠습니다."

"네, 그때는 잘 부탁드리겠습니다."

우리는 굳게 악수를 나누고 재회를 약속한 뒤 헤어졌다.

약속다방에서의 약속이었던 것이다.

제주도 골프투어 일행 네 사람은 제주도 오후 4시발 부산 경유 비행기로 무사히 귀국길에 올랐다. 2박 3일이라는 짧은 기간임에도 불구하고 친목을 다질 수 있는 여행이 되었다. 모두가 상상 이상으로 만족할 수 있는 여행이었다.

"다시 오고 싶군요."

네 사람 모두 진심이었다. 내게는 더욱더 그랬다.

공항까지 배웅한 가이드 박 씨의 배려 넘치는 친절에 감복하지 않을 수 없었다.

이윽고 버블경제가 붕괴해 그 후에는 다 함께 제주도를 방문한 적은 없었다.

　나 혼자서 제주도 방문을 실천에 옮긴 것은 2개월 후인 9월 초였
다. 부산을 경유해 제주도로 들어가는 대한항공으로 바다를 건넜다.

"예약한 호텔 로비에서 만납시다."

라는 나의 제안에

"공항까지 마중하러 가겠습니다."

라고 중곤은 대답했다. 의지가 담긴 그의 말투에 나는 미안했지만
제안을 받아들였다.

　착륙이 임박한 제주 상공에서 약간 감동을 느끼며 섬을 내려다
보았다. 녹음에 에워싸인, 아름답고 반가운 제주도다. 중곤은 이미
공항에 와서 기다리고 있을 것이다. 시계를 보니까 4시가 조금 지
나 있었다.

　해외에 나가면 가장 설레는 순간은 통관절차를 마치고 도착 로
비로 나갈 때이다. 몇 차례 어느 나라를 방문하더라도 변함이 없다.

로비로 나가자 플래카드를 든 가이드들과 마중 나온 사람들의 울타리가 보였다. 여느 때와 같은 광경이다. 약간 쑥스러운 웃음을 짓는 김중곤의 모습이 눈에 들어왔다. 내가 살짝 손을 들자 나를 알아본 중곤도 손을 들었다. 한 번 본 사이지만 우리는 오래 만나온 친구 같은 느낌이 들었다.

"야아, 어서 오세요."

"미안합니다. 일부러 공항까지 마중을 나오시고."

둘러싸인 인파 속에서 서로 안듯이 굳게 악수를 나눴다. 우리는 재회의 기쁜 마음을 만면에 드러냈다.

"선생님, 드디어 찾아왔습니다."

"잘 오셨습니다. 야마카와 씨, 그럼 제 자동차로 호텔로 가시죠."

우리는 어깨를 나란히 하고 주차장으로 향했다. 초가을의 제주도는 상쾌했다.

자동차는 흰 소형자동차였다.

"좋은 자동차군요. 귀엽습니다."

"중고차입니다. 제주도에서 생활하려면 차 없이는 불편합니다."

나는 짐을 뒷좌석에 싣고 조수석에 탔다. 왠지 모르게 위태위태하게 느껴지는 중곤의 운전이었다. 주위를 보니 역시 획획 달리는 자동차뿐이었다. 중곤은 스피드를 내지 않고 자신만의 페이스로 달렸다.

중곤이 예약한 어느 비즈니스호텔에 도착했다.

"오늘밤 식사는 우리 집에서 합시다. 제 안사람도 야마카와 씨 뵙는 것을 즐겁게 생각하고 있습니다."

"네? 정말입니까?……"

"작은 셋집이지만 안사람과 두 사람뿐이므로 눈치 보지 않아도 됩니다."

"아아, 이렇게 기쁜 일이 없군요. 정말로 괜찮습니까? 실례해도."

"특별히 대접하지는 못하지만요."

"부인을 뵙는 것만으로 기쁩니다."

"그럼, 피곤하실 테니 샤워라도 하시고 휴식을 취하세요. 나중에 모시러 올 테니까요. 그럼 6시 반에 여기 로비에서 만납시다. 저의 집은 이 근처이니까요."

"선생님, 정말로 고맙습니다. 그러면 6시 반에 뵙겠습니다."

"자, 천천히 쉬십시오."

나는 5층의 방으로 향했다.

방에서는 한라산의 웅대한 모습을 바라볼 수 없었다. 아쉽게도 방의 정면이 반대쪽에 있었다.

샤워로 땀을 씻으며 생각했다. 단지 한 번밖에 만나지 않은 한국인이고 우연한 만남인데 도대체 무엇이 두 사람을 여기까지 이어준 것일까? 몇 년 지나도 수박 겉핥는 교제밖에 할 수 없는 것이 보통이다.

"인간관계라는 것이 묘하구나."

나는 중얼거리며 혼자서 웃었다.

약속 5분 전에 로비로 내려갔는데 이미 중곤은 와 있었다.

"가까우니 걸어서 가시죠. 자동차는 두고 왔습니다."

"네."

호텔을 나와 느긋하게 걸으며 중곤의 자택으로 향했다. 약 10분 정도 걸리는 곳에 있었다. 제주시 연동이라는 곳이었다. 번잡한 버스길을 돌아 비교적 조용한 도로를 50미터 정도 걸었다. 작은 채소 가게가 있었고 그 옆에 붙은 하얗고 작은 간판이 눈에 들어왔다.

'일본어 교습·번역·김중곤'

"아, 여기입니까?"

나는 반갑게 여쭈었다.

"선생님, 훌륭한 간판이군요."

중곤은 겸연쩍게 웃었다. 자택은 채소가게 뒤쪽에 위치해 있어서 간판은 도로에서 보이게끔 설치되어 있었다. 검소한 자택은 애당초 셋집으로 지어진 것처럼 보였고 작은 단층집이었다. 이 채소가게가 주인집일지도 모르겠다. 무심코 나는 일찍이 도쿄에서 생활하던 숙부가 살던 한 동 두 세대의 도영주택을 떠올렸다. 전후좌우

약간 좁은 현관이었다.

"자, 들어오십시오."

"실례하겠습니다."

나는 부인을 의식하고 조금 큰 소리로 말했다.

"잘 오셨습니다. 좁은 곳이지만 어서 오세요."

부인인 김복례金福禮 씨였다. 일본인과 전혀 다르지 않은 일본어였다. 조금도 뽐내지 않는 소박하고 친절한 표정이 넘쳐흘렀다. 검소함 속에서도 편안한 품성이 느껴졌다.

현관으로 들어가니 바로 그곳은 응접실과 서재를 겸해 사용하는 일본어 교습 교실이었다. 벽 쪽은 책장이 들어서 있었고 서적이 가득 꽂혀 있었다. 대부분 일본 서적으로 보였다. 족자가 눈길을 끌었

제주도에서 김중곤 부부와 함께. 왼쪽부터 김중곤, 김복례, 저자(야마카와 슈헤이)

다. 커다란 종이에 붓으로 '진실일로眞實一路'라고 쓴, 포스터처럼 느껴지는 족자였다.

'진실일로.'

나는 무심코 야마모토 유조山本有三의 소설을 떠올렸다. 하지만 이 '진실일로'는 야마모토 유조와는 전혀 관계없었다. 중곤의 생활의 자세를 가리키는 좌우명인 것 같았다. 일부러 일본어로 새긴 것은 일본어 교사이기 때문일까?

"자, 이쪽으로."

옆방은 다다미 6조 정도의 거실이었다. 좌식 책상이 있었고 거기에 식사가 준비되어 있었다. 나는 머리를 긁적이며 송구한 마음으로 앉았다. 마음만을 담아서 가지고 온 형식적인 선물을 내밀면서 다시 부인에게 인사를 했다.

한국 가정에서 식사하는 것은 처음이었다. 내게는 그것만으로 기쁨이 복받쳤다. 중곤은 3년 전에 위궤양 수술을 받은 이래 술은 전혀 입에 대지 않았다. 조심한다고 해서 나 혼자서 맥주를 마시게 되었다. 한국의 가정요리를 좋아하는 나는 부인이 손으로 만든 요리에 사양하지 않고 손을 뻗었다.

한국인의 습관을 살펴 보면 우선 음식을 먹는다. 그리고 시간을 두고 천천히 술을 마신다. 반대로 일본인은 술을 마시기 전에 그다지 먹지 않는다. 술을 마시고 난 뒤 천천히 먹는다. 식사예절이 달라 일본인은 처음에 누구나 놀란다. 이웃나라라고 하지만 문화가 매우 다르다. 검소하고 소박한 부인의 대접에 나는 완전히 긴장이 풀려 스스럼없이 친절을 받아들였다.

김 씨 부부의 일본어 교습은 모두 개인지도로 그 수가 매일 네다섯 명, 많을 때는 예닐곱 명 정도. 어떤 때는 부부 교대로, 어떤 때는 거실에서 부인이, 서재에서 중곤이 따로 가르친다고 했다. 인간은 살아가기 위해서 생계에 매달릴 수밖에 없다. 취미로 삼거나 즐길 수 있는 것이 아니다. 생활의 형태가 되면 어떤 일도 쉽지 않다. 일본어를 배우러 다니는 학생들은 호텔에서 일하는 사람, 가이드를 목표로 하는 사람, 서비스업에 종사하는 젊은 여성들인 것 같았다. 일찍이 모국어 사용을 강제적으로 금지당한 채 일본어 교육을 받았던 부부가 지금 그 일본어 교육으로 생계를 유지하고 있는 것도 시대 흐름의 얄궂은 현실처럼 여겨졌다.

반도에서 태어나 자란 김 씨 부부가 만년을 이 조용하고 아름다운 제주도에서 보내기로 한 것은 자연을 벗 삼고자 한 것이 무엇보다 큰 이유였으리라. 하지만 관광산업이 급성장하는 이 섬에서 일본어 강사라는 생계수단 또한 그들에게 적합했으리라. 만년의 생활로서는 좋은 선택을 했다고 생각했다. 부부의 이 검소한 생활의 뒷면에는 둘이서 걸어온 인생의 희노애락이 가득 담겨 있었다. 그것은 여느 부부에게나 흔할지 모른다. 하지만 김중곤의 자택 방문을 통해 나는 그들만의 둘도 없는 얘기를 들을 수 있었다.

부인 김복례는 일본의 군수공장에서 세상을 뜬 중곤의 여동생인 김순례와 동급생으로 어릴 적부터 친구였다. 함께 일본으로 건너가 같은 군수공장에서 일했다. 여동생 순례의 꽃다운 죽음을 목격한 것도 부인 복례 씨였다. 중곤 부부의 마음엔 이 여동생에 대한 헤아릴 수 없는 동정과 슬픔이 깊은 상처가 되어 마음 한 구석에 아프게 자리하고 있었을 것이다.

식민지 지배에서 해방을 맞은 지 얼마 지나지 않은 격변기에 결혼한 두 사람은 그 후 한국전쟁에서 살아남았다. 그리고 혼란과 부흥기의 한국에서 2남 1녀의 자식을 정신없이 키웠다. 오로지 삶에 쫓겨 분주하게 보내 온 반세기였음에 틀림없다. 조용히 만년을 보내기에 아름다운 제주도야말로 꿈에 그리던 터전이었을 터이다.

나는 잠시나마 동화를 읽는 일에 집중하는 어린애처럼 부부의 얘기에 귀를 기울였다. 시시콜콜한 질문에도 부부는 열심히 대답해 주었다. 아마도 일본인에게 이 정도로 자신들의 역사를 기탄없이 얘기한 것은 처음일 것이다.

첫 방문임에도 시간 가는 줄 모르게 나는 담소에 깊숙이 빠져들었다.

　　김중곤은 1924년 11월 1일 전라북도 순창에서 태어났다. 아버지 김태원金泰元, 어머니 최옥선崔玉仙의 사이에서 넷째 아이로 태어났다. 장남이었다. 4남 4녀의 여덟 형제자매 중 장남. 하지만 장녀, 차녀는 중곤이 태어나기 전에 요절했다. 또 누이에 해당하는 3녀인 복례福禮(부인 복례와 우연히 이름이 같음)는 23세 때 병사했다. 그런 만큼 중곤에게는 6살 차이가 나는 4녀인 순례는 단 하나의 귀여운 여동생이었다.

　　그리고 중곤에게는 세 사람의 남동생이 있었다. 차남 모곤鉾坤, 3남 형곤炯坤, 4남 우곤宇坤이다. 하지만 차남은 1987년에 3남은 1992년에 세상을 떴다. 현재 여덟 형제 자매 중 4남인 우곤만이 서울에서 생활하고 있다.

　　순창은 전라북도의 남단에 위치해 있다. 전라남도의 북단과 가까운 광주와 그리 멀지 않은 곳에 있다. 광주가 전라도에서 가장 인구가 많은 도시임은 예나 지금이나 같다. 아버지 태원은 지주였다. 토지를 빌려주기도 하고 자작도 했기에 당시의 조선에서는 풍요롭게 생활했었다. 중곤이 보통학교(초등학교) 2학년인가 3학년 진학 후 얼마 지나지 않을 즈음 가족은 광주로 이사한 뒤 요리점을 개업했다. 영업허가를 얻기 위해 하기하라萩原 순사부장이라는 일본인의 도움을 받았다. 하기하라 순사부장과 김 씨 가족은 그 후에도 친밀한 교제를 이어갔다. 식민지 지배하의 조선에서는 이렇게 일본인과 친밀하게 지내는 것이 처세의 수단으로 반드시 필요하지 않았을까? 하물며 장사를 하는 사람에게는 더욱 필요한 일이었다고 볼수 있다. 식민지 지배 아래였지만 양심적인 일본인도 적지 않게 생활하고 있었음에 틀림없다. 그것은 해방 후의 오늘날에도 변함이 없다고 생각한다.

당시 보통학교에서는 교내의 조선어 사용이 엄격하게 금지되어 있었다. 조선에서 '국어'라고 하면 일본어였다. 깜빡 잊고 조선어로 얘기하다가 교실의 한쪽 구석에 서 있기도 하고 맞는 일도 있었다. 친구와 조선어로 얘기하는 것은 변소 같은 곳에 숨어서나 가능한 일이었다.

경축일이나 기념일에는 일본과 마찬가지로 신사참배를 했다. 광주시에도 시내를 한눈에 조망할 수 있는 높은 산 중턱에 광주신사가 있었다. 유교국가인 조선민족에게 신사참배는 굴욕적인 것이었다. '조회'라고 불리는 아침의 전교생 집회가 매일 열렸다. 그리고 모든 이가 천황폐하가 있는 궁성을 향하여 요배를 강요당했다. 일본의 초등학교에서도 완전히 똑같이 행해졌다.

보통학교를 졸업한 중곤이 일본에 유학하게 된 것도 하기하라 순사부장의 도움에 의한 것이었다. 그 무렵 광주에는 광주농업학교라는 명문교가 있었는데, 중곤은 입시에서 고배를 마셨다. 조선인이 명문교에 입학하는 것은 극히 어려웠다. 한 학급에 두세 사람뿐이었다고 들었다.

1939년(쇼와 14) 15세가 된 중곤은 혼자서 일본으로 건너가 데즈카야마帝塚山공업학교에 입학했다. 하지만 중곤은 이 학교에 적응하지 못해 결국 반년이 채 지나지 않아 오사카의 요도가와淀川구에 있는 간사이関西공업학교로 전학하게 되었다. 중곤이 이곳에서 배운 것은 건축으로, 아버지의 권유에 의한 것이었다. 15세의 중곤에게 아직 자신이 스스로 인생이나 진로를 결정할 만큼 판단력도 인생체험도 쌓인 상태가 아니었다고 생각한다.

중곤이 일본 유학 중인 1940년(쇼와 15) 2월 11일, '창씨개명'이 실시되었다. 조선인의 성명을 강제로 일본식으로 바꾼 것이 창씨개명이다. 조선인을 일본민족으로 동화시키려는 정책의 일환이었다.

고민 끝에 양친이 중곤에게 붙인 이름은 미츠자와 히로시光澤廣였다. 여동생 순례에게는 미츠자와 레코禮子라는 이름이 붙여졌다. 어째서 미츠자와라는 성을 붙였는지 후에 중곤이 아버지에게 물어본 바에 따르면 족보에 기재된 '호'에 '광택光澤'이라고 새겨져 있어서 그것에 착안했다고 한다. 광택을 '미츠자와'라고 일본식으로 읽은 것이다. 개명의 어딘가에는 조선민족의 흔적을 새긴 경우가 대부분이었다. 그중에는 조상에게 죄송하다며 최후까지 저항하다가 목을 맸다는 얘기도 있다.

족보는 일본식으로 말하면 가계도와 비슷한 것이다. 부계를 중심으로 면면히 대를 잇는 가계를 기록한 것이다. 족보를 보면 조상의 성명 뒤에 '호'(별명)나 '관직' 등 사회적 지위가 기록되어 있다. 조상들의 프라이드를 강조하는 일면을 족보 속에서 찾을 수 있다. 특히 조상을 중요하게 여기는 조선인에게 일본 이름을 강요하는 것은 조상에 대한 모독이며 용서받지 못할 일이다. 창씨개명에는 고통과 슬픔과 분노가 서려 있었다. 그래서 적어도 족보에 적혀 있는 문자를 사용함으로써 정신적으로 위안을 얻으려 했던 것이다.

작가 가지야마 도시유키梶山季之는 조선을 소재로 한 몇 편의 명작을 남겼는데『족보』도 그 대표적 작품 중 하나이다. 이 소설은 창씨개명으로 인한 조선인의 슬픔과 고통을 그린 내용이다. 각본가 한운사韓雲史가 각본을 짜서 1978년 한국의 3·1독립운동의 특집 드라마로 방영되었다. 후에 한국 영화의 거목 임권택林權澤 감독이 영화로 만들었다.

가지야마 도시유키의 아버지 가지야마 유이치梶山勇一는 조선총독부의 관리였다. 1930년 태생인 가지야마 도시유키는 경성남대문초등학교에서 경성중학교로 진학하여 4학년이 되었을 때 종전을 맞이했다. 가지야마 도시유키에게 조선이 라이프 워크의 하나가 된 것도 필연이었다고 볼 수 있다. 하지만 1975년 5월 7일 취재지인 홍콩의 호텔에서 객혈한 뒤 입원한 홍콩의 병원에서 5월 11일 45세의 젊은 나이로 타계했다.

1965년 잡지『태양』에 발표한 에세이「경성이여, 우리 영혼京城よわが魂」에 가지야마 도시유키는 서울에 대한 뜨거운 정을 토해냈다. 이 에세이에는 민족의 피를 테마로 한 원대한 구상을 펼친 내용도 잘 드러나 있다. 애석하게 여기지 않을 수 없는 가지야마의 죽음이었다.

당시 가지야마 도시유키는 일본을 대표하는 흥행 작가 중 한 사람이었기 때문에 대중소설 작가로서 인식되었다. 하지만 그가 목표로 삼은 것은 순문학의 세계였다. 아카사카赤坂의 자택 맨션과 매우 가까운 곳에 있는 히라카와초平河町의 도시센터호텔에 작업장을 두고 샐러리맨처럼 드나들며 집필 활동을 하고 있었다. 당시 출판업에 손을 대고 있던 나는 몇 번이나 그의 호텔 방을 방문해 담소를 나누었다. 일본식 앉은뱅이 책상에 언제나 일본식 복장을 한 채 앉아 있었다. 그 무렵 이 호텔에서 호텔맨으로 프론트에 서 있었던 사람이 모리무라 세이치森村誠一였다. 모리무라는 언제나 동경의 눈빛으로 가지야마 도시유키의 모습을 바라보았다고 한다. 모리무라 세이치는 나중에 사회파 추리소설작가로 대성했는데 가지야마 도시유키의 순문학 작품의 영향을 받았다고 생각한다(모리무라 세이치 씨는 '나고야 미쓰비시 조선여자근로정신대 소송' 제2차 '어필' 호소인 중 한 사람이다. 만일 가지야마 도시유키가 건재했다면 자진해서 '어필' 호소인이 되었으리라 확신한다).

김중곤은 1943년 3월 간사이공업학교를 졸업하고 예비학교에서 1년간 배운 뒤 일본대학의 법학부에 진학했다. 공업전공에서 법학부로 바꾼 것은 중곤 자신의 결단과 판단에 의해서였다. 그는 일본에서 5년간 생활하며 사회를 잘 관찰했고 많은 사람을 알았다. 그리고 스스로 인생을 깊이 생각하는 청년으로 성장했다. 하지만 1944년이라면 패전의 느낌이 시시각각으로 전해지고 국가는 비상사태에 처해 있던 때다. 학도들까지 출병해 전장으로 향하는 험난

한 시대에 직면해 있었다. 학업에 전념할 수 있는 시대가 아니었다. 20세가 된 중곤에게도 징병검사가 기다리고 있었다. 언제 소집통보가 올지 모르는 때였다. 아들의 안부와 장래를 걱정한 아버지는 중곤에게 가업을 물려주기 위해 급거 대학을 중퇴시키고 광주로 불러들인다. 아버지 태원은 중곤을 빨리 결혼시킬 셈이었다는 생각도 든다.

대학 입학 후 불과 1개월 만에 중퇴한 중곤은 약 5년간의 일본생활을 마치고 양친이 지내는 광주로 귀향했다. 그 무렵 집안에서는 또 하나의 새로운 문제로 골머리를 앓고 있었다. 전혀 생각지도 못한 사건이었다. 애써 장남인 중곤을 막 귀국시킨 참이었는데 이번에는 여동생 순례가 일본으로 가겠다고 말했다. 순례는 봄에 보통학교(초등학교)를 막 졸업한 뒤 바라던 진학을 이루지 못한 채 가사를 돕고 있었다. 당시 여자에게 진학은 꿈과 같은 이야기여서 매우 어려운 일이었다. 그러한 상황에 기습공격을 하듯 순례에게 유혹의 목소리가 들려왔던 것이다.

당시 '애국반'으로 불리는 '도나리구미隣組'라는 조직이 있었다. 일본에서 그때의 도나리구미 조직은 가장 강했다. 방공훈련을 할 때도, 소나무 뿌리에서 채취한 기름을 만들기 위해 소나무 뿌리를 캐러 산에 갈 때도, 죽창훈련을 할 때도 도나리구미라는 조직이 관여했다.

순례를 일본으로 가게 설득하고 일하면서 공부할 수 있다며 권유한 사람도 '애국반'의 조장이었다.

"일본에서 들리는 얘기에 의하면 일본의 공장에 가면 여학교에도 보내주고 급료도 받을 수 있다. 게다가 4년 걸려서 받는 여학교 졸업장을 2년 만에 받을 수가 있다."

이와 같은 권유를 받은 대상은 순례 한 사람만이 아니었다.

일본은 노동력 부족으로 생산라인이 중단되어 있었다. 조선반도의 노동력은 남성만으로는 보충할 수 없었다. 일본 국내에서도 중학생이나 여학교 학생들이 군수공장으로 근로봉사에 내몰리고 있었다.

나중에 중곤의 아내가 되는 복례도 순례처럼 반장으로서 일본행을 권유받은 한 사람이었다. 복례와 순례는 같은 초등학교(광주북정北町국민학교)에 다니던 가장 친한 친구였다.

복례는 1929년 7월 3일 충청남도 강경江景에서 태어났다. 3남 6녀의 9남매 중 4녀였다. 중곤과는 4살 차이가 났다. 아버지는 농업에 종사하였는데 지주로서 제법 토지를 소유하고 있었다. 그러나 금 채굴사업에 손을 댔다가 크게 실패했다. 광주에서 여관업을 하던 이모를 믿고 광주로 이사를 왔다. 1942년 중곤이 일본 유학 중의 일이었다. 복례가 여동생 순례의 친구라는 사실을 안 것은 중곤이 귀국하고 얼마 지나지 않아서였다. 나중에 자신의 결혼 상대가 되리라고는 생각해본 적이 없었다.

복례도 여동생 순례와 마찬가지로 진학의 꿈을 실현하지 못한 채 가사를 돕고 있었다. 중곤이 귀국하기 직전인 5월 어느 날 복례와 순례는 하야시㬋라는 여성 조장의 집에 불려갔다. 하야시는 일본에 갈 것을 강하게 권유했다.

"놀고 있지 말고 함께 일본에 가지 않을래? 일본 분이 와서 얘기를 들어보니 2년간 군수공장에서 일하면서 공부하면 졸업장을 받을 수 있다고 하더라. 하루 일하고 이삼 일은 공부한다고 하고. 기간은 2년간. 그걸로 4년 공부한 것과 똑같은 자격이 주어진대."

두 소녀는 눈동자를 반짝이더니 "가자"라고 말하며 가슴을 설레며 바라보았다.

13세의 소녀들에게 일본에 가서 공부할 수 있다는 것은 꿈과 같은 얘기였다. 그 때의 두 사람의 기쁨은 손바닥을 보듯 이해할 수 있다. 그 순간 미래가 훤히 비친다고 생각했음에 틀림없다. 소녀들은 세계의 상황도 일본의 상황도 전혀 알지 못했다. 그저 여학교에 들어갈 수 있다는 꿈만이 눈에 보였다.

하지만 두 사람의 양친은 완전히 반대했다. 중곤의 양친은 어린 여자애를 외국에 내보내는 것에 커다란 불안을 느끼고 있었다. 중곤도 여동생의 일본행을 반대했다. 이미 일본의 상공에는 미군기가 날아다녔고 대도시는 종종 공습을 받았다. 중곤 자신도 도쿄 아키

하바라秋葉原에서 공습의 위협을 체험했었다. 그런 만큼 더욱 위기감을 느끼고 있었다. 그런데 앞을 전혀 예측할 수 없는 순례와 복례의 향학열은 강했다. 아무튼 일본에 가서 배우겠다고 양친에게 간절히 애원했다. 조장도 열심히 양친을 설득했다. 순례는 마음속으로 가출을 하겠다는 결심까지 굳히고 있었다. 가출 준비를 위해 자신의 옷을 복례의 집에 맡기기도 했다. 거기까지 생각하는 딸의 모습을 본 양친은 마지못해 일본행을 허락하게 되었다. 양친은 걱정한 나머지 일본생활의 경험이 있는 오빠 중곤에게 일본까지 배웅하도록 일렀다.

1944년 6월에 접어든 어느 날 일본행을 결심한 소녀들이 광주시청 앞에 집합했다. 약 50명 정도였다. 일본으로 인솔하는 국방복 차림의 일본인도 있었다. '반도 여자정신대 근로봉사단'이라고 쓰인 2미터 정도의 깃발을 든 사람은 복례였다. 일행은 시내의 중심가를 행진했다. 그리고 광주역에서 기차를 타고 반도의 남단에 위치한 여수까지 이동했다. 타 지역에서 모인 소녀들과 합류하니 그 순간에는 140명 정도가 되었다. 가정에서 각각 사연을 겪은 뒤 도착한 소녀들이었다. 항구까지 배웅을 나온 가족들의 모습도 적지 않았다.

배는 해질녘이 되어 여수항을 떠났다. 배웅을 온 가족들에게는 서글픈 이별이었다. 절규에 가까운 이별의 언어가 오고갔다.

배는 다음 날 아침 시모노세키下關에 도착했다. 배 멀미에 괴로워하는 소녀들이 많이 보였다. 시모노세키에서 나고야까지는 먼 거리였다. 마지막으로 도착한 곳은 미쓰비시중공업 나고야 항공기제작소 도토쿠공장이었다. 가족으로 동반한 사람은 김중곤 한 사람이었다. 청년 중곤의 눈에 비친 순례와 복례는 불안하다기보다 앞으로 시작될 새로운 생활에 대한 기대감에 설레고 있는 것처럼 보였다. 공장에 도착했을 때 중곤 자신도 미쓰비시라는 큰 회사를 신뢰하며 희미하게나마 안도감을 느꼈다. 일행들은 모두 미쓰비시중공업 제4 료외寮和 기숙사에 입실해야 했다. 그 기숙사에는 전라남도에서 온 소녀들 약 140명과 충청남도에서 온 약 150명이 들어갔다.

중곤은 전 헌병이던 야마조에山添라는 기숙사 원장을 만나 여동생과 친구를 잘 부탁한다고 당부한 뒤 귀국길에 올랐다.

기숙사에 수용된 소녀들은 출신지별로 5그룹으로 나뉘었다. 순례와 복례는 광주에서 온 제5 소대에 소속되었다. 오전 6시에 기상, 조식은 6시 반에서 7시. 된장국과, 보리밥, 또는 감자가 들어간 밥에 단무지 절임 등이 나왔다. 7시 30분, 기숙사 앞에 집합해 소대장이 점호를 취하며 중대장에게 보고한 뒤, 중대장이 기숙사 원장에게 보고했다. 집합 시에는 '가미카제'라는 글씨가 새겨진 머리띠를 동여맸다. 기숙사에서 공장으로 갈 때는 대열을 맞추었고 군가를 크게 제창하면서 걸었다. 15~20분 걸렸다.

야마조에 기숙사 원장(앞줄 가운데)과 관계자들(1944년)

공장 입구에는 명찰이 제시되어 있었다. 붉은 표시는 결근, 검은 표시는 출근으로 각자가 명찰을 뒤집은 후 들어갔다. 작업은 8시부터 시작했다. 복례의 일은 긴 파이프에 천을 꿰매는 일이었다. 그곳은 봉제공장이라고 불렸다. 기체의 어느 부분에 사용하는지 복례는 전혀 알지 못했다. 반장은 일본인 남성이었다. 반에는 복례를 포함해 조선에서 온 근로정신대원 4명과 중년의 일본인 여성이 있었다.

순례에게 주어진 일은 기체의 페인트칠이었다. 복례와 순례의 작업장은 바로 근처에 있었다.

점심은 공장 식당에서 먹었다. 보리밥에 반찬은 매일같이 콩, 고구마, 감자였다.

오후 5시 30분에 일을 끝내고 7시까지 기숙사로 돌아왔다. 저녁 식사는 기숙사 식당에서 했다. 그런 생활의 반복 속에 한 달이 지날 무렵부터 소녀들은 '속은 게 아닐까' 하고 생각하게 되었다. 공부는 말뿐이었으며 1주일에 2번 정도 반나절 혹은 하루의 수업이었다. 교과서도 없고 그저 듣기만 하는 수업으로 남자 선생은 일본의 역사에 대해 얘기했다. 여자 선생은 예의법을 가르쳤다. 졸업증서 얘기는 전혀 없었다. 수업이라고 말할 수 없는 공부였던 것이다. 당시의 식량 사정은 오히려 조선 쪽이 더 좋았던 게 아닐까?

조선으로 돌아가고 싶다고 생각한 것은 복례 한 사람뿐이 아니었다. 소녀들의 생각은 모두 마찬가지였다. 그렇지만 엄격하게 관리를 당하던 상황에서 무서워 그런 속마음을 기숙사 원장에게 털어놓을 수는 없었다. 설령 말을 해본들 조선으로 돌려보낼 리가 없었다.

한편 대학을 중퇴하고 광주로 돌아온 중곤은 이윽고 광주기마경찰대에 입대하게 된다. 중곤에게 기마경찰대 입대는 결코 우연한 일이 아니었다. 일본 유학 중에 뜻밖에 승마와 만났기 때문이다. 중곤은 유학 중 세끼 식사보다 그리고 학업보다 승마에 더 빠질 때가 있었다. 승마 기술은 중곤에게 잠재돼 있던 신기한 재능이었다.

중곤의 일본 유학은 하기하라 순사부장(고치高知현 출신)의 도움으로 이루어진 것이었다. 하지만 이 순사부장의 남동생인 하기하라 소좌(나중에 대좌로 승진)와의 만남이 있었다. 당시 하기하라 소좌는 육군경리학교의 기마부장이라는 요직에 앉아 있었다. 일본 유학의 뜻을 이룬 중곤은 양친의 권유로 하기하라 소좌의 자택을 방문했다. 하기하라 소좌가 유명한 육군경리학교의 기마부장이라는 사실을 중곤은 알지 못했다. 하기하라 소좌는 중곤을 한눈에 파악하고 말했다.

"괜찮다면 한번 말을 타보지 않을래요?"

이 한 마디는 중곤이 말과 접촉하는 기회가 되었다. 하기하라 소좌는 중곤 소년의 눈빛과 자세에서 승마의 재능을 간파했는지 모른다. 솔직한 중곤 소년은 그 권유에 이끌려 소좌가 지도하는 마장을 방문했다. 중곤은 이때 처음으로 승마 지도를 받았다. 이후 중곤은 승마에 열중하였고 소좌는 놀라울 정도로 그의 기량을 향상시켰다. 여름방학 등의 긴 휴가 기간에는 거의 마장에서 시간을 보낼 정도로 열중하는 모습이었다. 만일 중곤이 승마와 만나지 않았더라면 중곤의 두뇌로 보아 더욱 빨리 중학교를 졸업하고 더욱 빨리 대학 진학을 이루었음에 틀림없다. 학업보다 승마가 중곤에게 매력적이었던 것 같다. 시기가 맞았다면 올림픽 출전도 노려볼 수 있는 수준이었다.

나중에 나는 중곤의 강한 요청으로 도쿄 세타가야世田谷구에 있는 공공 승마장을 방문한 적이 있다. 공공 승마장 내의 마장에서는 학생들이 승마 훈련 중이었다. 중곤은 한 사람 한 사람의 기량을 체크한 뒤 내게 해설해 주었다. 기뻐하며 웃는 중곤의 얼굴은 소년 시절을 떠올린 듯 빛나보였다.

승마장에 있는 마구간에도 들렀다. 울타리 밖으로 고개를 내민 말이 중곤에게 바짝 다가설 정도로 순종적임에 놀랐다.

"말에게는 사람을 보는 눈이 있어요."

중곤은 매우 유쾌한 듯 말했다. 나는 완전히 감탄했다.

승마장 내의 기념관에도 들렀다. 관내의 한 모퉁이에 니시 다케이치西竹一 중위의 유품이 전시되어 있었다. 니시 중위는 1932년 제10회 올림픽 로스앤젤레스대회의 장애물비월경기에서 금메달을

김중곤(도쿄 마사공원에서)

수상한 선수이다. 올림픽 후 대위로 승진했다. 니시 다케이치 대위는 그 후 이오硫黃섬의 수비대에 파견되어 미군과 치열한 전투를 벌인 뒤 옥쇄를 앞에 두고 자결했다. 니시 중위의 올림픽 금메달 획득은 중곤의 기억에도 선명히 남아 있었다. 중곤 소년에게도 동경의 선수였을까? 유품 앞에서 잠시 동안 움직이지 않았다.

광주기마경찰대에 입대한 중곤은 그로부터 2개월 후 생각지도 못한 일본 출장 명령을 받았다. 일본 유학을 한 경험이 있었기 때문이다. 말 장비를 구입하는 것이 목적이었다. 당시 조선에서는 말 장비 조달이 거의 불가능했다. 1944년 여름의 일이다. 생각지도 못한 방일訪日을 하게 된 중곤은 더운 오사카에서 땀을 흘리며 말 장비 조달을 위해 걸었다. 겨우 임무를 완성한 중곤은 그 후 여동생이 있는 나고야로 향했다. 멀리 일본까지 왔는데 여동생을 만나지 못하고 귀국하는 것은 생각할 수 없는 일이다.

료와 기숙사를 방문해 오랜만에 여동생 순례, 그리고 여동생 친구인 복례를 면회할 수 있었다. 세 사람은 서로 기쁨을 나누었다. 중곤은 두 사람에게서 일이나 생활에 대해 구체적으로 들었다. 변변찮은 식사를 하고 있는 두 사람에게 중곤은 뭔가 맛있는 것을 사주려고 생각해 기숙사 원장에게 두 사람의 외출을 부탁했다. 하지만 허락을 얻지 못했다.

작업이 힘든 점이나 식사의 변변찮음도 있었지만 두 사람이 중곤에게 가장 강하게 호소한 것은 공부를 할 수 없다는 점이었다. 향학열 때문에 바다를 건너온 소녀들의 본심이었다. 그런 두 사람에게 중곤은 말했다.

"아마 준비가 늦어진 것이겠지. 머지않아 반드시 공부할 수 있을 거야. 애써 일본까지 왔으니 조금 더 참고 분발해."

중곤 자신도 마음속으론 불안했지만 그렇게 말하며 격려할 수밖에 없었다.

중곤이 기숙사에 머무른 시간은 불과 1시간 정도였다. 그렇지만 만날 수 있었던 것만으로도 중곤은 안도의 마음을 품고 귀국길에 오를 수 있었다. 이 면회가 여동생과의 영원한 이별이 될 줄 어찌 알 수 있었겠는가.

'도난카이 지진'이라 불리는 대지진이 도카이東海 지방을 엄습한 것은 중곤이 여동생과 재회하고 귀국한 5개월 후였다. 1944년 12월 7일 오후 1시를 넘어선 시각으로, 미쓰비시중공업 도토쿠공장의 여자 직공들이 바로 오후 작업을 막 시작한 순간이었다. 복례가 점심을 마치고 작업장으로 돌아와 앉으려는 그때 돌연 앞의 테이블이 크게 흔들거렸다.

"지진이다. 피해! 빨리 피해!"

반장이 커다란 목소리로 외쳤다. 공장의 여기저기에서 '빨리 피해'라는 일본인의 커다란 목소리가 들렸다. 여자 직공들의 우왕좌왕하는 모습이 보였다.

복례는 봉제공장에서 통로로 나오려고 했지만 이미 정면의 출구가 무너져 밖으로 나갈 수 없음을 깨달았다. 복례는 정신없이 옆의 기계 아래에 몸을 웅크리며 공포에 떨고 있었다. 문득 통로 쪽을 보니 막힌 출구 쪽으로 달리다가 돌아오는 순례의 모습이 보였다. 그 순간이었다. 갑자기 통로의 벽이 무너져 내렸다. 한순간의 일이었다. 순례는 벽의 벽돌에 깔리고 말았다.

복례는 혼자의 힘으로 공장을 탈출했다. 이윽고 건물 밖으로 피한 사람들이 집합해 점호를 취하고 있었다. 제1중대의 6명이 보이지 않았다. 반장의 지시에 따라 행방불명자를 찾아내기 위해 전원이 공장 안으로 돌아왔다. 단단한 벽돌에 머리를 부딪친 순례는 엎드려 쓰러져 있었다. 순례의 목숨은 이미 끊어져 있었으며 머리에서 피가 흘러 고인 상태였다. 복례는 순례의 돌연한 죽음을 목격하고 미친 듯이 울음을 터뜨렸다. 이제 막 함께 점심을 마친 순례가 죽다니 믿을 수가 없었다.

여학교를 동경해 꿈을 품고 일본으로 건너온 젊은 14세의 순수한 영혼은 한순간에 영원히 세상을 등졌다. 너무나도 애처로운 최후였다.

도난카이 지진은 도카이도오키東海道沖가 진원지로, 진도 7.9에 해당하는 대지진이었다. 아이치愛知, 시즈오카静岡, 미에三重 등을 합해 사망자·행방불명자 1,223명이라는 피해를 입혔다.

태평양전쟁 말기인 이 무렵부터 도카이 지방을 중심으로 대지진이 연달아 덮쳤다.

1945년 1월 13일 미카와三河 지진(진도 6.9), 사망자·행방불명자 2,306명.

1946년 12월 21일 난카이南海 지진(진도 8.0) 사망자·행방불명자 1,330명.

여동생을 추모하는 김중곤. 미쓰비시중공업 나고야 항공기제작소 터 인근의 '도난카이 지진 피해자 추도기념비' 앞에서(2016년)

중곤이 여동생의 비보를 들은 것은 지진 발생 후 한참 시간이 경과한 뒤였다. 정보 전달이 원활하지 않은 시대였다. 하물며 전쟁 말기였다. 그날 일터에서 돌아온 중곤은 어머니에게서 여동생 순례가 일본에서 죽었다는 소식을 들었다. 그 순간 웬일인지 실감이 나지 않았다. 광주지청에서 상황을 알리는 통보가 왔다는 것이다. 구체적인 사정은 알 수 없지만 사망 통지는 분명했다. 여름에 만나 건강한 모습을 보고 왔던 참이었다. 도저히 믿기지 않은 중곤은 직접 확인하기 위해 지청으로 향했다. 지청에서도 일본에서 커다란 지진이 발생해 사망했다는 것 외에 구체적인 내용은 알지 못했다.

중곤의 마음에 슬픔이 치밀어 올랐다. 정말로 죽은 것일까? 그렇다면 유골을 인수하러 가야만 한다. 그렇게 생각한 중곤은 양친과 상담한 뒤 일본으로 갈 결심을 했다. 어머니에게 여비를 마련해 달라고 해서 곧바로 일본으로 향했다. 광주에서 나고야까지 도착하는 긴 시간은 중곤에게 매우 괴로웠다. 슬픔 속에서도 혹시나 '착각이라면' 하고 한 줄기 기적의 빛을 믿으려고 했다.

나고야에 도착해보니 아직 모든 곳에 지진이 할퀸 자국이 남아 있어서 큰 지진이었음을 알 수 있었다. 반년 만에 나고야에 다시 와 미쓰비시중공업의 료와 기숙사를 방문했다. 즉시 야마조에 기숙사 원장을 만날 수 있었다. 원장은 중곤을 만나자 정중하게 위로한다는 말을 되풀이했다. 그것은 원장으로서 당연한 일이었다. 슬픔 속

'도난카이 지진피해자 추도기념비' 앞에서 추모하는 일본 시민

에서 중곤은 그 원장의 말에 안정을 찾을 수 있었다. 여동생의 죽음
은 이젠 틀림없는 사실임을 실감했다. 유골은 이미 광주의 자택으
로 보냈다고 설명했다.

　중곤은 여동생 친구인 복례와 만날 수 있었다.

　중곤의 모습을 본 복례는 중곤의 가슴에 매달려 오열했다.

　"오빠, 순례는 죽었어요, 죽어버렸어요."

　복례는 중곤에게 안기어 계속 통곡했다. 중곤 자신도 목소리를
높여 울고 싶었지만 참았다. 하지만 눈물이 멈추지 않고 흘렀다.

　다음 날 중곤은 순례가 죽은 공장으로 향했다. 공장의 정문 주변

은 말끔했지만 공장의 이쪽저쪽이 무너져 있었다. 뒷수습을 하는 사람들의 모습을 발견할 수 있었다.

순례가 쓰러진 현장을 확인했다. 아직 무너진 벽돌들이 그대로 남아 있었다.

'순례는 여기서 죽은 것인가…….'

중곤의 목 부근에 뜨거운 눈물이 한꺼번에 복받쳤다. 이제 두 번 다시 여동생 얼굴을 볼 수 없다. 그렇게 생각하니 가슴이 찢어지는 것 같았다.

중곤은 료와 기숙사에서 2박을 했다. 두 번째 날 잠에 든 지 얼마 지나지 않아 경계경보 사이렌이 계속 울렸다. 이윽고 사이렌은 공습경보로 바뀌었다. 그 무렵 일본의 주요 도시는 빈번히 미군기에 의해 공습을 당하는 상황이었다. 그날 밤의 공습도 새삼스러운 일은 아니었다. 전원 방공호로 피난하라는 명령이 떨어져서 중곤도 소녀들과 함께 방공호로 피난했다. 폭탄이 작렬하는 소리가 몇 번이나 들렸다. 폭탄이 낙하할 때의 기분 나쁜 소리도 들렸다. 살아 있는 느낌이 들지 않는 공포 바로 그 자체였다. 소녀들은 추위와 무서움에 숨을 죽이며 떨고 있었다. 일본 열도는 천재지변, 그리고 폭격과 전율의 나날이 이어지고 있었다.

해협을 건너는 것도 목숨을 거는 일이었다. 언제 미군의 잠수함에 공격을 당할지 알 수 없었다. 현해탄을 건너는 배는 해가 지기를 기다렸다가 출항했다.

중곤이 광주의 자택으로 무사히 돌아왔을 때 순례의 유골은 도착해 있었다. 나고야까지 다녀왔다는 중곤의 보고와 동시에 가족은 깊은 슬픔에 빠졌다. 어찌할 수 없는 원통함과 슬픔을 가족 중 누구도 이겨낼 수 없었다.

지진이 덮친 뒤 나고야는 매일 밤마다 공습에 시달렸다. 복례는 지진 속에서는 살아남았지만 언제 폭격으로 죽을지 몰라서 벌벌 떨면서 날을 보내고 있었다. 검은 방공호에 물이 올라와 차가운 바닥에서 공포와 추위에 전율하는 나날이었다.

도토쿠공장은 지진으로 붕괴했을 뿐 아니라 이어지는 공습으로 지방에 있는 공장으로 이전하지 않을 수 없었다. 복례 일행이 이전한 곳은 도야마富山현의 다이몬大門공장이었다. 그렇지만 공습의 공포에 휩싸이는 것은 어느 군수공장에서나 마찬가지였다. 친한 순례를 잃은 복례의 생활은 슬프고 괴로웠다.

조선인에게 징병제가 적용된 것은 1944년부터이다. 여동생을 군수공장에서 떠나 보낸 젊은 중곤 앞으로 결국 소집 영장이 도착했다. 종전 3개월 전에 해당하는 1945년 5월의 일이다. 군대에 징병된 중곤은 부산에 있는 육군고사포 대대(7420부대)에 배속되었다. 엄격한 훈련의 날이 이어졌다. 매일처럼 구타를 당하는 나날이었다.

당시 조선반도에는 약 35만의 일본군이 있었다. 일본은 미군의 상륙에 대비해 남부지구를 주축으로 23만의 병사를 집결시켰다.

4월에 접어들자 연합군의 오키나와 공략이 시작되었다. 그 연합군 병력은 함선 1,317척, 함재기 1,727기, 인원 45만이라는 일찍이 찾아볼 수 없는 규모였다. 도저히 일본군에게는 승산이 없었다. 본토결전에 대비해서 지구전을 펼치던 오키나와전은 도민을 끌어들여서 태평양전쟁에서 가장 비참한 상황을 초래했다. 최고 통수부가 예상한 연합군의 제주도와 조선반도에 대한 침공 작전은 없었다.

중곤은 부산에서 해방을 맞이했다. 그날 부대장은 전원을 집합시켜 일본이 패했다고 전했다. 결국 가미카제神風가 불지는 않았다. 중곤은 패배한 일본군이 단말마의 비명을 지르는 모습을 목격했다. 어떤 젊은 장교는 자신의 머리에 권총을 쏘아 자살했다. 엄청난 양의 서류 소각 작업이 이어졌다. 어떤 서류인지, 조선인 이등병은 알 수 없었다.

중곤은 일본군을 위해 개죽음당하는 것만은 피해 양친이 기다리는 광주로 귀환할 수 있었다.

도야마의 다이몬공장에서 종전을 맞이한 복례가 광주로 돌아온 것은 그로부터 2개월 후인 10월에 접어들어서였다.

순례와 함께 돌아올 수 없었던 복례는 중곤의 양친 앞에서 울면서 귀국 보고를 했다. 복례의 얘기를 들은 어머니는 한동안 쓰러져 울었다. 입을 굳게 다물고 팔짱을 낀 채로 듣던 아버지는 말없이 눈물을 흘리고 있었다.

해방 직후 조선은 미국 군정하에 놓였다. 군정청의 경비국은 다시 일본 통치 시대의 경찰조직을 계승해 치안 유지에 임했다. 중곤은 다시 광주기마경찰대에서 일하게 되었다.

그로부터 1년 반이 지난 1947년 1월 15일 중곤은 운명이라고 말할 수밖에 없는 결혼을 했다. 중곤은 복례와 연을 맺었다. 여동생 사후 중곤의 양친은 복례를 자신의 아이처럼 귀여워했다. 결혼을 권유한 것도 양친이다. 중곤도 복례도 그것을 운명처럼 받아들였다.

2 조선반도·냉전의 틈새기에서

'휴전라인'에서
경비에 임하고 있는
한국의 병사

해
방
과
혼
란

태평양전쟁 종결 직전인 1945년 8월 11일과 12일, 미국의 국무성, 육군성, 해군성 3성으로 이루어진 조사위원회에서 전쟁 종결 후 조선반도의 점령계획을 검토했다. 그 결과 반도의 38선 이북을 소련이, 이남을 미국이 점령할 방침을 정해 14일 통합참모본부가 그것을 정식으로 결정했다. 나아가 루즈벨트 대통령의 승인을 얻어 8월 15일 종전의 날, 마닐라에 있던 맥아더에게 지령을 내렸다. 동시에 영국, 소련, 중국에 통보해 동의를 얻었다. 반도의 분할점령은 어디까지나 일본군의 무장해제를 목적으로 한 것이었고 일시적인 응급처치였다. 조선의 국민들도 응급처치로밖에 인식하지 않았다. 설마 오늘처럼 분단국가가 되어버릴 줄을 누가 상상이나 했겠는가?

38도선이라는 경계에 대해서는 그 의도가 다르지만, 종전 직전의 일본제국 최고 통수부도 하나의 구분선으로 인식하고 있었다.

최고 통수부는 연합군의 움직임을 제주도와 조선남부로 상륙해 오는 것으로 상정, 38도선 남쪽을 고즈키ㅛ月 육군중장이 인솔하는 제17방면 군이 방어를 맡았다. 이북은 야마다 오토조山田乙三 대장이 인솔하는 관동군이 국경을 넘어서 침공해 올 가능성이 있는 소련군에 대비했다. 일본의 지식인 중에는 애당초 최고 통수부가 인식한 경계야말로 분단의 원점이라고 지적하는 사람도 있다. 그러나 반도를 둘로 분할하려고 한다면 거의 중앙에 위치하는 38도선을 경계선으로 삼는 것은 상식이지 않을까? 문제는 38도선에 있었던 것이 아니라 분할점령 그 자체에 있었다. 동서냉전의 구체적인 시작이었기 때문이다.

이보다 앞선 1943년 11월 27일 루즈벨트, 처칠, 장개석 등 연합국 측 3정상이 이집트의 카이로에서 회담한 뒤 공동선언을 발표했다(카이로선언). 그 선언에서 그들은 "이윽고 조선을 자유 독립의 대상으로 하는 결의를 다진다"고 언급했다. 조선은 해방과 동시에 독립정부가 들어선다고 확신했다. 중앙정부가 수립되면 즉각 38도선의 경계는 소멸하는 것으로 당연히 믿고 있었다.

작가 류주현柳周鉉은 소설 『조선총독부』(박용구朴容九 번역)에서 1945년 8월 15일의 천황 히로히토裕仁의 '옥음방송'을 들은 직후의 조선의 상황을 다음과 같이 그렸다.

히로히토의 방송이 끝나자 거리뿐만 아니라 조선천지의 모든 곳은 폭풍우와 같은 환호에 휩싸였다. 대한독립만세! 대한독립만세! 우리 정권을 세우자!

미친다는 것은 나쁜 의미로만 사용되지는 않는다. 생명이 있는 조선의 모든 것이 미친 것 같았다. 초목도 돌멩이도 산하도 미쳐서 춤추기 시작했다.

다음 날 아침 9시 정각을 기점으로 전국의 옥문이 일제히 열렸다. 3만 명에 이르는 이른바 정치사상범이 고통의 족쇄에서 풀려나 해방을 맞은 자유의 거리로 쏟아져 나왔다.

이 표현은 36년간 일제의 지배하에 있던 조선민족이 기뻐하는 모습을 상징적으로 그린 것이라고 생각한다. 통일국가 수립을 조선민족이 기대하는 희망에 넘치는 순간이었다.

한편 36년간 군림한 조선총독부 최후의 총독은 제9대 아베 노부유키阿部信行였다. 해방 직후 총독이 가장 우려한 것은 치안을 유지하는 것이었다. 약 90만 명의 재류일본인에 대한 조선인의 보복행동이 두려웠다. 이를 미연에 방지하는

제9대 총독 아베 노부유키

방책에 대해서 총독은 엔도遠藤 정무총감, 니시히로西広 경무국장과 의견을 교환한 끝에 조선의 민중이 납득할 수 있는 권위의 이양을 재빠르게 실행하는 것밖에 없다는 결론을 내렸다.

미군이 오키나와에서 진군해 올 때까지는 제법 시간이 걸린다고 상정했다. 문제는 권위를 누구에게 이양할 것인가에 있었다. 아무튼 민족의 신뢰를 얻는 지도력을 지닌 인물이 아니면 민중은 납득할 리가 없다. 고려한 결과 항일독립운동가로서 역량을 갖춘 인물로 이승만李承晚 혹은 김구金九가 물망에 올랐다. 하지만 이 두 사람은 망명지에서 귀국하지 않은 상태여서 일을 서둘러야 하는 만큼 국내에 거주하는 독립운동가에게 이양할 수밖에 없었다. 좌파 여운형呂運亨, 우파 송진우宋鎭禹, 중도파 안재홍安在鴻 이 세 사람에게 협력을 요청하기로 결단을 내렸다. 엔도 정무총감과 니시히로 경무국장은 즉시 세 사람을 불러 교섭에 들어갔다. 8월 14일의 심야였다. 그렇지만 여운형과 안재홍은 협력을 약속했는데 우파 송진우는 이를 거부했다. 송진우는 좌파 여운형과는 어울리지 않으려 했던 것이다. 일설에는 여운형은 1년 전부터 일본의 패전에 대비해 조용히 건국동맹을 조직하고 있었던 데 비해 우파에서는 어떤 방책도 생각하지 않고 있었기 때문이라고 보는 견해도 있다. 아베 총독은 송진우를 설득하려고 노력했으나 잘 되지 않았다.

결국 여운형이 주역이 되고 안재홍이 보좌역을 맡아 좌파 중심의 공작이 진행되었다. 총독부로서는 이제 재류일본인의 안전이 제일이었다. 패전국의 총독부에는 패전 처리 작업밖에 남아있지 않았기 때문이다.

여운형은 총독부가 의뢰한 치안 유지를 위한 요청을 그대로 정권 이양으로 연결시키려는 포석으로 받아들였다. 여운형은 재빠르게 '조선건국위원회'를 발족시켜 직접 위원장에 취임했다. 미리 준비한 정책을 즉시 발표하는 능란한 대응이었다. 나아가 해방 다음 날인 16일에는 라디오방송을 통해 3회에 걸쳐 위원회의 발족과 정책을 발표하는 날쌘 솜씨를 보였다. 민중이 신정부가 수립되었다고 착각한 것도 당연한 일이었을지 모른다.

건국준비위원회는 행정구의 '도'에서 '부, 군, 읍, 면'의 하부조직에 이르기까지 건국준비위원회의 조직화를 진행했다. 여운형은 당연히 좌파 중심으로 인재를 등용하여 조직을 형성해 갔다. 최초 '건국준비위원회'는 5부제였는데 8월 22일에는 12부제로 확대되었다. 그중 8개의 부장을 좌파가 차지하고 있었다.

미군이 진군해 오기 전에 조직을 강화해 실적을 굳히려는 구상이었다. 9월 6일에 전국인민대회를 서울에서 개최해 다음 날 국호를 '조선인민공화국'으로 하는 것까지도 결정했다. 아직 귀국하지도 않은 이승만을 주석으로 앉히고 자신은 부주석이 되었다. 내정內政부장으로 이름을 올린 김구도 아직 귀국하지 않은 상태였다. 여운

97

형은 어째서 이렇게 공화국의 결성을 서두른 것일까? 미군에 의한 정권 이양을 예상하고 '조선인민공화국'이야말로 신뢰할 수 있는 조직임을 인정시키려 했음에 틀림없다고 생각한다.

그러나 함께 건국준비위원회를 설립한 중간파 안재홍은 동지와 함께 조선국민당을 결성한다. 시일을 두지 않고 다른 5개 파를 통합해 국민당으로 조직을 확대하더니 그 위원장이 되어 완전하게 여운형과 결별을 선언한 것이다.

또한 건국준비위원회의 설립과는 거리를 두었던 우파 송진우는 9월 6일에 한국민주당을 발족시켜 여운형의 조선인민공화국을 거부했다. 더욱이 김구가 대표를 맡았던 중국의 중경重慶에 있던 임시정부를 정당한 정권으로 맞이하기로 결정했다.

9월 3일이 되자 김구를 주석으로 하는 임시정부는 독자적으로 정책을 공개했으며 가까운 시일에 김구가 조국으로 귀국한다고 발표했다.

겨우 독립정부 수립의 시기를 맞이한 조선이었지만 당쟁이라는 암운이 앞을 가렸다.

총독부가 해방 후 재류일본인의 안전을 목적으로 여운형에게 요청함으로써 이루어진 치안 유지나 건국준비위원회의 설립은 일본인의 안전한 귀환에 효과가 있었다. 그렇지만 독립정권의 수립에는 혼란을 초래하는 결과가 되었다.

전후 조선반도에서 귀환한 일본인은 91만 9천 명. 조선에서 귀환하는 것에 비해 중국, 만주에서 귀환하는 것은 눈물을 흘리는 고난의 도정이었다고 한다.

38도선 이북으로 진군한 소련군의 북측 장악은 꽤 신속하게 진행되었다. 이러한 소련군에 비해 미군의 선두부대가 오키나와에서 드디어 인천에 상륙한 것은 종전 15일 후인 8월 25일이었다. 하지 군사령관이 도착한 것은 그보다 늦은 9월 8일이었다. 소련군은 치스차코프 대장이 인솔하는 극동 제25군이었다. 그들은 본국으로부터 명확한 지령을 받고 계획을 진행했다. 목표로 내세운 것은 공산주의 혁명이었으며 그 조직 구성도 철저했다. 건국준비위원회를 임시인민위원회로 변경했다. 또한 위원회의 중요 직책도 좌파의 인물을 지명해 맡게 하는 등 철저한 목적과 계획에 따른 진행이었다. 북의 군정장관으로 임명되어 파견 온 로마넨코 소장은 더욱 철저히 공산주의 정책을 북측에 실천, 적용했다.

그에 비해 미군에게는 조선반도에 대한 구체적인 계획도 대책도 없었다. 그런 미군의 자세가 문제였다. 게다가 남측에서는 공산당과 우익의 한국민주당이 두 정당의 흐름을 이미 형성하고 있었다. 뿐만 아니라 내로라하는 정치가들이 비온 뒤의 죽순처럼 정당을 설립하는 일에만 동분서주했다.

하지 사령관이 부임하고 즉시 정치단체 등록을 실시하자 그 수가 205개나 되었다. 이렇게 정당, 정치단체가 난립해 당쟁이 격화하는 상황에 대해 우려의 마음을 품는 사람들이 적지 않았다.

하와이로 망명해 있던 항일운동의 제1인자 이승만이 10월 16일에 귀국한 데 이어서 11월 23일에는 임시정부의 김구가 중국에서 귀국했다.

남쪽에는 아놀드 군정장관이 부임했다. 하지 군사령관과 아놀드 군정장관은 여운형이 급하게 설립한 조선인민공화국을 결국 인정하지 않았다. 미군이 공산주의를 용인할 리가 없었다. 또한 김구를 주석으로 하는 중경의 임시정부도 받아들이지 않았다. 미국 군정청이 계승한 것은 총독부의 기구와 인재를 그대로 활용하는 정책이었다. 미국 군정청에게는 그것이 가장 쉽고 안심할 수 있는 수단이었음에 틀림없다. 그러나 일제의 앞잡이가 되어 식민지 지배에 협력해 온 조선인 관리들이 다시 특권을 유지하게 됨으로써 민중은 미국 군정에 실망하지 않을 수 없었다. 이에 비해 북측에서는 일찍부터 친일파에 대한 가혹할 정도의 숙청이 철저히 이루어졌다. 분할점령의 차이가 여실히 드러나는 모습이기도 했다.

좌파, 우파, 중도파의 당쟁·정쟁은 격렬했지만 그래도 중앙정권의 수립을 믿고 민심이나 치안은 비교적 안정되어 있었다. 38도선의 왕래도 그다지 어렵지 않았다.

연말까지 모스크바에서 미소회담이 열렸다. 하지 군사령관은 38도선 철폐의 협의가 진행되고 있다고 언명했다. 이 시점에서는 조선 민족끼리 싸워서 서로 피를 흘리게 되리라고는 상상할 수 없었다.

특히 1945년 12월 17일부터 27일까지 모스크바에서 미국, 소련, 영국의 외상회의가 열렸다. 회의가 종료한 28일, 그곳에서 의외의 내용이 발표되었다. 요약하면 다음과 같다.

① 미소 양군의 대표 회담을 2주일 이내에 개최, 양국의 '공동위원회' 설치를 협의한다.
② 미소공동위원회는 조선 내의 민주주의 정당과 사회단체의 의견을 참고로 조선임시정부를 구성한다.
③ 조선임시정부를 최장 5년 이내, 미, 영, 중, 소의 4개국이 신탁통치하에 둔다.

이 발표를 들은 국민의 실망은 단번에 분노로 변했다. 지금에 와서 신탁통치라니 승복할 수 없었다. 굴욕으로 받아들이는 국민감정이 들끓었다. 우익도 좌익도 중도파도 모두 신탁통치에 반대하는

신탁통치반대운동

자세를 강하게 내보였다. 발표된 다음 날인 29일에는 재빠르게 '신탁통치반대투쟁위원회'를 결성했다.

외상회의는 남쪽의 격렬한 당쟁 현상에 객관적인 판단을 내렸을 법하다고 한다. 국민이 너무나도 해방의 기쁨에 들떠 국론을 하나로 모으는 데 협조적 태도를 보이지 않았다고 비극의 원인을 지적하는 견해도 있다. 정치 사상이 전혀 다른 대국에게 분할점령의 대상이 되어버린 국가. 36년간이나 계속 식민지 지배를 당해 온 국가에게 즉시 국론의 통일을 요구하는 것은 무리였다고 볼 수밖에 없다. 더욱이 신탁통치가 정당한 것이었는지를 묻는다면, 그것도 대국 간의 의도만이 우선되었으며 조선을 독립국가로서 지원하는 일 따위는 부수적인 것이었다고 생각할 수밖에 없다.

신탁통치 발표로부터 1주일도 지나지 않은 동안에 국내의 양상은 급변했다. 한때는 신탁통치 반대를 표명했던 조선공산당(당수 박헌영)이 1월 2일이 되자 신탁통치를 지지한다고 자세를 완전히 바꾼 것이다. 더욱이 중앙인민위원회(위원장 여운형)는 '신탁통치의 결정에 감사한다'는 전문을 모스크바로 보냈다. 기본적으로 좌익은

인간의 보루

찬성, 우익은 반대하는 구도가 되었다.

국론이 둘로 쪼개져 대립하고 있을 때 우익의 거두였던 송진우가 같은 우익의 광신적 민족주의자 한현우韓賢宇에게 암살당하는 사건이 발생했다. 12월 30일 아침의 일이다. 한현우는 여운형, 박헌영도 살해할 계획이었으나 실패하고 송진우만을 살해했다.

실은 한현우는 와세다대학에 유학 중 나카노 세고中野正剛의 도호카이東方會에 가입해 도조 히데키東条英機 수상 암살 미수로 체포되었다. 그런데 복역 중 해방을 맞이해 석방되어 귀국한 사내였다.

김구는 신탁통치에 철저히 반대하는 자세를 취했고 1월 4일 '비상국민회의'를 소집해 결집을 호소했다. 이에 7일 전국학생들이 반대데모를 결행했다. 그날, 이승만은 "신탁통치를 지지하는 것은 망국의 음모에 가담하는 일이다"라고 단언했다.

모스크바회의의 신탁통치 결정은 치열한 우익의 반대를 묵살하고 진행되었다. 1946년 1월 15일 모스크바회의의 결정을 수용해 서울에서 미소가 처음으로 군사회담을 열었다. 미국 측에서는 아놀드 소장이 수석대표, 소련 측에서는 스치코프 중장이 수석대표로 참석했다. 이 회담은 미소공동위원회를 설치하기 위한 준비모임의 성격이 짙었다.

2월 6일 회담수료 후에 발표된 이때의 중요한 결정사항은 "미국과 소련의 5명으로 공동위원회를 조직해 1개월 이내에 임시정부를 수립한다"는 것이었다. 하지만 이틀 후 2월 8일, 북에서는 소련의 지도하에 북조선임시인민위원회를 수립해 그에 따른 20대 정강까지 공개했다. 이것은 분명히 유사정권으로 볼 수 있었다. 미소의 구성원으로 공동위원회의 조직을 막 결정했는데 도대체 소련의 진의는 어디에 있었을까? 미국을 견제하면서 한편 공산혁명을 위한 조직을 구성하고 있었던 셈이다. 게다가 소련은 모스크바회의에서 신탁통치를 제안한 것은 미국이었다고까지 공표했다. 최종적으로 미국은 10년간의 신탁통치를, 이에 대해 소련은 5년간을 주장했다고 그 내용을 폭로해 반미 감정을 선동했다.

이와 같은 소련의 자세에 대해 미국도 침묵하고 있지 않았다. 대항하는 형태로 2월 14일 미국 군정의 자문기관으로 이승만을 의장으로 하는 남한대표 민주의원議院을 설치했다. 미소의 대립구도가 명확히 드러난 것이다. 임시정부수립에 대한 기대는 멀어져 갔다. 공동위원회는 무기휴회를 할 수밖에 없었을 뿐 아니라 유명무실해졌다. 해방을 기뻐하며 희망을 품던 조선민족은 미소의 대립으로 농락당하는 상태였다. 태평양전쟁 종결 1주일 전의 소련 참전이 반도분단의 신호탄이었다는 사실을 잘 이해할 수 있다. 더구나 조선민족 자체의 치열한 좌우의 당쟁이 대립구도에 박차를 가했다는 것도 부정할 수 없다. 그러나 이 시점에서는 아직 같은 민족끼리 서로 살육하게 되리라고는 꿈에도 생각하지 못했다.

공동위원회 무기휴회 발표로부터 5일 후, 이승만은 남쪽만의 단독정부수립계획을 발표하기에 이른다. 이 발표를 듣고 미국 군정장관 아놀드의 후임으로 부임한 러치 장관은 반대를 표명하며 이승만을 견제했다. 이러한 남쪽의 동향에 대항하는 형태로 북측에서는 7월 28일 각 당파가 합동해 북조선노동당을 결성했다. 북측 결속력의 배경에는 소련의 강한 지도력이 영향을 끼치고 있었다. 남쪽에서는 해방 1주기 기념행사가 각지에서 성대하게 거행되었지만 우익은 우익대로 좌익은 좌익대로 각자 따로 행동했다.

9월 5일에는 남쪽의 공산당 각파가 합병해 남조선노동당(이하 남로당이라 호칭. 위원장은 허헌許憲, 부위원장은 박헌영朴憲永)을 결성했다. 북조선노동당의 지도에 의한 것이었다. 그 무렵 남로당 당원은 약 35만 명에 이르렀다. 박헌영은 당원을 200만 명 확보하라는 지령을 내려 그 수단으로 격렬한 노동투쟁을 전개하기로 결정했다. 남로당을 기반으로 삼던 조직은 노동조합전국평의회, 전국농민조합총연맹, 민주주의청년동맹이었다. 이들 조직의 중핵은 북에서 교육을 받고 파견된 당원들이었다.

남로당은 대구시를 혁명기지로 삼기 위한 계획을 세워 철도원의 파업부터 투쟁을 개시, 신문사 등 출판노동조합의 파업, 중앙전신국

105

의 파업을 전개했다. 나아가 9월 29일에는 대구시와 그 주변의 40여 개 공장의 파업을 지도하면서 대대적인 학생데모를 전개했다.

10월 1일 대구시의 경찰서와 지구노동평의회원 사이에 작은 충돌이 발생했다. 이것을 계기로 노동자와 학생이 함께 행동대를 조직해 경찰서를 습격, 점거하는 폭동이 발발했다. 당시 남쪽 전역에 배치된 경찰관은 약 1만여 명에 불과해 세력이 약했다. 이 습격사건으로 경찰관 20명이 사망, 결국 계엄령이 선포되기에 이른다. 진압에 미국군이 출동했다. 그러나 과격한 행동대의 경찰서 습격사건이 경상북도 각지에서 일어났다.

3일에는 부산전신국과 선원조합이 파업을 결행했다. 서울에서는 수만 명이 참가해 데모를 전개했고 군정청 앞에서는 '미국 나와라!'라는 구호를 계속 외쳤다. 더욱이 대구형무소를 습격해 죄수들이 탈옥하는 사건이 일어났다. 이 과격한 좌익의 행동에 맞서 우익진영에서는 행동대로서 민족청년단을 결성했다.

미소합동위원회는 여전히 휴회 상태였다. 신탁통치를 찬성하는 좌익, 반대하는 우익의 대립만이 격렬할 뿐 임시정부 수립의 전망이 전혀 보이지 않았다. 이러한 상황하의 10월 13일 남쪽에서는 남한입법기관 설치법령을 공표했다. 이 공표를 둘러싸고 좌익과 중도파가 격렬하게 반대하며 보이콧했다. 반도의 남북대립, 게다가 남측 안에서의 우익과 좌익의 대립구조는 혼란만 부추겼다.

한편 북에서는 공산주의화를 착실히 실행하며 1946년 8월 22일 북조선인민위원회를 조직했다. 그리고 김일성이 위원장으로 취임했다. 크레믈린이 만든 시나리오였다. 3월 5일에는 토지 개혁령을 공표하고 3월 말에는 결정적으로 사회제도의 개혁에 발을 내디뎠다. 한순간에 토지사유제도를 폐지했다. 이어서 법 개정을 강행해 8월에는 교통, 체신, 운수, 은행 등 주요산업 전부를 국유화하는 법령을 제정했다. 이와 같은 급속한 사회개혁에 폭동사건이 빈발했지만, 반대세력은 조직의 힘에 의해 모두가 탄압을 당했다. 재산을 박탈당한 많은 사람들은 38도선을 넘어 쫓기듯 남쪽으로 넘어갔다. 이들의 북쪽에 대한 증오를 어찌 말로 형용할 수 있겠는가.

공산주의가 진행되는 북쪽에 대항하듯 남쪽에서는 6월 3일 남쪽 임시입법의원의 민정장관 자리에 있던 안재홍이 중심이 되어 남한 과도정부를 조직했다.

그 무렵 대구인민항쟁 후 지하에 잠복하며 계속 활동을 하던 남로당 당원들은 비밀리에 군사조직을 편성하고 그 조직을 확대하는 일로 분주했다. 제2회 해방기념일인 8월 15일에 남쪽에서 혁명전쟁을 일으키기 위한 준비를 진행하고 있었던 것이다. 북쪽의 중앙지도부로부터의 지령은 치밀해서 도, 시, 군, 면의 위원회 단위로 군사조직의 편성을 지시했다. 더군다나 지리산, 태백산, 속리산, 오대

여운형

산 등의 산악 관내의 위원회에는 그 산 기슭에 비밀군사기지를 7월 말까지 설치해 게릴라전 준비를 완료하도록 명령했다.

같은 좌익 진영일지라도 여운형을 필두로 하는 온건파는 이와 같은 과격한 혁명 행동에 반대하고 있었다. 하지만 7월 19일의 백주의 대낮에 여운형이 서울 시내에서 암살당하는 사건이 일어났다. 미국제 권총에 의한 저격이었다. 범인은 4일 후에 체포되었다. 19세의 한지근韓智根이라는 청년이었다. 광신적인 반공민족주의자로 알려졌다. 온건파 지도자의 갑작스런 죽음으로 국민은 커다란 충격에 휩싸였으며 그의 죽음을 애도하며 슬퍼했다.

여운형의 암살사건이 발생했기 때문인지 해방 기념일인 8월 15일 남쪽의 좌익혁명전쟁은 발발하지 않았다. 나중에 밝혀진 바에 따르면 남로당의 8월 15일 궐기에 대한 정보를 이미 경찰당국이 파악하고 있었다고 한다. 정보를 쥔 경찰당국은 8월 1일부로 해방 기념일의 옥외집회와 데모행진을 금지하는 행정명령을 내린 상태였다. 예비검문을 철저히 했으며 궐기를 미연에 방지했다. 경찰당국에 정보가 새어 들어갔다고 알려져 있었다. 이때 경찰당국은 다수의 남로당 간부를 체포했을 뿐 아니라 조직을 가동할 수 없을 정도로 탄압을 가했다. 위원장 허헌과 부위원장 박헌영은 서울에서 이미 평양으로 도주한 상태였다.

남로당에 대한 탄압을 실행한 주체는 경찰뿐만 아니라 민족청년단, 북에서 월남해온 반공주의자로 결성된 서북청년단西北青年團이었다. 탄압은 '빨갱이 소탕'이라는 명분하에 철저히 추진되었다. 유치장은 체포자들로 넘쳐나서 도저히 수용할 수 없을 정도였다. '스탈린병치료'라고 불리는 고문은 가혹하기 짝이 없었던 행위로 알려져 있다.

이와 같은 상황에 미국은 미소합동위원회에 의한 해결안을 단념하고 결국 유엔총회에 조선 문제를 정식으로 상정한다. 이에 대해 우익진영은 찬성했지만 좌익진영은 모스크바협정 위반이라며 강하게 반발했다. 소련은 미소양군의 조기철퇴를 제안함과 동시에 유엔토의를 회피하려는 공작을 했다. 그러나 미국은 유엔토의가 종료될 때까지 미소합동위원회의 휴회를 관철시켰다.

유엔총회에서는 조선 문제를 유엔에서 토의해야 마땅하다는 의견이 절대다수로 가결되었다. 이를 이어받아 유엔총회는 10월 30일 조선위원단 파견을 결의했다. 이 결의에 근거해 조선은 조선임시위원회를 설치한 뒤, 남북 동시선거를 실시해 정부를 수립한다는 계획이었다. 그 후 미소의 점령군은 철퇴하는 항목 등을 담은 결의 안을 채택했다.

다음 해(1948년) 1월 7일 34명의 유엔위원단이 서울에 도착했다. 당시의 단장은 중화민국 호세택胡世澤이었다. 도착 후 위원단은 다음과 같은 방침을 발표했다.

- 남북동시선거를 3월 31일까지 실시해 조선민족의 대표를 선출한다.
- 선출된 대표들은 조선민족정부를 수립하기 위해 의회를 구성한다.
- 국민정부는 유엔위원단과 협의해 남북의 군정부로부터 정권을 물려받은 뒤 90일 이내에 남북점령군의 완전철퇴를 위해 점령군과 신속히 협의를 진행한다.

이 유엔의 방침에 대해 남쪽은 찬성했지만 북쪽은 강하게 반발했다. 애당초 소련은 유엔토의 그 자체를 반대하고 있었던 만큼 예상되었던 일이었다. 반발은 예상을 뛰어넘어 북측은 위원단의 북쪽을 향한 입경 거부를 정식으로 통고해 왔다. 위원단은 결국 김일성을 비롯한 북쪽의 지도자들과 만나는 것조차 불가능했다.

따라서 위원회는 미국이 제안하는 반도 내의 가능한 지역에서만 선거를 실시하는 안을 채택하게 되었다. 이 단독선거의 실시는 남북분단의 결정적인 원인이 되었다.

위원단은 전체의 의석수를 300석으로 제정한 뒤, 인구 비율에 따라 남쪽에 200석, 북쪽에 100석으로 배분했다. 선거일은 5월 10일로 결정했다.

이 단독선거 실시에 대해서도 찬성과 반대의 대립이 격렬했다. 북쪽과 남쪽의 좌익은 철저히 반대하는 자세를 취했으며 선거 실시 방해공작을 시작했다. 하지만 이 단독선거에 반대한 것은 좌익진영뿐만 아니었다. 김구 등 일부의 우익진영 안에도 반대하는 지도자가 나타나 반대 공동성명까지 발표하기에 이른다.

김구는 만일 단독선거를 실시하면 남북분단이 고착화해 조국통일의 길이 멀어진다며 우려했다. 김구는 단독선거를 중지하고, 남북협상을 추진할 것을 제안했다. 그리고 요청 서간을 북쪽의 지도자들과 소련군사령관 앞으로 보냈다. 그러자 3월 25일 북쪽으로부터 김구를 북으로 초대한다는 취지의 해답이 돌아왔다.

김구 일행 14명이 평양에 들어간 것은 4월 19일이었다. 5월 10일의 단독선거 예정일까지는 약 1개월도 남지 않은 상태였다. 김구에게는 사상의 좌우를 초월한 통일에 대한 강한 신념이 무엇보다 우선했다. 정치생명을 건 평양방문이었다.

때마침 이때 평양에서는 전날부터 남북의 좌익, 중도파 수백 명이 참가한 '남북 제정당사회단체대표자 연석회의'가 열리고 있었다. 북쪽이 김구를 맞아들인 것은 이 회의에 우익대표도 참석했다고 하는 실적을 남기기 위한 목적이었다고 한다. 말하자면 북쪽 입장에서는 단독선거 저지를 위한 양동 작전을 펼쳤다는 얘기가 전해진다. 실제로 김구가 이 회의에 출석한 것은 회의 3일째에 짧은 시간 형식적으로 모습을 보인 게 전부였다.

"조국이 없으면 국가도 없고 국가가 없으면 정당도 사상도 있을 수 없다. 단독선거를 저지해야만 한다."

고 하는 취지의 내용을 역설했다.

김구가 평양에 들어가 '남북 제정당사회단체대표자 연석회의'에 출석한 것에 대해 남쪽의 민중은 조국통일의 가능성을 꽤 기대하고 있었다고 한다. 결과는 모스크바를 등 뒤의 방패로 삼은 북쪽 지도자들의 철저한 공산주의혁명을 위한 자세를 통감했을 뿐이었다.

남쪽에서 좌익들은 학생이나 노동자에게 행동대로서 데모와 파업을 부채질했다. 이런 분위기에 편승해 단독선거를 반대하는 시위활동은 더욱 격화하고 있었다. 남쪽의 치안당국은 우익조직과 공동으로 계속 좌익탄압을 감행했으며 도처에서 유혈사태가 일어나고 있었다.

복례와 결혼하고 1년이 채 지나지 않은 김중곤은 '여순항쟁' 진압을 위해 출동명령을 받았다. 광주기마경찰에 소속되어 있던 중곤에게는 직무상 피할 수 없는 목숨을 건 출동이었다.

"걱정하지 말아요. 곧 진압할 수 있을 거야. 반드시 돌아올 겁니다."

중곤은 불안을 숨기지 않는 아내 복례를 격려한 뒤 현지로 향했다.

중곤은 남쪽 지역에서 태어나고 자란 인간이다. 또한 지주의 자식이다. 그렇지만 하나의 사상에 강하게 구애를 받는 인간은 아니다. 타고난 성품에 대해서 말하자면 온건파라고 나는 생각한다. 잘 자라서 그런 것일까, 영혼이 소년처럼 순수하다. 중곤이 그런 성품을 쌓은 것은 장남으로 귀중히 키운 양친의 깊은 애정 덕분일지도 모르겠다. 평화롭고 자유롭고 조용하게 보내는 것만이 중곤의 소망처럼 느껴졌다.

해가 지난 뒤 중곤은 아내 복례와 함께 경건한 크리스찬으로서 세례를 받았다. 현역 은퇴 후 조용한 제주도로 건너가 아내와 둘만의 소박한 생활에 진정한 행복을 추구한 삶에서도 그의 성품을 느낄 수 있다.

여순항쟁의 처참한 현장을 체험한 중곤이었지만 무사히 아내 곁으로 귀환할 수 있었다. 복례의 기쁨은 헤아릴 수 없이 컸다. 하지만 중곤은 기쁜 반면, 마음속으로는 처참한 항쟁 현장에서 경찰의 무력감을 깨달았다. 장비 하나를 살펴보아도 항쟁군 이하였다. 무엇보다 같은 민족끼리 어째서 서로 살육해야만 하는가? 중곤의 마

113

음은 개운치 않았다. 이와 같은 고뇌는 결코 중곤 한 사람만이 느끼는 것은 아니었다. 남북에 상관없이 다수의 국민이 중곤과 같은 마음을 품고 있었다. 권력에 눈먼 일부 지도자들 때문에 국민이 행복을 잃고 있는 것을 보면 중곤은 견딜 수가 없었다.

이 격동기를 어떻게 살아가야 하는가? 가족을 지키는 일과 국가를 지키는 일의 중대함을 생각하지 않을 수 없었다. 평화를 원하면서도 조선민족끼리 싸워야 하는 모순. 24세의 중곤이 조우한 고뇌였다. 36년간의 식민지 지배에서 겨우 해방된 조선민족이야말로 평화롭고 행복해야 함이 마땅한데, 현실은 완전히 그 반대였다.

중곤은 친구가 권유하기도 해서 한국군에 입대하기로 결심했다. 역사의 틈바구니에서 가족을 지키며 살아가기 위해서는 그 길밖에 없었다. 이것이 해방 후의 반도의 현실이었다. 해방은 새로운 전쟁의 시작이었던 것이다.

김중곤이 입대한 곳은 대구의 제6사단이었다. 머지않아 사단의 추천을 받아 서울에 신설된 호국군사관학교 제1기생으로 군사교육을 이수하게 되었다. 각 사단에서 유능한 간부 후보생을 추천해 보냈다. 한국국군 엘리트 육성기관이었다. 교육기관은 1년 6개월. 나이 24세 때 김중곤은 국군 청년장교로서 첫걸음을 내디뎠다. 부인 복례도 서울에서 생활을 함께했다. 그 시기에 장남이 탄생했다.

　김중곤은 1950년 6·25 개전 당시 육군소위로 제6사단에 소속되어 수색대 제1소대장으로서 강원도 원주에 주둔하고 있었다. 이 배속을 계기로 중곤은 처자를 향리 광주로 돌려보냈다. 전쟁의 불안도 있었으나 양친의 곁에서 가족이 생활하게 되므로 중곤 자신은 안심할 수 있었기 때문이다.

　한국전쟁 당시를 회상하건대 내가 다니던 마을의 신제新制중학교에는 아직 독립된 학교 건물이 없었다. 현관만을 별도로 만들어 초등학교와 동을 이어서 사용하는 학교 건물이었다. 교정도 하나여서 운동회는 초중 합동으로 치렀다.
　학교가 고지대에 있었기에 현도縣道를 꺾어 돌아서 경사진 언덕길을 올랐다. 언덕길의 양쪽은 계단밭이었다. 언덕길의 바로 중턱 부근에 밭을 밀어 날림공사로 세운 단층집이 2동 있었다. 귀환가족을 위해 마을에서 운영하는 주택이었다. 언덕길에 사는 귀환가족은 이윽고 생활을 위해 문방구점을 개점했다. 입구의 토방을 이용한 1평 정도의 가게였다. 카라멜을 낱개로도 팔았다. 아침 등교 때, 점심 휴식시간 때, 하교 때에는 많은 아동이 모여 있었다. 가게는 번성했다. 도쿄 말투로 얘기하는 아저씨는 장사에 무척 열심이었다.

어느날 하교 때 나는 아저씨에게 심각한 얘기를 들었다.

"조선에서 전쟁이 일어나서 앞으론 연필도 노트도 금세 없어질 거야. 이제 도매상에 가더라도 아무것도 없지. 여기에만 있으니 빨리 사두는 게 좋아."

나는 "조선에서 전쟁이 일어났다"고 하는 아저씨의 말을 왠지 잊을 수가 없다. 이 말이야말로 나의 한국에 대한 향수와 근심의 원점으로 느껴져서 견딜 수 없다.

조선에서 전쟁이 일어났다는 상황의 인식 따위가 전혀 없었던 나는 충격적인 그 말을 이해할 수 없었다. 태평양전쟁이 끝난 이 세상에 두 번 다시 전쟁이라는 것은 존재하지 않는다고 생각하고 있었다. 게다가 조선에서 전쟁이 일어났다고 해서 어째서 일본의 이런 산촌 작은 가게의 연필, 노트까지 없어지는지 이해할 수 없었다.

1950년 6월 26일 자의 『아사히신문』의 지면은 한국전쟁 발발에 대한 기사로 가득 채워져 있었다. "조선 드디어 전면전쟁", "경성 일찍이 위기에 직면", "북한군 동해안 네 군데에 상륙", "김포비행장 폭격", "한국 측 전사 4천 명인가", "쌍방 5만의 병력투입", "이승만 정부를 격멸·북한 방송", "안보리 열렸다", "달라스 고문 맥아더 원수와 협의", "미, 무기급송 명령" 등등.

한반도의 전황을 제시하는 세력지도가 매일 게재되었다. 북한군의 무시무시한 남침의 상황을 지도를 보는 것만으로 이해할 수 있었다. 38도선 이남이 날마다 사선으로 그어져 사라졌다. 이제 흰 부분은 부산 주변만 남아 있었으므로 오늘이나 내일이면 전부 사선으로 그어질 것이라고 생각했다. 나는 학교에서 돌아오면 그 지도만을 바라보았다. 어쩐 일인지 작고 흰 부분이 남은 채 변화의 양상이 보이지 않게 되었다. 그 후 두 달간이나 세력지도는 이상하게도 고정된 그대로였다.

수색대의 역할은 공격할 때는 최전선, 후퇴할 때는 최후미에서 적을 탐색하는 일이었다. 항상 죽음과 대치해야 했다. 김중곤 소위는 죽을 고비를 몇 번이나 넘긴 후 부산에 도착했다. 그 무렵 한국 정부는 서울에서 대전으로 물러난 뒤 더욱 후퇴해 부산으로 옮긴 상태였다. 부산진지, 혹은 부산교두보라고 불렸다. 여기가 돌파당하면 북한의 승리로 전쟁이 끝난다고 믿었다. 나는 어린 마음에도

117

감탄하며 주시한 기억이 있다. 풍전등화였던 부산진지의 흰 부분이 하룻밤 지나니 개전 당시의 상태로 돌아가 있었다.

나는 중곤에게 당시의 상황을 물은 적이 있다.

"왜 그때 독 안에 든 쥐가 된 북한군을 섬멸하지 않았습니까?"

중곤은 웃으면서 말했다.

"그땐 북쪽으로 퇴로를 열어 주었던 거죠. 완전히 궁지에 몰아넣으면 쥐도 고양이를 무는 꼴이 되어 쌍방의 피해가 커지니까요."

"과연 그렇군요."

나는 이해할 수 있었다. 그런 뒤 중곤은 덧붙였다.

"북한군이라고 해도 결국 같은 민족이니까요. 퇴로를 열어줄 수밖에 없었습니다."

중국의용군의 지원을 얻은 북한군은 다시 남침해 38도선을 돌파한 뒤 또 서울을 함락시켰다. 그러나 한국군과 유엔군은 다시 반격해 38도선을 돌파하지만 이것도 잠시 동안의 일이었을 뿐 북측의 반격에 쫓기고 만다. 그로부터 8개월간이나 38도선을 에워싼 공방은 반복되었다. 아코디언이라고 불리는 밀고 밀리는 공방이었다. 양군의 소모가 심했고 전투는 교착상태에 접어들었다. 이 공방 속에서 제8군사령관 워커 중장이 전사해 일본에도 크게 보도되었다. 지프차 위에 서서 전선을 응시하는 중장의 위풍당당한 자세가 기억에 남아 있다. 불독처럼 둥근 얼굴이었다. 그 얼굴이 홈런왕 베이브 루스를 닮았다고 생각했다. 해가 지나고 워커 중장의 별명이 전장에서는 불독이었다는 것을 알았다.

전선이 교착상태에 빠질 무렵 중곤은 최전선을 벗어나 광주의 육군보병학교에서 단기교육을 받게 되었다. 사관학교 졸업자 중에서 실전을 체험한 간부장교는 여기에서 한 시기 배우는 것이 의무였다. 더구나 육군보병학교 수료 후 중곤은 대위로 승진해 이 보병학교의 전술교관으로 교편을 잡았다. 이때 제자 중에는 나중에 정권을 거머쥔 젊은 날의 전두환, 노태우 등이 있었다.

중곤이 전장을 이동할 무렵 가족이 사는 광주는 3개월간 북한의 점령하에 있었다. 그곳에 아내 복례와 장남, 양친이 살고 있었다. 점령하에서는 경찰관이나 군인이 있는 가족은 엄한 심문을 당했다. 아내 복례도 수차례 심문을 당했지만 총명한 그녀는 그것을 극복하고 살아남았다. 이 싸움에는 후방이 없었다. 어느 곳이나 전쟁터였고 최전선이었다.

이윽고 중곤은 다시 광주를 떠나게 되었다. 부산의 운송부대로 전속되었다. 전쟁 승패는 최종적으로 군사물자의 보급을 유지할 수 있는지 어떤지, 거기에 달려 있다고 한다. '병참선이 전부다'라는 얘기가 있다. 태평양전쟁에서 일본의 상태를 보면 이해할 수 있다. 이 점에 대해서 중곤이 얘기했다.

"중국은 일본의 병참선을 늘리기 위해 일부러 후퇴했습니다. 일본은 그것을 알아차리지 못하고 계속 공격해 결국 마지막엔 병참선이 절단되어 패했습니다."

부산은 군사물자를 쌓아두는 항구였다. 전선을 지탱하는 요충지였다. 한국전쟁 발발 이래 일본과 부산 사이에는 피스톤 운송이 계속 이루어졌다. 식량은 물론 무기, 탄환, 차량과 그 외의 생활물자가 운반되었다. 모지門司항, 하카타博多항은 바다의 운송중계 기지였다. 기타큐슈北九州 지구는 광범위하게 기지로 형성되었다. 현재의 후쿠오카福岡 공항, 항공자위대 츠이키築城 기지는 극동최대의 공수空輸 기지였다. 병사를 비롯해 물자를 24시간 내내 전쟁터로 운반했다.

전선에서 부상병들은 후쿠오카에 급조된 미군 병원으로 끊임없이 옮겨졌다. 미군의 장비, 보급에 따르는 대량조달의 금액이 전쟁 발발의 해인 1950년부터 3년간 20억 달러를 초과했다. 일본의 경제부흥은 참으로 한국전쟁 특수 덕분이었는데 그 주체는 병기를 중심으로 하는 기계공업의 수요였다. 트루먼 대통령은 미 의회에 특별교서를 보내 100억 달러의 긴급군사비를 권고했다. 일본의 달러 무역적자가 단번에 해소되었다. 한때는 생활물자의 세부적인 것까지 조선반도로 보내야 했기에 일본 산촌의 자그마한 매점에도 어느새 전쟁의 어두운 그림자가 반영되었던 것이다.

연합군의 배로 피난하는 한국의 피난민

교착상태의 전선에서 휴전을 주장한 사람은 소련의 유엔대표 야곱 말리크였다. 1951년 7월 10일 드디어 제1회 휴전회담이 개성에서 열렸다. 승리 없이 전쟁을 종결하려면 휴전이 전제였다.

이후 책상 위의 전쟁이라 불리는 격렬한 휴전회담이 2년 반 동안 이어졌다. 그 횟수가 159회에 이르렀다. 당시의 라디오 뉴스에서 '판문점, 38도선, 이승만, 김일성'이라는 단어를 듣지 않는 날이 없었다.

휴전협정의 조인은 1953년 7월 27일. 조인에 서명한 해리슨 소좌와 북한의 남일南日 장군은 한 마디도 하지 않았다. 서로 악수도 하지 않았으며 얼굴도 보지 않았다. 그 후부터 휴전 상태는 오늘까지 이어지고 있다.

전쟁의 사상자 수를 정확히 파악하기는 어렵다. 자료에 따라 그 숫자가 다르다. 하지만 남북 합해서 6백만 명이었으며 사망자만 3백만 명에 이른다고 전해진다. 1년여의 전쟁이 얼마나 처참했는지를 이해할 수 있다.

한국전쟁이 일본인에게 가져다 준 것은 '동란특수'라고까지 불린 경제효과뿐만이 아니었다. 패전국 일본의 국민 정도로 전쟁의 허무함을 몸으로 체험한 국민은 없으리라 생각한다. 황폐한 국토, 생활의 빈곤 속에서 살기 위해 어느 가정이나 필사적이었다. 그래도 희망이 보였던 것은 평화헌법이라고 불리는 새로운 헌법에 명시된 '전쟁 포기'라는 언어가 있었기 때문이다. 이 언어 정도로 거기에서 미래의 빛이 보인다고 느낀 적은 없다.

"우리는 두 번 다시 싸울 수는 없다. 군인이 되어 죽을 수는 없다."

일본인이라면 누구나 이 말에서 확실히 삶의 에너지를 느꼈다. 평화를 유지하며 사는 것이야말로 경제부흥을 위한 원동력이었다.

일본정부는 신일본국 헌법을 1946년 11월 3일에 공표했다. 그리고 다음해 5월 3일부터 시행했다.

그러나 한국전쟁의 발발을 계기로 일본은 일찍이도 이 평화헌법을 왜곡했다. 미국의 일본비무장화 사상이 한순간에 바뀌었다. 전쟁을 포기할 셈이던 일본은 의외로 서둘러 재군비를 다시 시작하

인간의 보루

게 되었다. 맥아더는 "제9조는 자위권까지 부정하는 것이 아니다"라고 헌법 제9조를 해석했다. 당시의 요시다 수상도 또한 국회에서 이에 호응했다.

"재군비, 재군비 하는데, 예비대는 군대가 아닙니다. 전쟁 포기는 자위대의 포기를 의미하는 것도 아닙니다."

방공체재로 일미안보조약이 맺어졌고 자위대는 근대장비를 지니게 되었다.

전쟁 책임에 대해 추궁을 당하던 전 각료들, 즉 A급 전범들이 잇달아 석방되었고 다시 정계로 등장했다.

일본은 국가로서 태평양전쟁을 반성할 기회를 잃은 채 태평양전쟁의 책임도 유야무야하며 세월을 흘려보냈다. 태평양전쟁 개전에 대한 오만한 정신의 뿌리를 그대로 남겨둔 상태다.

피해자의 시점에서 스스로를 돌아보는 마음을 잃고 만 것이다.

휴전협정으로부터 7년 후인 1960년 4월 24일 이승만이 대통령으로 취임했다. 해방 후 12년 동안 격동의 해를 보냈던 이승만 정권의 종극은 경상남도 마산시에서 학생들을 중심으로 봉기한, 부정선거 규탄 반정부운동에서 시작되었다. 3월 15일에 실시된 대통령선거의 부정에 항의한 봉기였는데, 그 배경에는 미국 의존 일변도의 경제실책도 자리잡고 있었다. 경찰은 데모대에 발포해 다수의 희생자가 발생했다. 이승만은 이미 권력의 망자 외에 아무것도 아니었다. 전국의 학생이 참가한 4·19학생데모에 맞서 이승만은 주요 도시에 비상계엄령을 선포했다. 하지만 이승만 정권 타도의 물결은 격렬해질 뿐이었다. 결국 이승만은 4월 27일 국회에 사표를 제출했으며 자유당 정권도 붕괴에 이르렀다. 5월 29일 이승만은 쫓기듯 하와이로 망명했다. 그에 앞서 심복이던 이기붕李起鵬은 가족과 함께 스스로 목숨을 끊었다. 이승만 정권 붕괴와 함께 사태수습을 위해 허정을 내각수반으로 하는 과도기 정부가 들어서 헌법을 개정한 뒤 의원내각제를 단행했다. 총선거 결과 민주당이 압승해 윤보선尹潽善이 대통령으로 취임했다. 대통령은 국가 원수가 되었으며 실질적 지도자인 수상으로 장면張勉이 취임해 신내각을 조각했다. 그리하여 제2공화국이 수립되었다.

김중곤은 제2공화국 성립 후 이윽고 군대를 제대했다. 36세였다. 그 무렵 중곤과 복례의 사이에는 2남 1녀의 자식이 탄생해 한창 자라고 있었다. 노부모는 농지해방으로 가지고 있던 토지의 반을 잃었고 남은 토지도 거의 다 판 상태였다. 중곤이 제대를 결의한 배경에는 경제적 문제도 있었다. 이에 생각지도 못한 제안을 받았다. 군대 시절부터 친한 친구 중 신정권의 수상 장면의 비서관의 동생이 있었는데, "군대를 제대하고 새로운 사업을 같이 해보지 않을

인간의 보루

래?"라고 유혹한 것이다. 비서관의 신뢰하에 진행한다면 사업을 전
개하는 데 도움 될 것이 틀림없다. 중곤은 복례와도 상담해 새로운
길을 선택했다. 친구의 계획은 상당히 근거가 있는 것이었다. 식품
산업의 일환으로 서울 교외에 도살장을 경영하는 일이었다. 비서관
의 동생이므로 뒷받침이 있는 계획이었음에 틀림없다. 한국에서 없
어서는 안 될 식생활의 기둥이 불고기이기 때문에 장래성이 충분
히 보이는 사업으로 여겨졌다. 사업계획은 착착 진행돼 무엇이든지
잘 이루어질 것 같았다.

그런데 신정권 성립으로부터 불과 9개월 후인 61년 5월 16일 박
정희의 군사쿠데타 사건이 일어났다. 북과의 대립 속에서 힘을 길
러온 군부가 전 정권의 적폐청산에 소극적인 태도를 보이는 신정
권에 학생들이 불만을 표출하는 것을 보고 단번에 군사쿠데타로
돌입한 것이다. 중곤 일행의 순조롭게 진행되던 사업은 순식간에
좌절의 벽에 부딪히고 말았다. 내일 무슨 일이 생길지 불투명한 시
대에 사업의 어려움을 깨달았다. 5·16쿠데타로 권력을 장악한 박
정희는 그로부터 18년 동안 권력의 자리를 독점했다. 그러나 박정
희도 결국 권력에 빠져 직속 부하의 손에 의해 암살당하는 운명을
맞고 만다.

새로운 사업의 꿈이 조각난 중곤은 다시 부산으로 돌아와 일하게

되었다. 새롭게 부산항의 항만조합에 소속해 항만에서 세관 업무를 주로 담당했다. 아무래도 중곤에게는 사업이 어울리지 않는다는 느낌이다. 김중곤은 근본적으로 군인도 아니고 사업가도 아니다. 역시 문인이라는 생각을 떨칠 수 없다. 조용한 삶이 중곤에게는 어울린다. 총명한 부인 복례는 그것을 가장 잘 알고 있었던 것이 아닐까?

3

추도, 그리고 제소

전 미쓰비시중공업 나고야 항공기제작소(현 닛신방적 나고야공장)에 세워진 추도기념비 앞에
서 예배하는 김중곤과 김복례 부부

버블경제 붕괴 후 주택산업이 타산업보다 조금 영향을 덜 받은 것은 순수 국내산업이라는 이유가 있었다. 국책에 따른 경기부양책으로 초저금리정책 등의 혜택도 있었다. 그러나 더 이상 그런 정책으로는 수주의 활성화를 전망할 수 없을 정도로 일본경제는 경기가 얼어붙기 시작하고 있었다.

주택산업의 특징은 하청업자나 건축 용재 제조업체, 설비기기 제조업체 등에 대한 발주가 수주액의 약 75%를 차지하는 데 있다. 소위 발주 산업이다. 그런 만큼 산업과 관련한 협력분야가 넓어서 주택 수주가 떨어진 일본경제에도 크게 영향을 끼쳤다. 정부는 주택산업을 자극함으로써 조금이라도 경기를 부양시키려고 했지만 그 효과마저 기대할 수 없게 되었다.

업계의 전략연구회도 휴면 상태였고 골프에 대한 화제 같은 것도 거론되지 않았다. 각 회사는 심각한 수주 침체로 괴로워하기 시

제주도의 말

작했다. 영업추진부장의 입장도 버블의 보복처럼 힘든 상황에 처했다. 수주를 촉진할 기획도 전혀 보이지 않았다. 그런 만큼 고객 관리를 비롯한 관리주체의 전략에 매진하지 않을 수 없었다. 젊은 영업사원 중에는 업적 부진과 엄격한 관리 때문에 퇴직하는 사람이 적지 않았다.

이러한 시기에 직면했지만 나는 연휴를 이용해 한국으로 향했다. 서울에 하루 이틀 머무르며 일제강점기의 흔적을 찾아 걸었다. 나아가 국내편으로 제주도로 날아가 김중곤 부부와 만났다.

제주도에서는 김중곤이 운전하는 작은 승용차로 자주 드라이브를 했다. 부인인 복례 씨가 동승할 때도 종종 있었다. 그땐 운전하는 중곤의 옆에 내가 탔고 복례 씨는 뒷좌석에 탔다. 부부는 나를 위해 일본어 교습시간을 조정해주었다.

복례 씨는 무릎에 통증을 느끼는 지병을 앓고 있어서 보행에 약간 지장이 있었다. 통증이 심할 때도 있었다. 그럴 때에 중곤과 내가 얘기를 나누면 곁에서 "미안합니다"라고 말하며 옆으로 누워서 두 사람의 얘기에 귀를 기울였다.

"야마카와 씨가 모처럼 오셨는데 전혀 요리를 하지 못해서……."

그녀는 답답한 듯이 말했다. 마음이 넓고 친절한 사람이었다.

복례 씨는 독서가 취미였다. 내가 선물로 가지고 간 일본의 문고판을 열심히 읽었다. 그리고 꼭 그 감상을 얘기해 주었다. 총명하고 감성이 풍부하다는 것을 통감하는 순간이기도 했다. 츠노다 후사코 角田房子의 『민비암살』을 숙독했을 땐 "감동했습니다. 좋은 책이네요"라며 조용히 말했다.

자택 현관의 벽에는 한 장의 사진을 넣은 작은 액자가 걸려 있었다. 승마복을 입고 말 위에 탄 늠름한 중곤의 모습이었다. 날카로운 시선, 꼿꼿한 등, 자신감과 권위에 찬 표정이었다, 가늘게 치켜뜬 말의 눈매에서도 중곤을 등에 태운 자부심이 느껴졌다.

"선생님, 이 사진은 언제 보아도 멋있습니다."

나는 방문할 때마다 말했다.

중곤은 일주일에 한 번 승마클럽에서 젊은 사람들에게 승마 지도를 하고 있었다. 사진은 그 클럽에서 찍은 것이었다.

단 한 차례이지만 중곤에게 이끌려 한라산의 산기슭에 있는 승마클럽에 간 적이 있다. 말 위에 탄 중곤은 청년처럼 씩씩했다. 고삐를 다루는 솜씨가 뛰어났다. 중곤이 가장 생생하게 빛날 때이기도 했다. 소년 시절의 중곤의 모습이 되살아났다. 중곤이 제주도로 건너온 진짜 이유는 어쩌면 말에 있었던 것 아닐까? 나는 은근히 그렇게 생각했다.

제주도는 말과 관계가 깊은 섬이다. 그 역사는 12세기로 거슬러 올라간다.

몽고(元)가 최초로 고려를 침공한 것은 1231년이었다. 고려는 격렬하게 저항해 몽고군을 철퇴시켰다. 하지만 몽고군은 그 후 39년간에 걸쳐서 침공과 격퇴를 7차례나 반복했다. 1270년 결국 힘이 다한 고려는 몽고에게 굴복하지 않을 수 없었다.

그런데 고려군의 주력부대였던 삼별초군(좌별초, 우별초, 신의군)만은 몽고에게 굴복하지 않았다. 전라도 진도로 이동해 용장성龍藏城을 중심으로 해상왕국을 건설해 계속 항전했다. 애당초 병력이 절대적으로 열세이던 삼별초군은 1271년 몽고와 고려군의 연합군과 싸우면서 제주도까지 이동했다.

제주도의 서북쪽에 해당하는 애월읍 고성리에 위치하는 항파두리에 최후의 거점으로 외성(토성)과 내성(돌성)을 쌓고 섬 주민과 함께 쳐들어오는 고려·몽고 연합군과 격렬하게 싸웠다. 그러나 1273년 삼별초군은 패배하고 만다. 제주도는 그로부터 약 1세기에 걸쳐서 원나라의 지배하에 놓였다.

현재 애월의 유적지에는 박정희 시대에 건립된 항몽순의비와 항몽기념관이 있다. 나는 중곤의 안내로 이 지역을 방문했다. 널찍한 기념관의 문에 걸린 '항몽기념관'이라는 현판을 보고 무심코 나는 말했다.

"선생님, 잘 되었습니다. 몽고에 대항하여……."

중곤도 내가 말하려는 의미를 이해하고 엉겁결에 내 얼굴을 쳐다보며 웃었다.

삼별초군의 패퇴 직후 원은 한라산 기슭의 초원에 몽고의 말 160마리를 들여와 방목했다. 이것이 제주도 방목의 시작이라고 일반적으로 인식돼 왔다. 하지만 섬에서는 그 이전에 이미 방목을 시작했다는 설이 있다. 개국신화로 알려진 3성 시조신화('양을나, 고을나, 부을나'라는 3신과 관계되는 신화)에 소와 말을 사육한 흔적이 드러났으며 고고학적으로도 선사시대의 말뼈가 발견되었기 때문이다. 분명한 것은 1073년 탐라(제주도의 옛 지명)의 진상마進上馬에 대한 기록이다. 제주의 방목은 몽고마의 방목 이전부터 있었다고 여겨진다. 그러나 군마軍馬로서 양마良馬의 육성이 시작된 것은 몽고마가 들어온 뒤부터였다.

섬 주민들은 말의 육성뿐만 아니라 한라산의 임목 벌채, 조선造船
을 강요당했다. 그것은 일본 침공을 위한 준비 때문이기도 했다. 제
주도는 원의 일본 침공 전진기지의 하나였으며 그 때문에 섬 주민
들은 과혹한 부담에 계속 시달려야 했던 것이다.

제주도에서는 지금도 몽고마를 계속 육성하고 있다. 하지만 육
성 환경과 빈번한 섬 외부로의 반출로 인한 우량유전자의 퇴화로
말은 소형화되었다고 한다. 제주도의 경마는 1987년에 시작되었
다. 이 소형화된 제주도의 경마는 섬의 대표적인 오락의 하나로 정
착했다. 나는 한 차례 보러간 적이 있다. 훌륭한 경마장이었다. 마권
도 발매했으며 도박이 오락으로 자리를 잡은 것 같았다. 섬 주민 중
에는 경마에 열중해 자산을 날린 사람도 있다고 했다. 말은 넓은 코
스를 일주하는 것만으로도 숨이 차서 한 차례 더 돌면 골인과 함께
쓰러질 듯 보이는데, 제주 말은 체형이 작지만 체질이 강해 면역성
과 지구력이 있다고 들었다.

이노우에 야스시井上靖의 역사소설『검푸른 해협風濤』이라는 노작
이 있다. 원에 지배받는 고려의 고통을 면면히 그려낸 내용이다. 문
헌의 인용도 많고 꽤 밀도 높은 소설이다.

원의 일본 공략을 향한 야망과 집념, 고려를 약 40년에 걸쳐서

드디어 항복시킨 것도 최후의 목표가 일본 공략이었기 때문이다. 반도는 일본 공략의 전진기지였고 병참기지였다. 일본 공략을 위해 고려에 부과된 가혹한 부담은 사람, 물자, 자금 등 모든 것에 이르렀다. 상상할 수 없는 부담의 강요야말로 원의 확대 공략법이었다. 고려가 원과 40년 가까이 싸운 것은 결과적으로 일본의 방파제 역할을 위해서였다. 만일 고려가 순순히 원에 굴복했다면 일본도 원의 지배하에 놓였을지 모른다.

원(몽고)이 처음으로 일본을 공략한 것은 1274년이었다(분에이의 역文永の役). 하타다 다카시旗田巍의 저서 『원구(겐코元寇)』에 따르면 이 때 고려가 짊어진 부담은 크고 작은 전함 900척의 완성과 이 선박 제조에 필요한 자료, 공장, 인부, 도구, 식량 등이었다. 그만한 함선을 불과 10개월 만에 만들지 않으면 안 되었다. 게다가 원은 병사 8천 명, 조타수 등 1만 5천 명을 요구해왔다. 더욱이 병사를 위해 부녀자까지 요구했다.

두 번째 몽고 침략은 그로부터 7년 후인 1281년이었다. 고려의 부담은 더욱 가중되었다.

두 번째 일본 공략은 생각지도 못한 태풍에 의해 실패했다. 하지만 원은 일본 공략을 포기하지 않았다. 일본 공략의 준비는 더욱 진행되었다. 그러나 몽고의 내란으로 일본 공략을 단념하기에 이르게 된 것은 1286년에 접어들어서였다.

원의 일본 공략 실패는 태풍이라는 자연재해가 우연히 '가미카제(신풍)'처럼 휘몰아친 결과라고 믿는 일본인이 대부분이다. 태평양전쟁 때에도 최후에는 '가미카제'가 불어와 승리한다고 믿고 있었다. 이보다 우스운 얘기는 없다. 역사가의 평가는 고려라는 타민족을 공갈로 공략하기에는 전술에 한계가 있었다는 점을 지적한다.

이노우에 야스시가 쓰고 싶었던 것은 일본에게 가장 곤란했던 '원구'라는 음영 때문에 도탄에 빠지는 고통을 강요당했던 조선민족의 깊은 상처와 비애였으리라 생각한다. 조선반도의 역사는 타민족에게 계속 침략을 당한 역사라고도 일컫는다. 지리적 위치가 부른 숙명적인 결과일까?

내가 어렸을 적에 칭얼거리면 어머니는 반드시 이렇게 말했다.

"얘, 못코モッコ가 온다."

1950년대까지 못코(몽고)는 무서운 것의 대명사였다. 못코가 몽고를 의미하는 사실을 내가 안 것은 중학교에 들어가서 역사를 배운 뒤였다.

얼마나 일본인에게 몽고가 무서운 존재였는지를 이해할 수 있다. 700년이나 된 옛날 일이 바로 얼마 전까지 일본의 구석구석에 침투해 있었다. 최근에는 '못코가 온다'고 말하며 어린애를 달래는 어머니는 없으리라 생각한다. 하지만 적어도 나의 마음속에는 배어 있다. 원구의 공포라는 점에서 생각하면 일본에게 침략을 당해 피지배민족이 된 중국이나 한국이 어째서 수상의 야스쿠니 신사참배에 신경질적 반응을 보이는지 이해할 수 있지 않을까? 아직 1세기도 지나지 않았다.

"미국이나 러시아가 수상의 야스쿠니 참배에 한마디도 불평하지 않는데, 어째서 중국이나 한국이 불평을 하는가? 내정간섭이다."

이러한 말을 아무렇지 않게 하는 정치가가 있다.

일전에 어떤 민영방송의 텔레비전 프로그램 중 정치 토론을 보면서 아연실색한 적이 있다. 대학 교수이며 경제평론가로서도 이름이 알려진 이 논객이 말했다.

"한국은 사죄하라, 사죄하라고 언제까지 같은 말을 반복할 셈인가? 그보다 가마쿠라鎌倉 시대에 규슈九州를 침략한 것에 대해선 왜 사죄하지 않는가?"

아무래도 '원구'를 의미하는 듯하다. '원구'의 대부분이 고려인이었음을 주워듣고서 하는 발언으로 생각했다. 동석하고 있던 평론가들은 무슨 얘기인지 전혀 이해하지 못하는 표정이었고 그 얘기는 무산되었다. 텔레비전에 출연해 의기양양한 얼굴로 말하는 평론가도 의외로 이웃나라의 역사에 대해 무지한 것이다.

굳이 '원구'나 이노우에 야스시의 『검푸른 해협』에 대해 언급하

게 된 것도 이러한 평론가가 박식한 체 하는 얼굴로 마구 지껄이는

것에 대한 분노를 참을 수 없기 때문이다.

　김중곤은 꼼꼼한 성격을 지닌 사람이다. 꼼꼼하다는 것은 타고난 성품이라고 말하면 그만이다. 그런데 그 꼼꼼함이 가장 확실히 드러나는 예가 봉투 쓰기이다. 해서체로 한 자 한 자 조각하듯, 전체적인 밸런스까지 염두에 두고 쓴다. 편지도 마찬가지다. 한자는 거의 옛 한자로 쓴다. 전쟁 전에 일본어 교육을 받아야 했던 한국인은 전후 시대의 약자를 그다지 알지 못한다. 옛 한자에 나도 모르게 향수를 느꼈다.

　중곤의 꼼꼼함을 통감할 수밖에 없었던 것은 그가 카메라나 워드 프로세서, 퍼스널 컴퓨터의 메이커에 강한 관심을 보였기 때문이다. 연령으로 보면 경이로운 모습이라고 말할 수밖에 없다. 80세가 되어 시내의 컴퓨터 교실에 다녔는데 최고령자이자 전체의 대표로 졸업증서를 받았다고 했다.

　중곤은 일본제 카메라를 적어도 세 대 소유하고 있었다. 언젠가

카메라를 목에 건 김중곤

그중 한 대가 고장이 나서 일본에서 수리를 해달라고 부탁한 적이 있다. 독특한 형태의 캐논 카메라였다. 얼핏 보아도 비싸 보였다. 나는 일본으로 가지고 가서 캐논 서비스숍을 찾아가 수리를 의뢰했다. 그때 얼마 정도 하는 카메라인지 살짝 여쭈어 본 적이 있다. 그 정도로 고가의 카메라는 아니었으나 생산 대수가 꽤 적은 기종이라는 것을 가르쳐주었다. 언제 어디서 중곤이 손에 넣은 것일까? 사용한다기보다 보물처럼 소중히 여기며 때때로 조용히 만져보지 않았나 싶다. 소중하게 다루는 면에서 꼼꼼함을 발견했다. 이와 같은 중곤의 꼼꼼함은 승마의 재능과도 관련이 있다는 생각이 들었다.

나는 한신阪神·아와지淡路 대지진이 일어난 해(1995년)의 여름휴가를 한국에서 지냈다. 그때 중곤에게 선물로 일본의 워드 프로세서를 가지고 갔다. 워드 프로세서는 중곤이 너무나도 갖고 싶어하는 물건이었다. 하지만 가격이 비싸서 아직 살 수 없었던 것 같았다. 당시의 워드 프로세서는 크고 제법 무거웠다. 나는 회사의 동료가 신제품으로 새로 사서 바꾸는 것을 보고 중고지만 싸게 사서 가지고 갔다. 짐으로는 꽤 무거웠다. 그러나 중곤을 기쁘게 해주겠다는 마음이 앞섰다.

워드 프로세서를 보자 김중곤은 예상외로 크게 기뻐했다. 마치 크리스마스 선물을 손에 넣은 어린애와 같았다. 그 정도로 기뻐하는 중곤의 얼굴을 본 적이 없었다. 힘들어도 가져오기를 잘했다고 생각했다. 하지만 나는 워드 프로세서의 사용법을 타인에게 가르칠 수 있는 능력이 없다. 나는 중곤과는 대조적으로 꼼꼼함이 부족할 뿐 아니라 부끄러울 정도로 기계치다. 매뉴얼이 있으니 읽어 보라고 떠맡길 수밖에 없었다.

중곤은 그날 저녁 늦게까지 매뉴얼을 보면서 사용 방법을 연구한 듯했다. 다음 날 아침 방문하니

"이제 알았습니다. 괜찮습니다."

기쁜 듯 자랑스레 말했다. 나는 안심하면서 그의 이해력에 감탄하고 말았다. 매뉴얼을 읽고 하룻밤에 조작법을 익혔던 것이다.

중곤은 워드 프로세서를 선물로 받은 답례를 하고 싶다며 나를 큰길에 있는 작은 보석점으로 안내했다.

"야마카와 씨에게 답례로 반지를 선물하고 싶습니다."

"반지요?"

"너무 비싼 건 선물할 수 없습니다만."

"네? 반지를요!"

나는 깜짝 놀랐다. 워드 프로세서를 받은 중곤의 기쁨이 전해졌다. 나는 보석 등에는 전혀 흥미가 없다. 반지는 쑥스러워 낀 적이 없다. 한국인이 내킬 때의 감사 표현은 상상을 초월한다. 부인과 상담해서 결정한 선물임에 틀림없다. 나는 끌려간 보석점에서 남성용 반지를 선물로 받았다.

더욱이 교외의 한국식 레스토랑으로 초대를 받았다. 반지 선물로 감사의 마음을 충분히 느꼈는데 또 점심 식사를 대접하겠다는 것이다. 다리가 불편하기도 해서 썩 외출을 삼가게 된 복례 씨도 함께 자동차를 타고 가겠다고 했다. 자동차로 십몇 분을 달렸다. 교외에 있는 조용하고 안정된 분위기의 순수한 한국식 레스토랑이었다. 작은 방으로 이끌려가 대접을 받았다. 그때 즐긴 돌솥비빔밥의 맛은 각별한 것이었다. 그날 복례 씨의 모습이나 표정은 매우 젊고 빛나보였다. 워드 프로세서에 대한 부부의 감사의 표현이 너무나 고마웠다. 나는 내심 무리를 해서라도 새것을 가져와야 했다고 아쉬워했다. 그렇지만 부부의 감사의 마음은 중고라든지 새것이라든지 하는 곳에 있지 않았다. 워드 프로세서라는 무거운 물건을 제주도까지 가지고 와준 것에 대한 감사의 표현임에 틀림없었다.

그 다음 날 일이었다. 귀국하는 그날, 이번에는 자택에서 점심 식사를 대접받았다. 식사를 마친 후였다. 중곤이 한 장의 종잇조각을

다카하시 마코토(2013년)

내밀었다.

"이건 나고야의 고등학교 선생님인 다카하시高橋라는 분이 쓴 글입니다."

살며시 받아 살펴보니 종잇조각은 신문 기사를 복사한 것이었다. 그해의 1월 14일 『아사히신문』 주부中部판에 게재된 내용임을 확인할 수 있었다. 한신·아와지 대지진이 일어나기 3일 전의 신문이었다.

「젊은이와 함께 살펴보는 전쟁의 역사·공유하고 싶은 평화를 향한 '초심'」이라는 제목으로 '아이치愛知현 고등학교 교직원조합

위원장' 다카하시 마코토高橋信 씨가 쓴 칼럼 기사였다.

"나고야의 고등학교 선생님입니까?"

"매우 열심히 활동하시는 선생님입니다."

칼럼 기사의 마지막에 기고한 다카하시 마코토의 간단한 약력이 다음과 같이 새겨져 있었다.

1942년 나고야시 출생. 게이오慶応대학 사학과 졸업. 67년 아이치현 립고교 사회과 교사로 부임. 87년부터 아이치현 조선인강제연행 역사 조사반 대표. 93년부터 도카이東海 3현 지하호연구회 대표. 94년 4월부 터 아이치현 고등학교교직원조합 집행위원장. 공저 『증언하는 풍경』 (風媒社).

"이 복사지를 받아 가도 되겠습니까? 나중에 천천히 읽어 보고 싶으니까요."

"그럼요, 읽어 보십시오."

"고맙습니다. 이 다카하시 선생님은 제주도에도 자주 오십니까?"

"글쎄요. 지금까지 두 번 정도 오셨습니다. 매우 성실한 분입니다."

"그럼 차분히 읽어보겠습니다. 감사합니다."

공항으로 가야 할 시간이 임박해 있었다.

중곤에게서 받은 신문기사 복사지를 천천히 읽기 시작한 것은

겨우 차분해진 기내에서였다. 한 자 한 자 음미하듯 읽었다. 숙독한 나는

'음, 세상에는 훌륭한 사람이 있는 법이네.'

무심코 마음속으로 중얼거렸다. 그렇지만 중곤은 지금까지 다카하시 선생에 대해서 한 번도 얘기한 적이 없다. 게다가 이 기사를 내밀었을 때 중곤의 표정 속에 망설임마저 느껴진 것은 기우일까?

내가 처음으로 제주도에 간 것은 분명 버블경제로 들뜬 일본인의 한 사람으로서 골프와 관광이 목적이었다. 중곤은 그 점을 잘 알고 있다.

여동생이 나고야의 군수공장에서 희생되었다고 들었을 때 나는 놀라서 동정했지만 듣고 흘려버린 것도 사실이다. 중곤 부부와 나는 친밀한 사이가 되었으나 여동생의 죽음에 대해 그다지 얘기하지는 않았다. 중곤이 기사의 복사지를 건넬 때 망설였던 것은 과거의 상흔을 드러내고 싶지 않은 심정이었기 때문이라고 볼 수밖에 없다.

중곤이 다카하시 마코토와 나의 위치에 차이가 있다고 느끼는 게 이상한 일은 아니다. 내가 한일의 역사에 대해 어느 정도 이해하고 있을지 중곤은 마음속으로 아직 반신반의하고 있음에 틀림없다. 나는 수치심으로 가슴이 달아올랐다.

다카하시 마코토가 『아사히신문』 주부판에 기고한 전문을 이곳에 게재한다.

『아사히신문』 1995년 1월 14일 「포럼 도카이東海」

　나는 지방의 동료들과 '지역에서 전쟁을 생각한다'라는 테마로 진행하고 있는 조사활동을 통해, 전 미쓰비시중공업 나고야 항공기제작소 도토쿠공장(나고야시 미나미구南區)에 불과 13~15세의 소녀들이 '여자정신대'라는 이름으로 조선에서 끌려와 그중 6명이 1944년 12월 7일 도난카이 지진으로 희생된 것을 9년 전에 알았습니다.

　이후 그녀들을 조사하기 위해 몇 차례 한국을 방문해 유족과 관계자를 만났고 자료도 찾았습니다. 그 결과 항공기산업의 노동력 확보를 위해 약 300명이 나고야로 끌려온 사실이 밝혀졌습니다.

　이 조사 때 처음에는 모두가 거의 "지금 뭐 하러 왔나요?"라며 강한 불신감을 내보였습니다. 험악한 분위기도 연출되었습니다. 하지만 취재 중에 노인, 공무원, 경찰 등 지역 유지들이 조사에 차츰 협조해 주었습니다. 마지막엔 "당신이 조사한 내용을 일본의 학교에서 제대로 가르쳐 주세요"라고 부탁했습니다.

　금년은 피폭을 입은 제2차 세계대전의 종결 50년입니다. 마침 올해 성인식을 맞이하는 젊은이들과 함께 지난 50년을 생각해보기로 했습니다. 말로는 '전후 50년'이라고 해도 좀처럼 '전후'를 실감하기 어려웠을지도 모르겠습니다. 그동안 일본은 정부 정책으로 전쟁을 일으키거나 징병제를 강요하는 전시동원을 시행하지 않았기 때문입니다.

　그런 의미에서 본다면 제2차 세계대전 후에도 몇 번이나 전쟁을 체험한 미국국민이 각 세대에 따라 '베트남전쟁', '걸프전쟁' 등을 통해 '전후'를 실감할 수 있었을 것입니다. 일본국민은 그와 다르게 실감하기 어려운 '행운'을 누려왔다고도 볼 수 있습니다.

지난 50년, 일본은 어째서 '평화'를 지킬 수 있었을까요?

그 출발점은 50년 전의 피폭체험과 침략전쟁의 패배에 있었다고 생각합니다. 일본은 1931년의 만주사변으로 시작한 '15년 전쟁'으로 2천만여 명에 이르는 아시아 제국민의 생명을 앗았습니다. 또한 조선인이나 중국인 강제연행, '731부대'의 인체실험, 일본군 위안부 등 많은 잔학행위를 반복해왔습니다.

이 전쟁으로 일본국민도 310만여 명이 목숨을 잃었고 히로시마広島와 나가사키長崎에서 인류 역사상 처음으로 원폭을 경험했습니다.

이러한 쓰라린 경험과 커다란 희생의 대가로 일본헌법이 성립했습니다. "정부의 행위로 두 번 다시 전쟁의 참화가 일어나지 않도록 결의하고 이러한 주권이 국민에게 존속한다"고 선언했습니다. 더불어 그 이념의 실현을 교육에 맡기며 "근본적으로 교육의 힘에 기대한다"고 교육기본법에 명시했습니다.

여기에 전후 50년의 '평화'의 원점과 초심이 존재한다고 생각합니다.

하지만 지금 일본헌법에 대해 여러 논의가 이루어지고 있습니다. '지금이야말로 빛나라, 평화헌법'이라는 운동이 더욱 펼쳐지고 있습니다. '국제공헌', '시대적 후퇴' 등을 논거로 들며 개헌론을 주장하는 목소리도 높아가고 있습니다.

또한 아시아 각지에는 전 일본군 위안부를 비롯해 전후배상을 요구하는 목소리가 일본의 군사대국화에 대한 우려와 함께 퍼지고 있습니다.

이러한 목소리를 어떻게 받아들여야 할까요?

저는 최근 몇 년간 전쟁 말기에 미국의 공습을 피하기 위해 세토瀬戸시 미즈노水野, 이누야마犬山시 가쿠덴楽田 · 젠지노善師野, 가니可児시 구쿠리ㅅㅅ利 등에 설립된 지하 군수공장이나 군사시설의 조사를 계속 진행하고 있습니다. 그 공사에 많은 조선인 · 중국인이 고용되었던 사실도 밝혔습니다.

조선반도에서 끌려와 지하호 공사에 관여한 강제연행의 '산 증인', 양병두楊秉斗 씨(나고야시 미나토구에 거주, 77세)는 증언했습니다.

"천황폐하를 위해서다. 2~3개월 안에 돌아가게 해주겠다며 일본으로 끌고 왔는데, 벌써 50년이나 지나고 말았다. 이 50년 동안 단 한 번도 행복을 느낀 적이 없다. 내 인생은 도대체 무엇이었는가? 고통스런 체험을 내 자식들에게도 자세히 얘기하지 않았다. 몸이 약해졌다. 최근 몇 년 일본인이 부탁하면 고맙다고 생각해 얘기하게 되었다."

최근 이러한 '증언을 듣는 모임'이나 지하호 조사 · 견학모임에 고교생, 젊은이의 참가가 증가하고 있습니다. 그들은 '비참한 전쟁의 참사'를 앎으로써 "일본이 아시아에서 저질러 온 행위를 인식하지 못해서는 국제사회에서 살 수 없다"며 아시아 여러 나라들과 함께하는 자세를 배우고 있습니다.

매년 한 해를 정리하는 의미로 '역사를 배우자'라는 앙케트 조사를 하는데 거의 모든 학생이 "먼저 알아야 한다", "두 번 다시 반복하지 않기 위해서 앎을 통해 뭐가 가능한가를 생각하고 싶다"고 하는 감상을 토로하고 있습니다.

이들 고교생과 양 씨를 비롯한 한국 사람들의 목소리가 각자의 입장에서 밝힌 '역사적 배움을 통한 미래의 삶·평화와 우호의 메시지'로 읽히지 않나요?

이 메시지에 담긴 생각과 50년 전에 우리가 맹세한 평화를 위한 '초심'은 다르지 않다고 생각합니다.

'초심을 잊지 말라'는 말을 공유의 테마로 삼아 저는 전쟁도 인권 억압도 없는 21세기를 개척하려는 젊은이와 함께 나아가려고 생각합니다.

귀국한 다음 날 곧바로 여행의 답례와 함께 기사에 대한 감상을 적어 중곤의 주소로 보냈다.

그로부터 2주일 정도 지나 중곤에게서 서신이 도착했다. 조선여자근로정신대에 대해서 지금까지 게재된 신문기사를 복사한 것과 나고야 지원회의 자료 등이 동봉되어 있었다. 다카하시 마코토의 기사에 공감한 내게 안심한 중곤의 마음을 읽을 수 있었다.

편지는 워드 프로세서로 쓴 것으로, 다음 내용도 담겨 있었다.

"이렇게 훌륭한 워드 프로세서를 선물로 주셔서 너무나 고맙습니다. 항상 야마카와 씨를 생각하며 소중히 사용하겠습니다."

인간의 보루

1966년의 일이다. 그 무렵 다카하시 마코토는 게이오대학 사학과를 졸업한 뒤 고등학교에서 비정규직 강사로 일하면서 나고야 역사과학연구회에도 참가했다. 10월 그 연구회의 정례회에서 박경식朴慶植의 강연을 들었다. '일본 근대사에 있어서의 조선'이 강연 주제였다.

박경식은 재일조선인 역사학자이다. 한때 조선대학교 교원을 역임했고 1976년 재일조선인운동사 연구회를 조직해 강제연행의 조사·연구에 전념했다. 강제연행 문제의 선도적인 역할을 한 연구자이다. 저서에 『조선인 강제연행의 기록』, 『재일조선인관계 자료집성』(전 5권) 등이 있다.

다카하시 마코토는 그날 박경식의 강연을 듣고 지금까지 느껴보지 못한 충격을 받았다. 강제연행된 수만 규모의 조선인들이 탄광, 광산, 댐 공사, 본토결전을 위한 토목공사 등에 내몰려 학대, 학살당한 사실을 접했다. 당시 다카하시 마코토가 품은 의문은 이러한 중대한 사실이 왜 교과서에는 쓰이지 않는가 하는 점이었다. 또한 이러한 중대한 사실을 가르치지 않고서 역사 교육이 성립할 수 있는가라는 점이다. 이날의 충격이 그 후 다카하시 마코토의 역사 교육과 조사활동의 출발점이 되었다.

박경식의 강연을 들은 사람은 헤아릴 수 없을 정도로 많다고 생각한다. 충격을 받은 사람도 적지 않을 것이다. 그렇다고는 하나 그 충격을 그 후 자신의 삶에까지 반영한 사람이 어느 정도 있을까?

오늘날 다카하시 마코토의 조사·연구나 소송 지원은 박경식이 없었으면 존재할 수 없었다. 박경식의 노력의 연장선상에 '나고야·미쓰비시 조선여자근로정신대 소송'도 존재한다고 볼 수 있다.

다카하시 마코토는 고교의 역사교사로서 평화교육을 철저히 실천한 흔치 않은 사람이다. 평화교육의 일환으로 히로시마, 나가사키의 피폭 체험, 오키나와전쟁의 전장 체험, 중국대륙에서의 일본군의 학살, 731부대 등의 가해 사실을 정확히 가르쳤다. 다카하시는 보기도 하고 듣기도 하면서 조사한 증언이나 자료, 사진을 가능한 한 프린트해서 학생들에게 배포했다. 또한 슬라이드로 보여주기도 했다.

일본은 청일전쟁에서 태평양전쟁에 이르기까지 전쟁을 일으켜

가해자가 되었다. 그 결과 일본도 공습을 받았고 원폭을 투하당하는 비극을 겪었다. 가해가 없었다면 전쟁 피해도 없었다. 전쟁의 본질을 오인하면 현대사 자체의 본질을 오인하게 된다고 다카하시는 확신하고 있다.

다카하시 마코토가 나고야에서 태어난 것도 역사 교육자로서의 자세를 더욱 강하게 배양한 배경이라고 생각한다. 그곳에는 동양 최대 규모를 뽐내는 도요카와豊川 해군공장(직원 5만 6천 명) 등 많은 군수공장이 있기 때문이다.

1985년 가을 다카하시 마코토는 아이치현립아츠타愛知県立熱田고 등학교의 교사로 부임했다. 함께 조사·연구를 하던 동료인 고이데 유타카小出裕는 도요카와 해군공장에서 파악한 숫자만으로 23명의 조선인이 희생된 사실을 규명했다. 그것이 다카하시 마코토에게 그 후의 조사·연구 활동의 커다란 계기가 되었다.

게다가 아츠타고교는 일찍이 아이치 기계, 아이치 항공기제작소라는 군수공장이 있던 부지에 위치하고 있었다. 아이치 항공기제작소에서는 제로기, 99식 함상艦上폭격기 등의 군용기를 제조했다. 진주만 공격에 출격했던 그 항공기들도 이 공장에서 만든 것이었다.

종전한 해인 1945년 6월 9일 미군은 세계에서 최초라고 불리는 초대형폭탄(2톤 폭탄)을 이 지역에 투하했다. 약 8분간의 공습으로 직공과 시민 합해서 2천 명 이상의 희생자가 발생했다. 근로 학도

203명도 젊은 목숨을 잃었다. 미군의 입장에서는 진주만 기습공격의 원한을 푸는 공습이었다고 할 수 있다.

그런 사연이 얽힌 부지에 위치한 아츠타고교에서는 다카하시 마코토가 부임했을 당시 사회과 수업에서 평화교육이라는 전통이 구축되고 있었다.

군수공장의 메카이기도 했던 아이치·나고야에 역사적 진실을 새기기 위해 메스를 가할 필요성을 통감한 다카하시 마코토는 교사 동료들과 함께 '아이치현 조선인강제연행 역사조사반'을 발족시켰다. 1986년의 일이다. 미쓰비시중공업에 동원된 조선인 소녀들의 존재를 규명할 수 있었던 것도 이 조사반의 활동 덕택이었다.

멸시당하고 무시당하고 묵살당한 역사 그 틈바구니에 갇힌 진실의 비극을 하나하나 밝혀내는 것은 쉬운 일이 아니다. 어설픈 생각으로는 그 입구에도 다가갈 수 없다. 가해자에 대한 미움보다 피해자에 대한 사랑이 크지 않으면 절대로 불가능한 작업이다. 어떤 의미에서는 고고학적 작업의 반복이다. 고고학이면 꿈이라도 있겠지만, 역사의 틈바구니에 숨겨진 비극의 증거를 찾아내는 것은 진정으로 평화를 사랑하는 마음이 없다면 불가능하다. 다카하시 마코토 일행의 그룹조사와 연구는 전쟁의 본질을 파악하는 데 가장 중요한 작업이었음에 틀림없다.

도난카이 지진에서 조선여자근로정신대 6명이 희생되었음이 밝혀지고 그것이 신문 각지에 보도된 것은 1987년 4월 30일이었다. 그때의 반향은 상상을 훨씬 뛰어넘은 것이었다. 얼마나 많은 사람들이 과거의 비극에 침묵하며 살았을까. 그룹조사로 마음속에 파묻어온 많은 사람들의 상처를 치유할 수 있었다.

미쓰비시중공업의 징용자나 학도 동원자 등으로부터 새로운 증언이 들어왔다. 그중에서도 나가노長野현의 마루코丸子실업학교(전 마루코농상학교) 쪽에서 『짓밟힌 청춘』이라는 기록집이 도착했다. 또한 여자근로정신대원이 살았던 제4 료와 기숙사의 야마조에 원장의 차남·야마조에 다츠오山添達夫 씨는 당시의 사진 2장과 증언을 제공했다. 미쓰비시청년학교에서 그녀들에게 일본의 예의작법을 가르치던 가와이 신河合촌 씨도 17장의 사진을 제공하고 함께 증언을 들려주었다.

제공받은 자료 중 야마조에 다츠오 씨가 보내준 당시의 월급봉투를 보고 무의식중에 놀라지 않을 수 없었다. 봉투에는 다음과 같은 문장이 새겨져 있었다.

우리는 천황폐하를 위해 살고 우리는 천황폐하를 위해 일하고 우리는 천황폐하를 위해 죽는다.

미쓰비시중공업 주식회사 나고야 항공기제작소

다카하시 마코토는 조선인강제연행 역사조사반의 멤버들과 미쓰비시중공업 징용자나 학도 동원 체험을 한 사람들을 주축으로 1987년 7월 25일 희생된 소녀들의 추도기념비를 건립하기 위해 실행위원회를 발족했다. 단지 조사뿐만 아니라 진실을 후세에 전하는 것이야말로 평화의 길이며 그것을 위해서도 기념비 건립과 추도 행사를 진행할 필요를 통감했던 것이다.

　　미쓰비시 순직비 아래에 들어선 명판에는 6명의 소녀들 이름이 없었다. 이대로는 아무래도 역사를 바르게 새길 수가 없다. 멤버들의 억누를 길 없는 마음이 추도기념비 건립을 이끌어낸 것이다.

　　그 후 1988년 12월 18일의 미쓰비시중공업의 위령제 때 6명의 조선인 소녀들의 이름을 새겼다는 연락이 미쓰비시중공업 측으로부터 조사반 쪽에 도착했다.

　　추도기념비 건립 계획이 보도되자 다시 적지 않은 반향이 일었다. 나가노현의 이다飯田고교(전 이다중학교), 마루코실업학교(전 마루쿠농상), 즈이료瑞陵고교(전 아츠타중학교), 나고야여자대학고교 등 이 4개 학교의 학생들로부터 뜨거운 메시지가 도착했다. 다액의 모금도 이루어졌다. 그 외에 많은 사람이 모금에 협조해 조사반의 당초 목표액 200만 엔을 초과하는 금액이 되었다. 여기에 대해서는 나중에 서술하겠다.

추도기념비

한편, 이 활동에 대해 도카이東海텔레비전과 CBC(주부中部일본방송)로부터 다큐멘터리 제작협력 의뢰의 소식이 왔다. 조사반은 매스컴과 정보 교환을 약속한 뒤 서로 협력하기로 하였다.

도카이텔레비전은 〈도난카이 지진을 아십니까?〉라는 도난카이 지진 전반에 걸친 프로그램을 제작했다. 한편 CBC는 6명의 조선인 소녀에게 초점을 맞춰 프로그램을 제작했다. CBC의 스텝은 한국 취재도 실시해 제주도의 김중곤 씨 자택까지 방문했다. 이때 CBC 취재반이 가장 고생한 것은 조선여자근로정신대와 일본군 위안부의 혼동 때문에 생각대로 협조를 얻을 수 없었던 점이다.

다카하시 마코토가 동료와 함께 조사를 위해 처음으로 한국에 간 것은 CBC 취재반이 한국으로 건너간 직후인 1988년 7월이었다. 서울올림픽 개최 직전의 일이다. 광주, 나주, 목포, 제주를 조사하며 거닐었다. 언어도 통하지 않는 한국에서 땀을 흘리면서 조사를 이어갔다. 이 현지 조사여행은 다카하시 마코토에게 잊을 수 없는 중요한 여행이 되었다. 다만 이때의 조사방문에서는 서로 일정이 맞지 않아서 다카하시 마코토와 김중곤의 첫 만남이 이루어지지 않았다.

많은 사람들의 기부로 추도기념비가 완성된 것은 1988년 12월 4일이었다.

제막식을 하던 그날 김중곤은 유족 중 한 사람으로 초대를 받아 방일했다. 공항에 마중 나온 다카하시 마코토가 처음으로 중곤과 만난 날이었다. 이때 부인 복례는 역사 현장에 서야 하는 고통과 슬픔을 견디지 못할 것 같다고 하며 방문을 거부했다.

추도기념비에는 다음과 같은 문장이 새겨져 있다.

슬픔을 반복하지 않기 위해 여기에 진실을 새긴다.

이 비문은 조사반의 멤버들이 서로 상의해 결정한 것이다. 일찍이 미쓰비시중공업 징용자로서 일한 경험을 지닌 서예가 호조 요시히사北条吉久(아호 : 호조 세이큐北条青邱) 씨가 휘호를 새겼다.

추도기념비는 과거의 도토쿠공장의 부지에 건립되었다. 현재의 닛신방적 나고야공장 정문에서 가까운 석가산의 앞이다. 햇빛이 잘 들고 방문하는 사람들이 추도하기 쉬운 최적의 장소임이 틀림없다.

닛신방적은 기념비 건립을 위해 이 장소를 흔쾌히 제공해주었다. 닛신방적은 전시체제하에 미쓰비시항공기의 백식百式정찰기 기46의 생산을 담당하고 있었다.

제막식 당일 닛신방적 나고야공장장과 근로과장이 참가해 헌화했다. 그러나 미쓰비시중공업 측에서는 그 누구도 참가하지 않았다.

처음 중곤의 자택을 방문했을 때 그 벽에 걸려 있던 손으로 쓴 '진실일로'가 무엇을 의미했는지, 이 추도기념비의 건립을 이해함으로써 비로소 깨달은 느낌이었다.

근로정신대를 일본군 위안부로 오인하는 문제가 한국에서 꽤 심각한 문제로 부상하고 있었다. 일본군 위안부나 근로정신대원을 한국에서는 똑같이 인식하고 있었기 때문이다. 김중곤과 함께 추도기념비 제막식에 초대받아 방문한 최정례崔貞禮 씨의 유족(조카며느리) 이경자李敬子 씨(당시 70세)를 공항에서 맞이한 기자가

"정신대의 유족으로서 지금 어떤 기분입니까?"

라고 질문하자 이경자 씨는 갑자기 격노했다.

"정신대라고 하는 말은 사용하지 마세요! 한국에서 어떻게 받아

들이는지 알고 있나요?"

그렇게 말하며 격렬하게 테이블을 치며 항의했다. 일본어가 유
창한 김중곤이 간신히 이경자 씨의 격앙된 감정을 누그러뜨리기
위해 설득했다. 그리고 분위기를 안정시켰다. 하지만 다음 날 점심
시간에 이경자 씨는 다시 말했다.

"이해할 수 없습니다. 어째서 정신대라는 단어를 사용하는지요?"

다카하시 마코토를 비롯해 조사반의 멤버들은 음식이 목에 넘어
가지 않을 정도로 당혹감을 느꼈다.

결국 그 자리에서도 김중곤이

"아무튼 지금은 근로정신대라는 단어를 사용해서라도 사실을 조
사해 오해를 풀어갑시다."

라고 설득했다. 하지만 이경자 씨는 끝까지 납득하는 표정을 보이
지 않았다. 그때 이경자 씨의 자세에서 피해자 본인이나 유족에게
얼마나 오인·혼동 문제가 심각한지를 다시 한번 인식할 수 있었다.

그 후인 2002년 3월 조사반은 관계자의 이름이 대부분 밝혀지
지 않은 충청남도로 가서 조사를 진행했다. 한국 국회의원의 힘을
빌리기도 하면서 대전시의 시청, 구청, 학교 등을 방문해 조사했다.
비록 새로운 근로여자정신대원의 단서를 얻을 수는 없었으나, 한국
의 대표적 언론인 『동아일보』, 『조선일보』, 그리고 지방지 등도 크

게 보도해 주었다. 하지만 추천인으로 이름을 올려준 이는 한 사람도 없었다. 그 배경에는 오인·혼동 문제가 상상 이상으로 뿌리를 내리고 있다는 것을 알 수 있었다.

그로부터 3년 후, 즉 추도비 건립으로부터 헤아려 17년 후에 비로소 '나고야미쓰비시·조선여자근로정신대 소송'으로 드디어 제소하게 되었다. 이 제소까지 시일이 지연된 것은 오인·혼동 문제가 주요한 원인이었다. 후에 법정에 선 원고의 진술 등으로 실상이 명확히 밝혀졌다.

그들은 근로정신대원으로 일본에 간 적이 있다는 이유로 몸을 판 더러운 여자로 오해를 받았다. 혼인한 상태에서 파혼당하거나, 결혼한 상태에서 이혼당하는 예도 있었다. 혹은 가정 내 폭력에 시달리며 불행한 인생을 보내야 했다. 하지만 평온한 생활을 유지하기 위해서는 살아 있는 한 침묵할 수밖에 도리가 없었다.

이 오인·혼동 문제에 대해 나는 몇 번이나 김중곤에게 직접 들었지만 이 정도로 심각하다고는 인식하지 못하고 있었다. 다시 한번 나는 이것이 극복하기 어려운 문제임을 깨달았다. 한편 일본군 위안부였던 사람들은 더욱 굴욕감을 느끼리라는 위기의식도 있었다. 일본군 위안부로 끌려간 여성의 고통은 더욱 심각한 것이 아닐까 생각했다. 근로정신대원이었던 여성 입장에서 보면 위안부였다고 인식되는 것은 언어로 형용할 수 없는 굴욕임에 틀림없다.

이 문제는 일본정부, 그리고 미쓰비시중공업 측이 사실을 직접 밝히고 사죄, 배상하지 않고서는 해결할 수 없다. 저지른 죄를 인정하지 않은 채 오로지 오만한 모습으로 풍화하기를 기다리는 자세에야말로 무거운 죄가 있다고 생각한다. 한국인에게도 같은 민족 피해자에 대한 관용적 시선이 필요하지 않을까? 피해자에게 박해를 거듭하는 것은 가해자에 대한 시점을 왜곡할 염려가 있다. 피해자가 이름을 밝히고 나서지 않게 되기 때문이다.

진실은 하나이다. 잘못을 잘못으로 인정하고 그 잘못에 대해 진심으로 사죄하고 최대한 배상의 노력을 기울이는 것이야말로 일본 스스로 프라이드와 자신감을 얻는 유일한 수단임을 어째서 알지 못하는 것일까? 두 발의 원폭의 비극에도 눈이 뜨이지 않은 일본인. 일본민족에 대한 이상한 과신에 지배된 일본인. 일본은 무차별 도쿄 대공습을 비롯해 일본 각지의 도시를 향한 폭격을 경험했다. 하지만 피해나 참상을 호소하는 것만으로는 진정한 평화를 쟁취할 수는 없는 것 아닐까? 오히려 그 원인을 아는 것이야말로 중요하지 않을까?

추도기념비 제막식에 참석한 김중곤은 기념 소책자에 '공존하는 지구촌을'이라는 제목을 붙여 기고했다. 이곳에 일부분을 소개한다.

1988년 12월 4일 전 미쓰비시중공업 나고야 항공기제작소 도토쿠 공장에서 희생자의 위령제가 열렸습니다. 그 이전엔 미쓰비시는 자국 민만을 위해 위령제를 올렸습니다. 당시 타국에서 강제연행된 사람들, 특히 근로정신대로 일하다 희생된 어린 소녀들은 명부에도 기록이 없었습니다. 이것을 깨달은 지역 유지들은 이래서는 안 된다고 생각하며 자원봉사 활동을 시작해 오늘에 이르렀습니다.

일본의 위정자 분들이여, 이 나고야의 지역 유지들이 어떤 활동을 하고 있는지 잘 보고 조금이라도 그분들의 의견에 관심을 기울이면 어떨까요? 이 나고야 분들의 활동이 국가를 사랑하고 공존의 지구촌을 구축하는 대들보가 되리라 생각합니다.

(…중략…)

한마디 덧붙이는데 미쓰비시 분들, 아무쪼록 지역 유지들의 자원봉사 행사에 협조해 주시기를 부탁합니다. 당신들이 해야 할 일을 하고 있다고 이분들이 생각하지 않습니까?

끝으로 기념비 건립의 장소를 제공해 주시고 번거로운 일임에도 도움을 주신 닛신방적의 여러 분들에게 뜨거운 마음으로 감사 말씀을 드립니다.

고등학교 역사 교사인 다카하시 마코토에게 조사·연구의 목적은 처음부터 사죄나 배상, 혹은 소송에 있었던 것은 아니다. 무엇보

163

다 영구평화를 유지하기 위해 가장 중요한 역사 교육을 실천하는 것이었다. 하지만 조사가 진행됨에 따라 피해자들의 마음의 상처와 깊이를 깨닫고 가해국 국민의 한 사람으로서 나아가 역사를 가르치는 입장에 서 있는 사람으로서 점점 고통에 시달리게 되었다.

그것은 정확히 전후 50년이라는 시점의 해를 맞은 1995년의 일이었다. 관부재판과 관련해 양금덕梁錦德 씨가 나고야를 방문, 추도기념비 앞에 서서 추도한 뒤 귀국했다. 이 일이 계기가 되어 다카하시 마코토는 재판에까지 관심을 갖게 되었다.

관부재판은 한국인 전 일본군 위안부, 전 여자근로정신대원 10명이 국가를 대상으로 39억 6천만 엔의 배상과 공식 사죄를 요구한 재판이다. 1998년 4월 야마구치山口지방재판소 시모노세키下關지부의 판결은 일부 원고승소를 결정했다. 그러자 원고도 일본정부도 항소했다. 2001년 히로시마고등재판소는 일부 원고승소를 역으로 패소로 판결했다. 원고 측이 최고재판소에 상고, 2003년 최고재판소 재판장 우에다 도요조上田豊三는 이를 기각하고 원고가 역전 패소한 히로시마 고등재판소 판결을 확정했다.

그 후 시민활동가인 이토 게고伊藤啓子 씨가 양금덕 씨가 살고 있는 광주시를 방문했다. 그때 희생자 9명은 태평양전쟁희생자 광주유족회 회장이던 이금주李金珠 씨를 창구로 삼아 재판을 제기하고

나고야 근로정신대 손해배상청구 소송 원고단(왼쪽부터 박해옥, 김성주, 김혜옥, 양금덕, 진진정)과
이들 소송을 이끈 이금주 태평양전쟁희생자 광주유족회장(나고야시 미나토구 미쓰비시중공업 순
직비 앞에서, 2002년)

싶다는 연명서한을 이토 게고 씨에게 부탁했다. 귀국한 이토 게고
씨는 그것을 조사반에게 건네며 어필했다.

아이치현고등학교 교직원조합 위원장으로서 너무나도 바쁜 생
활을 보내던 다카하시 마코토에게는 시간이나 마음의 여유가 없었
다. 쉽게 받아들이고 나설 수는 없었다. 그러나 마음속으로는 항상
신경이 쓰였으며 고통에 가까운 중압감을 계속 느끼고 있었다. 눈
깜짝할 사이에 2년 정도의 시간이 흘렀다.

1997년 12월 포토저널리스트인 이토 다카시伊藤孝司가 간절한 호
소를 보냈다. 이토 다카시 씨는 환경 문제, 전쟁 책임 등에 관해 폭
넓은 활동을 하는 드문 포토저널리스트였다.

"지금 기회를 놓치면 관계자 분들은 어떻게 될까요?"

이 한마디에 다카하시 마코토는 결단했다.

다음 해인 1998년 5월 한국에서 온 태평양전쟁희생자 광주유족회 회장 이금주 씨와 나중에 원고의 한 사람이 되는 박해옥朴海玉 씨를 맞이했다. 또한 후쿠오카福岡현 변호사회 소속의 야마모토 세타山本晴太 변호사가 출석해 준비회가 발족했다. 장소는 중소기업센터였다. 약 100명의 지원 멤버가 모였다. 다카하시 마코토는 회장의 열기를 느끼고 이 정도라면 가능할지 모르겠다고 생각했다.

준비회는 조사반, 시민, 변호사 등으로 편성되었다. 가을에는 변호단을 결성했다. 제소를 위해 변호사가 방한 조사를 실시했으며 미쓰비시중공업 측과의 교섭을 시작했다.

박경식은 1998년 2월 12일 오후 10시가 지날 무렵 자택에서 가까운 조후調布시 고쿠료정国領町 2가丁目의 고슈甲州가도 횡단보도에서 21세의 젊은 회사원이 운전하는 승용차에 치여 사망했다. 75세였다. 일터에서 자전거로 자택으로 돌아가던 도중이었다. 너무나도 갑작스런 죽음이었다. 내가 사는 세타가야世田谷에서 조후시의 고쿠료정까지는 자동차로 달리면 20분 정도 걸리는 거리였다. 나는 지도를 펼친 뒤 그 사거리를 주시하며 명복을 빌었다.

'나고야 미쓰비시조선여자근로정신대 소송'은 일본과 미쓰비시 중공업 주식회사를 피고로 사죄와 배상을 추구한 것이다. 나고야지방재판소에 제소한 것은 1999년 3월 1일이었다. 이 제1차 제소 때에 원고 5명 중에 김중곤 부부는 포함되지 않았다. 김중곤 부부는 제1차 제소로부터 1년 9개월 후인 제2차 제소 때에 원고가 되었다.

원고 소송대리인에는 우치카와 요시카즈內河惠一, 미야타 무쓰오宮田陸奥男 이 두 변호사. 변호단에는 아이치현 변호사회 소속변호사 33명, 후쿠오카현 변호사회 소속인 야마모토 세타 변호사가 이름을 올렸다.

다카하시 마코토, 고이데 유타카를 중심으로 활동하는 '아이치현 조선인강제연행 역사조사반'이 조사에 착수한 뒤로 이미 십몇 년의 세월이 흐른 상황이었다. 이 조사반의 활동이 없었다면 이 문제는 영구히 어둠에 파묻혔을 것이다.

전후배상과 사죄를 위한 재판은 그 대부분이 90년대에 들어 제기되었다. 이 제1차 제소의 시점에 이미 44건의 전후배상 재판이 진행되고 있었다. 이 중 지방재판소에서 승소(일부 승소를 포함)한 예는 7건이다. 그러나 피고 측은 모두 항소 중이다. 또한 44건 중 14건에 대해 고등재판소와 최고재판소에서 원고패소를 확정했다. 화해성립은 4건뿐이다.

법은 인간이 만든 잣대이다. 하지만 인간으로서 지켜야 할 도리가 법 심판의 근본이 되지는 않는다. 그 시대의 국가체제에 따라 좌우되고 국가나 권력자에게 유리하게 법이 해석되기도 한다. 전후배상 소송은 그 전형적인 형태이다.

한일관계의 시점에서 보면 개인배상 소송의 원고패소의 이유는 거의 정해져 있다. 그중 하나는 시효, 또는 제척기간(손해배상 청구권은 20년이 지나면 무효), 혹은 국가무답책(전 일본제국의 헌법하에서의 행위는 배상책임이 없다)이다. 게다가 한일청구권협정으로 모든 게 해결되었다는 논리이다. 피고 측에 대한 가해 사실을 분명히 인정하면서도 이상과 같은 이유로 전후배상 문제는 일단락되었다고 본다는 것이다.

제2장에서 이야기한 김중곤 부부가 살아온 조선에서의 격동의 반세기를 보더라도 전후배상 소송이 어째서 90년대가 아니면 이루어질 수 없었는지를 느낄 수 있다. 전후 반세기의 조선반도 역사를

들추어보면 이해하기 어렵지 않다. 그 세월을 살아가는 것만으로도 혼신의 힘을 다해야 했던 피해자들에게 제소할 여유는 없었다.

시효, 제척기간, 국가무답책이라는 논리를 빌려 인간의 도리를 행함에 바람 한 점 통과시키지 않은 채 국가권력에 아첨하는 재판관들의 사고와 인간성에는 인류의 미래를 비치는 한 줄기의 빛도 보이지 않는다. 인간이 얼마나 교활하고 나약한가를 뒷받침해 줄 뿐이다.

지금까지 전쟁배상 재판에서 단 한 차례이지만 '국가무답책'의 법리를 부정한 판례가 있었다.

1991년 전 일본군으로 종사한 한국인 군인군속, 전 일본군 위안부, 그리고 그 유족 35명이 제기한 소송에서 1인당 2천만 엔의 손해배상을 일본정부에게 요구한 것이다. 1심에서는 원고의 호소가 인정되지 않았지만 도쿄고등재판소의 2심에서 '국가무답책' 법리를 처음으로 부정했다. 또한 이 2심에서 포로의 집단사살과 잔학행위와 관련해서 군인군속 두 사람에 대한 전 일본군의 위법행위도 인정했다. 전 일본군 위안부에 대해서도 국가가 안전배려의무를 위반한 부분이 있다고도 지적했다.

하지만 최고재판소(츠노 오사무津野修 재판장)는 원고의 상고를 모두 기각했다. 최고재판소에서는 고등재판소가 인정한 논점에 대해 거론하지도 않았다. 약 14년간에 걸친 법정투쟁이 원고패소로 확

나고야성 앞. 가운데 줄 왼쪽에서 4번째가 김복례(1944년)

정되었다. 2004년 11월 29일의 일이다. 이 재판을 청취한 원고 중한 사람으로 전 일본군 위안부이자 이미 80세를 넘긴 할머니 심미자沈美子 씨의 절규가 다음처럼 보도된 바 있다.

"제소 이래 44회 이상 현해탄을 건넜고 법정을 드나들었다. 이런 나라가 유엔의 상임이사국이 될 자격은 없다. 과거의 문제가 해결될 때까지 한일 간에 진정한 우호는 없다. 이런 재판이 무슨 의미가 있을까? 14년간의 재판은 무엇이었나?"

이 판결에 대한 원고의 절규를 듣고 많은 일본인은 어떤 감상을 품었을까? 재판소가 말한 대로라고 납득했을까? 고등재판소의 2심 판결은 최고재판소의 판결로 일축되었다. 이것이 전후배상 재판의 현실이다.

김중곤은 제2차 제소의 원고 중 한 사람으로서 그 준비를 위해 종종 방일하게 되었다. 나고야 지원회의 초청에 의한 것이었다. 나고야지방재판소였으므로 중곤은 우선 나고야를 방문해 소송관계에 대한 상의를 한 뒤 상경하는 경우가 대부분이었다. 때로는 나고야 지원회의 멤버들과 미쓰비시중공업 본사를 방문하기 위해 함께 상경할 때도 있었다. 그 일을 마친 뒤 느긋할 때 나와 만났다. 혼자서 생활하는 나는 집에 초대해 대접할 수도 없어서 언제나 비즈니스호텔을 예약했고 그곳에서 그는 숙박했다. 외식으로 대접할 수밖에 없는 나의 사정을 중곤은 잘 이해해 주었다. 일본 가정의 온기를 맛보게 할 수 없는 안타까움이 언제나 내 마음 한구석에 있었다. 중곤은 이삼 일 도쿄에 체재한 후 나리타成田 공항에서 귀국했다.

나고야지방재판소의 제1차 제소 때의 일이다. 제소 후 중곤은 애타게 기다린 듯 도쿄로 찾아왔다. 그때 나는 중곤에게서 한 권의 책을 받았다.

그것은 제1차 제소의 '소장'을 작은 책자로 발간한 책이었다. 변호단과 나고야 지원회가 편집·발행한 것이었다. 부제는 '전 조선여자근로정신대원에 대한 손해배상 등 청구사건'이라고 새겨져 있었

171

다. 표지에는 한 장의 사진이 실려 있었다. 나고야성을 배경으로 촬영한 기념사진으로, 전 조선여자근로정신대원으로 동원된 어린소녀들의 앳된 모습이었다. 머리띠를 두르고 몸뻬 바지를 입고 있었다. 천진난만함이 전신에 넘치는 소녀들의 표정이나 모습을 보고 있자니 깊은 슬픔이 복받쳤다. 소녀들은 무슨 생각을 하며 어떤 꿈을 꾸고 있었을까?

중곤이 귀국한 그날 밤 나는『소장』을 숙독했다.

전후배상과 사죄 문제의 본질을 이해하기 위해서 쓴 대단한 노작임에 감동했다. 역사적 배경부터 세계의 전후배상과 사죄의 실태, 일본의 전후배상과 사죄의 현실, 일본인으로서 이 문제를 어떠한 시점에서 어떻게 이해하고 무엇을 해야 할지에 이르기까지, 인도적 시야에서 냉정하고 호소력 있게 제시한 내용이었다. 변호단과 나고야 지원회에 의한 총체적 결과물이었다. 조선여자근로정신대의 사실과 함께 피해자를 지원하는 일본인들이 있다는 것에 나는 감동하지 않을 수 없었다.

일본국민의 대다수는 이 문제에 대해 무관심하다. 아니, 문제의 존재조차 알지 못한다. 알지라도 관심을 가지려고 하지 않는다. 그 외의 전후배상, 사죄 문제에 대해서도 마찬가지다. 일부 특수한 사람들의 문제로 생각할 뿐 무관심하다. 그중에는 무관심함은 물론

이들 소송이나 지원 활동에 불쾌감을 가지고 비판적으로 생각하는 사람들도 적지 않다.

"한국은 언제까지 사죄하라, 보상하라고 반복할 것인가? 일본은 지금까지 사죄도 하고 나름대로 보상도 했지 않은가?"

정치가의 망언을 포함해 이러한 일본인의 말을 나는 도처에서 들어 왔다. 이것이 일본인 대다수의 본심이라고 생각한다. 하지만 과연 일본은 지금까지 국가로서, 정부로서 제대로 사죄해 왔는가? 피해 당사자에게 배상을 한 적이 있는가?

원고 5명에 의한 제1차 제소로부터 1년 9개월 후인 2000년 12월 6일 나고야지방재판소에 피해자들은 제2차 제소를 했다.

원고는 김순례의 유족인 오빠 김중곤과 중곤의 아내 김복례, 그리고 경기도 과천시에 사는 김성주金性珠, 이 세 사람이었다. 변호단에는 우치카와 요시카즈 변호단장 이하 39명이 이름을 올렸다. 나고야 지원회는 약 천 명의 회원을 확보하고 있었다. 1차, 2차 제소와 함께 법정 내외에서 긴 싸움이 시작되었던 것이다.

변호단장인 우치카와 요시카즈 변호사는 나고야 지원회가 편집·발행한 소책자에 이 소송의 의의를 다음처럼 서술했다.

173

본 재판은 물론 원고들에 대한 배상과 사죄를 요구하는 재판이다. 원고들은 어릴 때 속임수에 넘어가 억지로 가족과 헤어져 일본으로 끌려온 뒤 괴롭고 힘든 노동을 강제당했다. 그 부조리함, 게다가 전후 원고들이 한국에서 까닭 없이 고통에 시달린 사실이 본 재판을 진행하는 중에 매우 적나라하게 증명되었다. 이 점은 우리 일본의 죄책이 얼마나 큰가를 새롭게 뒷받침해 주는 내용이라는 느낌이 든다. 일본인은 남녀 노소를 불구하고 과거 일본의 죄책으로부터 시선을 돌릴 수는 없다. 이 문제를 확실히 해결하지 않으면 두 번 다시 같은 과오를 저지를 수 있으며 정말로 저지르려고 할 것이다. 본 소송은 원고들의 구제를 도모함과 동시에 원고들의 힘을 빌려 일본인의 역사관을 묻는 건이다.

변호단장 이하 변호사 전원이 나고야 지원회의 멤버들과 함께한 무보수 투쟁이었다.

그 최후의 문장, "일본인의 역사관을 묻는 건이다"라는 말이야말로 원고들의 소송 목적이 담긴 것이 아닐까?

우치카와 변호단장은 이 한 문장에서 많은 사람들이 종종 인용하는 서독의 바이제커 전 대통령이 1985년 5월 8일 독일 패전기념일에 행한 다음과 같은 연설의 문구를 생각해냈다.

"많은 사람들이 실제로 일어난 일을 모르는 척 외면하려 한 자체가 이 범죄에 가담하는 행위였다."

나는 문득 생각했다. 이 소송에서 피고는 전 바이제커 대통령이 지적한 '전쟁의 가담자'라기보다 범죄자 그 자체이다. 그것을 인정하지 않는 것은 저지른 죄보다 훨씬 무거운 죄를 범하는 행위가 아닐까? 법해석에 따라서 죄를 모면했다고 하더라도 그것은 형식적인 논리이며, 죄의 본질은 전혀 다르지 않은 것이 아닐까?

일본과 나치 독일의 역사적 전개 과정이 동일하지 않지만 독일의 전후처리에 대해서 숙지하는 것은 중요하다고 생각한다.

제2차 세계대전 당시 나치 독일은 폴란드를 침략해 약 6백만 명의 목숨을 앗았다. 그중 3백만 명은 유태인이었다.

전 바이제커 대통령의 명연설 시기보다 15년이나 앞선 1970년 12월, 당시는 물론 아직 냉전 중이었다. 바르샤바를 방문해 국교정상화 조약을 체결한 브란트 서독수상은 유태인 거주 지역의 부지에 위치한 위령비 앞에 무릎을 꿇고 독일의 죄를 인정하며 깊이 사죄했다. 그로부터 30년 후의 2000년 12월 6일, 그 공간에 당시 사죄한 브란트 수상의 모습을 새긴 기념비가 건립되어 제막식에 슈레더 수상이 참가했다. 더욱이 슈레더 수상은 폴란드 국회에서 연설하면서 사죄했다.

서독 전 수상 브란트가 위령비 앞에서 무릎을 꿇은 모습을 외교적 포즈라고 말하는 일본인이 있다. 그렇다면 포즈라도 좋다. 그런 모습이라도 보여줄 수 있는 일본의 수상은 존재하지 않는다. 서독이 범한 죄와 일본의 식민지 지배 문제의 본질이 다르다는 말만을 소리 높여 읊을 뿐이다.

독일과 일본의 죄의 내용을 비교하자는 것이 아니다. 문제는 지배의 실태를 어디까지 인식하고 있는지가 불분명하고, 피해자의 시점에서 역사를 돌아보는 단순한 행위가 불가능하다는 점에 있다.

지적하는 김에 독일의 배상에 대해서 언급해 두겠다. 독일은 이미 1956년 구서독에서 성립한 연방보상법에 근거해 2030년까지 1,200억 마르크(약 8조 엔 정도)를 계속 지불할 계획이다.

더구나 2000년 7월 17일 전후 55년에 즈음하여 나치 통치하의 독일 기업에서 강제노동에 종사했던 사람들에게 배상하기 위해 독일정부와 경제계는 100억 마르크(약 5천 3백억 엔)를 거출해 재단 '기억·책임·미래'를 설립했다. 이를 주변국과 피해자 단체가 관계 문서로 조인해 발족했다. 당시 약 800만 명이 강제노동에 종사했는데 생존한 사람은 현재 약 100만 명으로 알려지고 있다.

이 재단법에 의해 수용소에 들어가 강제노동에 종사했던 사람에게 1인당 최고 1만 5천 마르크(약 80만 엔), 그 이외의 사람들에게 최고 5천 마르크의 배상금을 각국의 우호단체를 통해 지급하고 있다. 재단 발족 시에는 피해자들로부터 집단소송이 이어져 독일경제계가 배상에 응하지 않을 수 없었다. 그런 배경이 있다.

현재 일본정부는 모든 국제법에 따라서 성실히 처리했다고 말한
다. 한국과의 관계에 대해서도 교섭을 반복해 배상, 재산, 청구권 문
제에 대한 조약을 체결했고 그대로 실시했다고 주장하고 있다. 조
약이란 1965년에 조인한 한일청구권·경제협력 협정이다. 이 협정
에 의거해 일본은 한국에 무상 3억 불, 유상 2억 불을 제공했다. 5
억 불이라는 숫자는 당시 일본의 국가예산 약 5%에 해당했다. 한국
국가예산의 1.45배였다. 분명 한국의 경제 부흥은 일본의 제공에
의한 것이다. 쉽게 말하면 일본은 개인배상을 한 게 아니라 국가경
제 부흥 지원을 했다.

새삼스레 개인배상에 대해 한마디 덧붙인다면 국제법에 따라 처
리해 온 일본의 입장은 뒤집히게 되어 역사의 톱니바퀴가 반대로
돌아가는 결과를 초래한다. 그러므로 어떠한 개인배상도 수긍할 수
없다는 자세를 견지하고 있다. 재판소도 이 일본정부의 견해를 인
정하고 있다.

이 문제를 생각하는 데 매우 중요한 발언을 접한 적이 있다. 그것
은 1999년 9월 29일 자 『아사히신문』의 '논단'에 게재된 투고기사
였다. 투고자는 한국의 광주에 거주하는 이금주 씨. 이금주 씨는 현

재도 태평양전쟁희생자 광주유족회 대표로 활동하는 84세의 여성이다. 신문 투고 당시는 78세였다.

발췌하여 이곳에 소개한다.

65년의 한일조약 체결 후 약 8천 명의 직계유족이 한국정부로부터 30만 원, 당시의 환율로 19만 엔을 수령했습니다. 이것이 남편과 한국인의 목숨값입니까? 하지만 일본은 한일조약으로 해결이 끝난 상태라고 간주하며 '배상은 한국의 국내 문제다. 일본에게는 책임도 의무도 없다'고 말하고 있습니다. 저는 남편의 전사에 대해 일본정부와 교섭할 것을 한국정부에 의뢰하지 않았습니다. 남편의 전사는 정부 간에 교섭할 일이 아니라 저 개인과 일본정부의 문제입니다.

남편을 전쟁에 동원한 것은 일본정부입니다. 일본에 국가로서의 책임과 의무가 있음은 너무나도 당연한 사실입니다.

그러므로 일본과 마찬가지로 식민지 출신자를 군인·군속으로 삼은 영국, 프랑스, 이탈리아 등의 국가는 전쟁에 동원한 국가의 의무로 식민지 출신자 개인에게 연금과 그 외의 배상을 하고 있는 것입니다.

저는 일본 통치하의 조선에서 '일본국민'으로 태어났습니다. 일본에 대해 교육을 받을 때 "일본은 '만세일계萬世一系'의 세계제일 강국, 양심적인 정의의 나라다"라고 배웠습니다. 매일 아침, 전교생이 동쪽을 향해 천황의 무운장구武運長久를 비는 최고의 배례를 하였습니다. "우리는 황국국민이다. 충성으로 군국에 보답하자"라고 맹세하며 외쳤습니다. 신사에서 아마데라스 오미카미天照大神나 메이지明治천황을 기리고 신사 앞을 지날 때에는 경례를 했습니다. 지금의 천황이 태어났을 때 밤에는 제등행렬, 낮에는 깃발행렬로 떠들썩한 축하행사가 열렸습니다.

그리고 '내선일체內鮮一體', '황국신민', '천황의 적자', '일억일심一億一心', '일시동인一視同仁'이라는 미명하에 일본은 조선인을 전쟁터로 몰아넣었습니다. 너무나 소중한 많은 젊은이들이 전장에서 목숨을 잃었습니다. 가혹한 노동현장에서 희생된 사람들도 있었습니다. 젊은 여성들이 다수 일본군 위안부로 끌려가 견디기 어려운 희생을 강요당했고 초등학교 5~6학년 소녀들도 일본의 군수공장에서 노역에 시달려야 했습니다. 일본 패전 후 BC급 전범으로 23명이 처형당했습니다. 그 외에 많은 이가 장기간의 형을 복역했습니다. 사할린에는 4만 3천 명이 고립되었습니다.

또한 조선인 노동자를 귀국시킬 예정이던 해군 특수운송함·우키시마마루浮島丸는 교토京都의 마이즈루舞鶴만 내에서 폭침해 일본이 인정한 것만으로도 524명이 사망했습니다.

양심이 있는 일본의 여러분. 우리도 베이면 피가 솟는 육체를 가지고 있으며 생명이 붙어 있는 한 살려는 본능과 가족에 대한 애정을 지닌 인간입니다. 백만 명 이상의 조선인을 마치 전쟁의 무기처럼 사용할 만큼 사용하고 전쟁 후에는 쓰레기처럼 버리는 건가요? 일본인들이 인

간으로서 양심을 회복하기를 바랍니다. (원문 그대로)

이 글을 어떻게 이해하고 받아들일 것인가? 이는 곧 일본인의 양
식을 묻는 것이 아닐까?

인간의 보루

4

주문 원고들의 청구를 기각한다

2005년 2월 24일 나고야지방재판소는 원고들의 청구를 기각한다는 판결을 내린다. 다음 날 원고들은 변호단, 나고야 지원회와 함께 미쓰비시중공업 본사(도쿄) 앞에서 항의 행진을 진행했다.

김중곤의 아내 복례 씨는 남편 중곤과 함께 제2차 제소에서 원고가 되었다. 하지만, 제소하고 불과 3개월 후인 2001년 2월 13일 그녀는 길고 힘든 투병 생활 끝에 자택에서 남편 중곤이 지켜보는 가운데 영면했다. 72세였다.

하루오 병원의 의사는 투병 생활을 정리하도록 권했다. 그리고 중곤이 언제나 곁에 있는 자택에서 얼마 남지 않는 여생을 보내는 편이 좋겠다는 생각으로 퇴원을 허락했다. 본인도 회복해서 퇴원하는 것이 아니라는 사실을 알고 있었다고 생각한다.

퇴원하고 약 반년 정도 누운 채로 생명을 연장한 것은 남편의 극진한 간호 덕분이었다. 또한 시내의 원로 개업의사의 매일 같은 왕진의 힘도 컸다. 복례는 허리의 욕창이 심해 곪은 상처로 매일 의사의 치료를 받아야 했다. 그 원로 의사의 헌신적인 왕진에 중곤은 고개를 숙였다.

"그렇게 성실한 의사는 없을 겁니다. 정말로 잘 치료해 주었습니다. 그 선생님이 안 계셨다면 복례는 더욱 괴로워했을 거라고 생각합니다."

중곤은 차분히 말했다.

죽음의 기일이 임박한 어느 날 중곤이 격려 삼아 부인에게 말했다.

"당신은 행복해, 선생님이나 내가 매일 이렇게 돌봐 주니까. 당신이 죽으면 난 어찌 되겠어."

복례는 가볍게 수긍하듯이 미소를 지어보였다.

"나고야의 다카하시 씨 일행의 일이 잘되었으면 좋겠어요. 그게 신경 쓰여요."

마지막까지 복례의 마음을 무겁게 짓누르고 있었던 것은 나고야 지원회 분들에 대한 감사의 마음이었다. 이제 복례 씨는 자신보다도 협력해 주는 나고야 분들을 위해 승소하기를 바라고 있었다.

숨을 거두기 직전 죽음을 예감한 복례 씨는 중곤의 손을 잡고 말했다.

"전 당신이 있어 주어서 행복했어요. 순례는 불과 열네 살 때 세상을 떴는데 그때 어떤 생각을 했을까요. 그때 일본에 가지 않았다면 한국에서 정말 행복하게 살았을 텐데……. 전 당신의 곁에서 행복하게 지냈어요. 적어도 제가 살아 있는 동안에 소송이 화해로 끝나면 좋으련만, 매우 어려울 것 같아서 슬퍼요. 나고야 지원회 분들

께 진심으로 감사 드린다는 말만은 꼭 당신이 전해주세요. 정말 고
마웠어요."

　복례 씨는 그렇게 말하고 몇 분 뒤 영면에 들었다.

　복례 씨가 숨을 거둔 그날 아침 중곤에게서 전화가 걸려 왔다.

"아내가 세상을 떴습니다."

"네에? 그러셨습니까?……"

　우리 두 사람은 침묵했다.

"여러 일이 있었습니다."

　중곤이 말했다. 이미 각오하고 있었던 아내의 죽음이었다. 하지
만 눈앞에서 아내의 죽음을 지켜본 중곤은 만감이 교차하는 심정

김복례가 입원 중이던 제주시의 병원에서(1990년). 왼쪽부터 김복례, 김중곤, 다카하시 마코
토(나고야 지원회 대표)

인 듯 느껴졌다.

"선생님, 아무쪼록 힘을 잃지 마십시오."

"알겠습니다."

전화를 끊은 나의 뇌리엔 제주도의 추억이 떠올랐다. 최근 이삼 년간 복례 씨의 컨디션이 그다지 좋지 않은 것은 남이 보기에도 알 수 있었다. 중곤과 내가 얘기하고 있는 동안에도 곁에 앉아 있는 것이 고통스러운지, "미안해요"라고 말하며 팔꿈치를 베개 삼아 옆으로 누운 적도 종종 있었다.

복례 씨의 병은 폐암 중에서도 소세포암으로 불리는 귀찮은 병이었다. 아직 세계 어느 곳에서도 그 치료법을 발견하지 못하고 있는 상황이었다.

"담배 한 대 핀 적이 없는 복례가……."

중곤은 분해서 이를 악물었다.

언젠가 방일했을 무렵 아내에게 읽게 하겠다고 하며 중곤은 한 권의 책을 사서 돌아간 적이 있다. 『암을 이겨내다ガンに打ち勝つ』라는 책이었다.

"읽어봐요."

중곤이 아무렇지 않게 말하며 아내에게 건네자 표지를 본 복례 는 의아한 표정으로 말했다.

"암에 걸리지도 않은 제가 어째서 암에 관한 책을 읽나요?"

아내에게는 암이라고 알리지 않았다. 중곤은 대답했다.

"암에도 인간은 이길 수가 있다고 하는 책이니까 반드시 힘이 될 거요."

그때 복례 씨는 자신이 암에 걸렸다는 것을 알아차린 것 같았다고 중곤이 말했다.

복례 씨가 세상을 뜬 약 2개월 후인 4월 중순, 겨우 나는 제주도를 방문할 수 있었다. 중곤은 십몇 년간 둘이서 지낸 셋집에서 새로운 셋집으로 막 이사한 상태였다. 집주인이 새롭게 고쳐 지을 계획을 세웠기에 어쩔 수 없이 이사했다고 말했다.

새로운 셋집은 전에 살던 집에서 걸어서 10분 정도 떨어진 곳에 있었다. 이전의 집보다 튼튼하게 지어진 2DK(방2, 마루1, 부엌1) 타입으로 혼자서 지내기에 충분하게 느껴졌다. 책을 둘 자리가 없어서 곤란했는지 현관에도 책장이 놓여 있었다. 이사하기가 힘들었음에 틀림없다.

다다미 여섯 장 크기의 침실에는 작은 제단이 있었다. 그곳에 미소를 머금은 복례 씨의 사진이 걸려 있었다. 나는 그 순간 머리로 치솟는 열기를 느꼈다. 약간의 부조금을 바친 뒤 정좌한 채 잠시 두 손을 모아 빌었다.

유골은 절에 맡겨두었다고 했다.

중곤이 운전하는 자동차를 타고 교외의 절로 향했다.

10분 정도의 거리에 위치한, 수목에 둘러싸인 산속의 호젓한 절이었다.

내가 살던 시골의 절을 생각했다. 분위기가 닮았다고 생각했다.

주지인 듯한 초로의 사내가 앞마당에서 정리를 하고 있었다. 중곤이 한국어로 한두 마디 얘기를 나누었다. 일본에서 친구가 왔으니 유골에 참배하겠다는 얘기를 하는 것 같았다. 주지는 흔쾌히 수락했다.

본당과 같은 용마루 속에 유골을 일시적으로 맡기는 곳이 있었다. 강철제의 2단 로커로 되어 있는 납골 선반이었다. 20주 정도 안치되어 있는 듯이 보였다. 거의 중앙부의 문짝에 '김복례'라는 이름이 있었다.

"아아, 여기군요."

나는 겨우 도착했다는 듯 말했다. 친절한 복례 씨가 유골이 되어 잠들어 있었다. 조용히 합장했다. 어릴 때 일본의 군수공장에서 노역하다가 거기에서 친구 순례를 잃고 그녀의 오빠와 결혼해서 격동의 시대를 살아왔던 복례 씨. 그 유골 앞에서 인생의 허무함과 깊은 슬픔을 느꼈다. 조금 떨어져서 내 모습을 바라보던 중곤 쪽으로 몸을 돌렸다. 중곤의 눈자위도 젖은 듯이 보였다.

녹음에 에워싸인 제주도의 호젓한 산사에서 복례 씨는 조용히 재판의 향방을 주시하고 있는 것처럼 느껴졌다.

"아내는 야마카와 씨가 방문해 주신 걸 매우 기뻐하리라 생각합니다."

중곤이 미소를 지으며 말했다. 그 미소는 차분해서 평온함을 느끼게 했다.

1988년 12월 4일 나고야에 추도기념비가 건립됐을 때 복례 씨는 "도저히 슬픔을 견딜 수 없을 것 같다"고 하며 제막식에 참가하지 않았다. 그때 중곤은 혼자서 방일했다. 중곤은 그 후 복례가 건강한 동안에 한번 추도기념비를 보여주려고 생각했다. 다카하시 마코토를 비롯한 나고야 지원회의 일본인들을 위해서도 그것이 예의라고 생각하고 있었기 때문이다.

그것을 실현한 것은 건립하고 3년 후인 1991년 4월이었다. 복례 씨에게는 40년 만의 일본 방문이었다. 나고야 공항에 맞이하러 온 다카하시 마코토는 이때 처음으로 복례 씨를 만날 수 있었다.

기념비 앞에 무릎을 꿇은 복례 씨는 복받치는 서러움을 참을 수 없었다. 쓰러져서 격렬하게 오열하는 아내의 곁에 서서 중곤은 꾹 참고 있어야만 했다.

복례 씨는 40여 년 전의 일을 어제 일처럼 기억하고 있었음에 틀림없다.

　오열하는 아내의 모습을 상기한 중곤은 복례 씨와 방일했을 때의 일을 반복해서 내게 얘기했다. 그때의 아내 모습이 너무나도 깊이 중곤의 마음에 새겨져 있는 것 같았다.

　우리는 절을 나왔다. 여느 때처럼 중곤이 운전하는 드라이브 코스. 그날 제주도를 일주하는 해안도로 12번 국도의 북쪽에서 서쪽을 향해 달렸다. 자동차 조수석에는 언제나 복례 씨가 타고 있었다. 이제 두 번 다시 거기에 복례 씨가 앉는 일은 없으리라. 그 코스가 수없이 부인과 둘이서 달린 길임을 알았다. 그날 무심코 중곤은 그 코스를 따라 핸들을 꺾었다. 달리면서 중곤이 말했다.

　"전에 살던 집은 야마카와 씨도 보셨듯이 함석지붕이었죠. 여름엔 너무 더워 점심이 지나면 도저히 참을 수 없었습니다. 병자에게 그게 가장 고통스러웠던 것 같아요. 자주 이 차에 태워 시원한 산기슭까지 데려갔습니다. 해가 질 때까지 나무그늘 아래 차를 세워두고 재우기도 했습니다."

　"그러셨습니까?"

　여름철의 함석지붕 아래는 부글부글 끓듯이 더운 것을 나는 잘 알고 있다. 내가 태어나서 자란 시골집이 함석지붕의 2층 건물이었기 때문이다. 고등학교 재학 중에 폐결핵으로 한 시기 자택요양을 해야 했던 나는 함석지붕 집의 2층 방에 누워 있었다. 오후가 되면 도저히 가만히 누워 있을 수가 없었다. 헛간에 돗자리를 깔고 더위를 견디던 일이 생각났다. 복례 씨의 고통을 손바닥을 보듯 이해할 수 있었다.

같은 12번 국도라도 북쪽은 관광 개발이 진행되지 않아서 그만큼 달리는 차량도 적었다. 자동차는 한참 달리다가 섬의 서쪽 위치에 해당하는 대정읍大靜邑이라는 부락에 도착했다.

"조금 더 가면 평판이 좋은 지압사가 있어서 아내를 자주 데리고 왔습니다."

"이렇게 먼 곳까지요? 고생하셨습니다."

"조금이라도 다리의 통증을 없앨 수 있으리라 생각했죠."

"그래서 효과가 있었습니까?"

"조금은 괜찮았을 겁니다. 하지만 병이 좋아지지는 않았습니다."

"그랬습니까?……"

소세포암과 다리의 통증이 어떻게 연결되는지 중곤도 모르는데 하물며 내가 알 리가 없었다. 의학이 진보해도 인간 신체의 불가사의함은 이해할 수 없다.

이윽고 자동차는 추억의 부락을 지나 서귀포시로 가는 방향으로 향했다. 서귀포의 시내에는 들어가지 않고 서쪽의 교외를 달려 제2

종단도로라고 불리는 99번 국도을 통과했다. 제주시 방향으로 향했다. 한라산 중턱이라고도 불리는 북쪽의 고개를 넘어 계속 달렸다.

도중에 고개에 해당하는 휴게소에서 자동차를 세우고 잠깐 쉬었다. 그날은 관광객의 모습이 보이지 않아서 쓸쓸할 정도로 조용한 고갯길의 휴게소 풍경이었다. 관광객이 한 사람도 없는 매점에서 아주머니 두 사람이 가게를 보고 있었다. 나는 그림엽서를 한 세트 구입했다.

휴게소에서 나와 문득 올려다보니 한라산 정상의 잔설이 빛나고 있었다. 이 섬의 긴 역사를 지켜온 정상을 가까이에서 우러러본 셈이었다. 아름답다기보다 왠지 무서운 생각이 들었다. 가만히 있을 수 없을 정도로 차가운 바람이 고개를 지나고 있었다. 복례 씨가 없는 적적한 드라이브였다.

한일공동 월드컵축구 개최를 1개월 남겨둔 2002년 4월 초순의
일이다. 중곤이 불쑥 일본에 왔다. 재판과는 관계없는 방일이었던
만큼 내게는 불현듯이 방문했다는 느낌이었다.

어느 날 밤, 중곤에게서 전화가 걸려왔다.

"실은 지금 일본에 와 있습니다. 야마가타山形에 있어요. 하하
하…… 야마가타입니다."

중곤은 유쾌하게 웃었다.

"엣, 정말입니까? 야마가타입니까?"

"정말입니다. 그래서 야마카와 씨의 사정만 괜찮다면 내일이나
모레 도쿄에 가려고 생각하고 있습니다."

갑작스런 전화였다. 3일 전에 센다이仙台행 직항로로 방일해 야마
가타에 와 있었다. 중곤은 수 년 전 일본인과 한국인의 인연을 맺어
달라는 의뢰를 받아 음지에서 중매를 한 적이 있다. 중곤은 그 부부

의 초대로 방일해 그들이 사는 야마가타를 찾아갔던 것이다. 그 부부가 아내를 잃은 중곤을 위로하기 위한 계획을 실천한 것 같았다. 애당초 여행을 좋아하는 중곤은 탈것에 몸을 싣고 돌아다니는 것을 조금도 귀찮게 생각하지 않는 사내였다. 머지않아 80세가 되는데도 그 모습이나 행동은 나이를 전혀 느끼게 하지 않는다. 선천적으로 섬세하고 꼼꼼한 중곤에게 상상 이상으로 활달한 인자도 숨어 있다는 생각이 들었다. 중곤에게 이상한 파워가 있다는 것을 실감했었다.

제주도의 서귀포시는 한국의 월드컵 축구경기장 소재지 중 한 곳으로 정해져 이미 훌륭한 스타디움이 들어서 있었다. 일본어가 유창한 중곤은 자원봉사 가이드의 일원으로 참가해 경기장 내외에서 봉사를 한다며 활기찬 모습이었다. 며칠 전 받은 편지에 젊은 사람들과 함께 자원봉사자로서 노란색 유니폼을 입고 찍은 사진을 동봉해 보내왔었다. 실습훈련 중 찍은 사진 같았다. 혼자서 사는 적적함을 극복하며 지내는 모습이기도 했다.

2일 후 도호쿠東北 신간선으로 야마가타에서 상경한 중곤을 도쿄역에서 맞이했다. 신간선에서 내린 사람은 틀림없는 김중곤이었다. 여느 때라면 양복에 넥타이를 깔끔히 맨 중곤의 모습이지만 편안한 여행인 듯 야구 모자를 쓴 레저 활동을 위한 옷차림이었다. 도호쿠 신간선을 타고 동북 지방에서 온 중곤을 보니 왠지 이상한 느낌마저 들었다. 정말로 건강한 고령자다. 계단을 오르거나 내려갈 때도 무거운 짐을 내게는 절대로 들게 하지 않는다.

여행 시즌이기도 해서 호텔 예약이 불가능했다. 이번만은 자택에서 묵게 하려고 결심했다. 나의 자택에서 자는 것은 처음이었다. 세타가야에 오래전에 들어선 공단주택인 2DK인데, 혼자 사는 내게는 충분한 넓이였다.

도쿄역에서 신주쿠新宿로 향하는 전차 속에서 "이번엔 자택에서 숙박하셔도 괜찮은가요?"라고 묻자

"참으로 기쁩니다."

라고 중곤이 대답했다.

"변변히 대접할 수 없어서 미안합니다."

"아닙니다. 이렇게 기쁜 일이 없습니다."

"선생님, 내일은 하코네箱根에 가서 1박하면서 온천에 몸이라도 담글까요?"

아내를 잃은 중곤의 마음을 위로해 주려고 생각하던 참이기도 했다.

"전 기쁩니다만 야마카와 씨는 일이 있으실 텐데 괜찮습니까?"

"문제없습니다. 선생님과 함께 어디든 여행하려고 생각하고 있었습니다."

"그렇습니까? 너무나 감사합니다."

중곤의 표정은 정말로 기쁜 듯이 보였다.

신주쿠에서 관광안내소를 찾아가 안내소가 내건 '하코네온천 1박 여행' 일정을 예약했다.

그날 밤엔 자택에서 가까운 거리에 위치한 이자카야居酒屋(선술집)에서 저녁밥을 먹었다. 서로가 알콜은 마시고 싶어도 마실 수 없는 몸이다. 그러니 이자카야라고 하는 것도 이상한 얘기지만 여자의 손길이 묻지 않은 집에서 남자 둘만의 식사라니 맛은 없다. 하지만 이자카야에서는 생선을 먹을 수 있다. 얘기를 나누기에 분위기도 나쁘지 않다. 작은 맥주 한 병을 테이블에 올려놓고 생선을 나눠먹으며 즐거운 시간을 보낼 수 있었다.

다음 날 두 사람은 신주쿠역에서 오다큐小田急선 특급전차 로만스카로 하코네로 향했다. 초여름이 생각나는 5월 맑은 날이었다. 쾌청한 날에 여행하게 되어 신바람이 났다. 중곤은 마음속으로 아내랑 함께라면…… 하고 생각하는 듯 보였다. 로만스카는 하코네를 향해 빠르게 질주했다.

이윽고 차창 오른편에 단자와丹沢 산지의 산등성이가 가깝게 올려다보였다.

"선생님, 저 산등성이가 단자와입니다."

내가 설명했다. 그러자 중곤이 뜻밖의 대답을 했다.

"반갑네요."

"네? 선생님, 단자와를 알고 계셨습니까?"

중곤은 기쁜 듯 미소를 짓고 있었다.

"저 산기슭까지 식량을 사러 간 적이 있습니다. 기쁩니다."

중곤은 산등성이를 올려다보고 감개무량한 모습이었다.

"선생님, 정말입니까?"

"네, 제가 대학에 진학할 바로 전의 해이니까 1939년이었다고 생각합니다. 그 무렵 전 겐수갓칸研数学館이라는 예비학교에 다니고 있었습니다. 가와사키川崎에 기숙사가 있었죠."

처음으로 듣는 얘기였다.

"그랬습니까? 겐수갓칸이라는 예비학교가 지금도 있어요. 예비학교로는 명문입니다."

"지금도 있습니까?"

단자와의 산등성이를 함께 올려다보지 않고서는 들을 수 없는 중곤의 추억담이었다.

"그 즈음 전차를 타고 어떻게 갔는지 잊었습니다만 기숙사생 전원이 걸으며 농가를 방문했죠. 그리고 식량을 사야 했습니다."

"그런 일이 있었습니까?"

"아마 그때 가지고 돌아온 건 땅콩과 감자뿐이었다고 생각합니다."

일본 어느 곳이라도 식량사정이 어려웠던 때였다.

"여동생 순례가 1년 후에 일본에서 세상을 등질 거라고는 그땐 상상하지도 못했습니다."

중곤은 그렇게 말하며 시선을 단자와의 산등성이 쪽으로 돌렸다. 산의 풍경만은 그대로였다.

하코네유모토箱根湯本는 로만스카의 종점이다. 두 사람은 그곳에서 하코네 등산전차로 갈아타고 종착역인 고라強羅까지 갔다. 벌써 12시가 넘은 시각이었으므로 점심을 먹기로 했다. 역 앞의 모밀(소바) 가게에 들어갔다. 점심시간이어서 가게 안은 만석이었다. 겨우 테이블에 앉을 수 있었다. 두 사람은 함께 덴뿌라소바를 주문했다. 잠시 기다리니 소바가 나왔다.

"선생님, 절임 반찬이라도 시킬까요? 왠지 이것만으론 부족할 것 같으니."

"좋습니다."

"김치는 없으리라 생각합니다만."

"단무지 절임도 괜찮습니다."

"전 도호쿠東北에서 자라서 절임이 없으면 안심이 되지 않습니다."

"한국에서도 마찬가지입니다."

나는 카운터의 주인을 향해 말했다.

"저기요, 절임 두 개 주세요."

"절임이라고요?"

"네, 부탁합니다."

"절임은 없습니다. 우리 집은 소바 가게입니다."

"네? 절임이 없습니까?"

"없습니다."

참으로 차가운 대답이었다. 소바 가게에는 애당초 절임이 없다고 말하려는 듯한 인정머리 없는 답변이었다.

"선생님, 소바 가게라고 해서 절임이 없다는 건 이상합니다."

"그러네요. 절임 정도는 준비해 둬야……."

중곤도 질렸다는 듯이 웃었다. 한국이라면 어떤 식당이든 부탁하지 않아도 처음부터 김치가 나온다. 추가도 가능하다. 하지만 일본에서는 따로 요금을 낸다고 할지라도 절임을 준비해두지 않는 게 소바 가게의 문화인 것 같다. 나는 처음으로 알았다. 무엇보다 '우리 집은 소바 가게'라는 표현이 너무나도 무뚝뚝했다. 프라이드라고 할지라도 너무나 냉랭하다. 두 사람은 먹자마자 즉시 가게에서 나왔다.

"선생님, 소바도 맛이 없으셨죠? 자기네는 소바 가게라고 하더니……."

"상당히 거만하더군요."

중곤도 불쾌하게 생각한 것은 당연했다.

"자릿세만으로 장사를 하는 듯한 느낌입니다."

"장사는 그래서는 안 됩니다."

케이블카가 출발할 때까지 약간 시간이 있어서 역 앞의 선물가게에 들어가 보았다. 하지만 거기서도 자릿세에만 의지하는 자세에 불쾌한 느낌이 들었다. 여행의 즐거움도 반감되었다. 모처럼의 여행이다. 우리는 서로 불쾌감을 잊으려고 노력했다. 아무리 자연이 아름다워도 관광객을 맞이하는 지역 사람의 마음이 빈곤하다면 두 번 다시 찾아올 마음이 생기지 않는다. 훌륭한 하코네의 자연도 쓸쓸하게 느껴졌다. 이게 단순한 노인 두 사람만의 불평이었을까?

우리는 케이블카를 타고 오와쿠 계곡大涌谷까지 올라갔다. 지면에서 분출하는 화산이 뿜어내는 연기를 견학했다. 지진의 나라 일본의 원점을 보는 듯한 느낌이었다.

로프웨이를 타고 도겐대桃源台까지 내려갔다. 거기에서 아시노 호수芦ノ湖를 중단하는 유람선을 탄 뒤 하코네 거리까지 약 40분간의 승선 여행을 즐겼다. 후지산富士山은 우뚝 선 채로 빛나고 있었다. 날씨가 좋았던 것만은 행운이었다. 잠시 고라에서의 불쾌감을 씻을 수 있었다. 카메라를 목에 건 중곤은 계속 셔터를 눌렀다. 나도 안심했다.

유람선은 조용히 하코네 거리의 선착장에 도착했다. 거기에서 걸어서 5분도 걸리지 않는 곳에 오늘밤 숙소인 호텔이 있었다. 그

아시노 호수

다지 크지 않은 호숫가의 관광호텔이었다. 우리가 안내받은 방은 5층이었다. 창문에는 방금 승선 여행을 하고 온 호수의 수면이 펼쳐져 있었다. 그 앞의 후지산도 보였다.

이윽고 룸 담당이라는 중년의 종업원이 차를 가져왔다.

"목욕탕은 최상층에 있으니 아무쪼록 욕실 옷으로 갈아입고 천천히 목욕하십시오. 식사는 나중에 방으로 가지고 오겠습니다. 그럼 실례합니다."

나는 방을 나가는 종업원에게 팁을 건넸다. 일본의 온천여관의 관습이다. 우리는 재빨리 욕실 옷으로 갈아입었다. 옷은 중곤 쪽이 잘 어울린 것 같았다. 일본의 생활습관을 꿰뚫고 있는 중곤이다.

최상층에 있는 욕실은 그다지 넓지 않았다. 우리 두 사람이 함께 입욕하는 것은 처음이었다. 서로가 병력이 있어서 몸에는 각각 수술의 상흔이 있었다. 두 사람은 부끄러움 반, 자랑 반의 표정으로 서로 상처를 바라보았다. 중곤은 60대 초반에 위궤양으로 개복수술을 받았으며 위의 일부를 절개했다. 그 뒤 중곤은 철저히 건강을 관리했다. 술, 담배를 입에 대지 않는 것은 물론 식생활에 특히 신경을 썼다. 내가 중곤에게서 종종 의지가 강함을 느끼는 부분은 그가 건강을 관리하는 자세였다. 고령이지만 건강히 젊음을 유지하는 비결은 메스 자국에 감춰져 있었던 것이다.

나의 상흔은 관동맥의 바이패스수술의 흉터이다. 서로 연명하기 위해 훈장과 같은 것을 지니고 있었다.

욕조에서 보니 아시노 호수가 한눈에 들어왔다. 조용한 수면에 석양이 비치고 있었다. 중곤은 어떤 생각으로 석양을 바라보며 온천에 몸을 담그고 있는 것일까? 곁에는 여느 때처럼 부인 복례 씨가 있는 것처럼 느껴졌다.

욕탕에서 나오자 기분이 상쾌했다.

이윽고 밥상이 방으로 들어왔다. 저녁노을이 뉘엿뉘엿하면서도 지지 않은 시각에 엷은 어둠이 주변을 파고들었다. 맥주로 건배. 여느 때처럼 중곤은 입술을 컵에 댈 뿐이었다. 나는 과감히 단번에 마셨다. 이 한순간에 행복을 느낀다. 한국에서 찾아온 중곤과 하코네의 온천호텔에서 서로 마주보는 것이 꿈만 같았다. 밥상은 기대와 달리 조금 엉성했다. 요리의 가짓수, 맛, 그리고 양도 젊지 않은 두 사람인데도 불충분했다.

"선생님, 약간 요리가 엉성하네요. 모처럼 온천에 오셨는데."

나는 미안한 듯 말했다.

"글쎄요. 하하하……."

중곤도 똑같이 느끼고 있는 것 같았다.

인색한 일본의 관광호텔의 자세에 부아가 치밀었다. 나는 점심 때의 고라에서의 일을 생각하며 한국인인 중곤에게 수치심을 느꼈다. 한국의 음식 서비스는 호텔이나 식당이나 가릴 것 없이 뛰어나다. 그런데 일본 유수의 관광지라는 하코네의 서비스는 지리적 이점에 안주하는 전형적 패턴임을 우리는 통감했다. 만일 이곳이 한국이었다면 중곤은 분명 당당하게 불평을 늘어놓았을 것이다. 여자 종업원도 한시라도 빨리 정리하고 싶어서 서두르는 모습이었다.

식사를 마치고 잠시 쉴 틈도 없이 종업원이 잠자리를 펴려고 들어왔다. 이곳이 아시노 호수에서도 이름이 알려진 관광호텔이라고 했다. 잠자리를 편 종업원에게 중곤이 필요 이상으로 정중하게 말했다. 정중함 속에 중곤의 마음이 담겨 있었다.

"미안합니다만 차 한잔 마실 수 있나요? 찻잔은 두 개네요. 부탁합니다."

"네, 알겠습니다. 곧바로 가져오겠습니다."

종업원도 중곤의 마음을 알아챈 모습이었다. 조금 지나자 차가 들어있는 질주전자와 뜨거운 물을 두 잔을 쟁반 위에 올려서 조심스레 가져왔다.

"그럼 천천히 쉬십시오."

천연덕스럽게 들렸다. 종업원이 나가자 드디어 두 사람은 마음이 안정되었다. 졸음이 밀려올 때까지 얘기를 계속 나눴다.

다음 날도 너무나도 쾌청한 날씨였다. 호텔을 나온 두 사람은 아시노 호수를 따라 하코네의 옛 거리를 산책했다. 호반에 후지산이 선명히 비치는 경치가 보였다. 카메라를 목에 건 중곤은 오늘도 셔터를 누르고 있었다.

큰 삼목 가로수의 모습은 훌륭했다. 하코네의 관문 자료관을 견학한 뒤 관문 부지를 거닐었다.

거기에서 버스로 하코네유모토까지 돌아와 다시 로만스카를 타고 신주쿠로 향했다. 만일 앞으로 중곤과 여행할 기회가 있다면 소박한 온천에라도 가야겠다고 생각했다.

다음 날 나는 리무진버스로 나리타 공항으로 향하는 중곤을 신주쿠역까지 배웅했다. 버스를 탄 중곤의 표정은 벌써 월말에 개최될 월드컵축구를 의식하고 있는 것 같았다. 제주도 경기장의 최고령 자원봉사자의 얼굴이라기보다 마치 소년과 같은 얼굴이었다.

김중곤의 형제자매는 8명. 살아 있는 사람은 중곤과 막내인 우곤 宇坤뿐이다. 우곤은 14살의 나이 차가 나는 동생이다.

우곤에게 친누나인 순례가 근로정신대원의 일원으로 일본에 갔을 때 그는 아직 6살의 어린애였다. 그러나 누나가 자택을 출발할 때의 모습이 묘하게 선명히 뇌리에 박혀 있다고 말했다. 우곤의 기억에는 누나가 어딘가 먼 곳으로 여행을 떠난다고 하는 인식밖에 없었다. 먼 곳이 일본이라고 했지만 일본이라는 나라가 어디에 있는지, 어떤 나라인지에 대한 인식은 전혀 없었다. 하지만 그것이 누나와는 영원히 이별의 시간이었다.

우곤은 전쟁 전후에 한 번도 일본에 간 적이 없었다. 형 중곤은 순례가 세상을 뜬 일본으로 그를 한번 안내해야겠다고 줄곧 생각했다. 우곤도 기회를 봐서 꼭 한번 방문하겠다고 생각했다.

그 생각이 드디어 이루어진 것은 2002년 초가을이었다.

열광적인 월드컵도 무사히 폐막한 뒤 그 여운도 이제 식은 9월 중순. 형제가 함께 방일이 실현했다. 형 중곤이 모든 준비를 한 방일이었다. 제주도에 사는 중곤이 서울까지 올라와서 서울에서 지내고 있던 우곤과 함께 나고야로 갔다. 동생을 위한 사적인 여행이었다.

나고야에서 2박한 뒤 상경한다는 연락을 나는 받았다. 처음 방일이라는 우곤 씨를 위해서 시내의 좋은 호텔을 예약해 환영하기로 했다. 하지만 그날 나는 직장 일로 형제가 상경하는 시간에 도저히 도쿄역으로 마중을 나갈 수 없었다. 그래서 호텔의 로비에서 오후 4시에 기다리기로 했다. 아카사카赤坂에 있는 뉴오타니 호텔이었다. 중곤에게 아카사카의 호텔은 처음이기에 도착할 때까지 다소 불안할지도 모르겠다고 생각했다.

나는 겨우 약속 시간에 호텔에 도착해 로비에서 형제의 도착을 기다렸다. 도쿄역으로 마중하러 나가지 못했기에 마음이 무거웠다.

형제는 약속 시간인 4시에 정확히 모습을 보였다. 조금 불안한 모습으로 나를 찾는 중곤이 눈에 들어왔다. 내가 손을 흔들며 걸음을 재촉해 다가서자 중곤은 안심한 듯 미소를 지어보였다. 우리는 여느 때처럼 굳게 악수를 나누었다.

"동생 우곤입니다."

서로 고개를 숙이며 인사를 나누었다. 우곤의 첫인상은 키가 크고 마른 편이었는데 풍모는 대학 교수나 고급 관료의 이미지였다.

두 사람은 그다지 닮아보이지는 않았다. 체크인을 마치고 나도 함께 고층에 위치한 방까지 올라갔다.

고급호텔 트윈룸으로는 약간 좁은 느낌이었다. 그래도 무사히 여행 짐을 내려놓은 두 사람은 안심한 모습이었다. 중곤은 묶은 짐을 그대로 내게 내밀며

"야마카와 씨에게 드릴 선물입니다."

라고 말했다.

"네? 이렇게나 많이요!"

"한국의 먹거리입니다."

"괜찮습니까? 이렇게 많이 주시다니, 정말로 고맙습니다."

한국의 특산품인 것 같았다. 중곤의 배려심을 느꼈다.

저녁 식사를 하기는 이른 시간이어서 1층의 넓은 커피라운지에서 편안하게 쉬기로 했다. 마루에서 천정까지 이르는 거대한 창문을 통해 아름다운 일본 정원을 바라볼 수 있었다. 방일 첫날 처음으로 상경한 우곤을 환영하기에 어울리는 호텔이었으므로 나는 내심 안심했다. 동생을 안내한 중곤을 위해서도 잘됐다고 생각했다.

우곤은 곧바로 담배에 불을 붙여 깊게 들이마시고 있었다. 헤비 스모커였다.

"동생은 술도 좋아합니다."

중곤이 표정을 찌푸리며 말했다. 우곤은 일본어를 전혀 하지 못

했지만 그 장소의 분위기와 표정을 살피고 서로 무슨 얘기를 하고 있는지 이해하는 듯한 모습이었다.

중곤의 얘기에 따르면 우곤은 다년간 건설현장에서 기술자로 일을 해왔다. 서울시내외의 크고 작은 공사현장에서 일을 한 백전노장인 현장기술자였다. 분명히 연륜이 있는 듯 보이는 얼굴이었다. 언뜻 보기에는 까다로울 것 같은 대학 교수 같은 풍모였지만 얘기를 나눠보면 싹싹했다. 친밀감마저 느껴졌다. 그는 이미 제1선에서 물러나 회사고문으로서 한 주에 한두 번 출근하며 후진 양성을 담당하고 있다고 했다.

세 사람의 대화는 때때로 중곤의 통역을 통해 지장 없이 이루어졌다. 이럴 때 언어는 표정까지도 잘 읽게 해준다. 그동안 우곤은 연거푸 담배에 불을 붙이고 있었다.

"나고야는 어떠했습니까?"

내가 우곤에게 물었다. 그러자 우곤이 대답했다.

"하루는 관광버스로 돌았습니다. 나고야성이라든가……."

그런 뒤 뜻밖에 동생 우곤은 형에게 내키지 않은 표정을 보이더니 불만을 털어놓았다. 내게 호소하는 눈빛을 보였다.

"형은 추도기념비에 저를 데려가주지 않았습니다. 모처럼 일본에 와서 그것도 나고야까지 갔는데……."

우곤은 섭섭한 듯 형의 얼굴을 보았다. 그 말을 듣고 나도 놀랐다. 우곤이 가장 가보고 싶은 장소였으리라. 중곤이 동생을 일본에 데려온 것도 그 일이 목적이었던 것 아닐까? 그런데도 중곤은 어째서 동생을 추도기념비에 데려가지 않은 것일까? 우곤의 불만을 이해할 수 있었다. 내게 불만을 털어놓은 동생의 얘기를 듣고 중곤은 심각한 표정으로 입을 다물고 있다가

"야마카와 씨, 나중에 천천히 얘기하겠습니다."

라고 말했다. 이유가 어찌 됐든 형제의 그 모습이 나이에 상관없이 장남과 막내 같아서 나도 모르게 쓴웃음을 짓고 말았다.

형제의 기분을 살피다가 나는 화제를 바꾸고자 말했다.

"내일 도쿄 관광 어디로 가시겠습니까?"

"야마카와 씨는 일도 있으실테니 '하토버스'를 타보려고 생각하고 있습니다."

"우곤 씨가 처음으로 도쿄에 오셨으니 그게 제일 좋을지도 모르겠습니다."

나도 동조했다.

어느새 날도 저물어 정원 속의 조명도 불을 밝히고 있었다. 저녁 식사는 신주쿠로 나가서 하려고 생각하고 있었다. 일본에서 가장 빼어난 밤의 번화가를 보는 것도 추억이 되지 않을까 하고 생각했다. 아무튼 신주쿠 니시구치西口 부근은 내가 장기간 샐러리맨 시절을 보내 온 거리이다.

"선생님, 오늘밤엔 신주쿠에서 저녁 식사를 하려고 생각합니다 만 어떻습니까?"

"좋습니다. 야먀카와 씨에게 일임합니다."

"그럼 해도 졌으니 슬슬 나가실까요?"

나 자신도 관광객의 마음이었다.

신주쿠 니시구치에는 초고층빌딩 중 하나인 '신주쿠센터빌딩'이 있다. 일찍이 내가 근무한 회사가 임대로 그곳에 들어가 있었다. 최 상층에는 전망레스토랑이 있다. 잘 아는 곳으로 안내해야겠다고 나 는 생각했다.

택시를 잡아 신주쿠로 향했다. 형제를 뒷좌석에 태운 뒤 나는 조 수석에 탔다.

신주쿠 부근에 접어들자 자동차는 여느 때와 같이 정체가 계속 되어서 느릿느릿 나아갈 수밖에 없었다. 별세계와 같은 네온의 홍 수가 우곤의 눈에는 어떻게 비쳤을까? 중곤이 그에게 한국어로 설 명했다. 야스쿠니 거리에서 가부키초歌舞伎町에 이르는 혼잡하고 눈 부신 네온의 빛에서는 향락이라는 단어밖에 느낄 수 없다.

택시가 겨우 큰 육교를 통과해 니시구치의 초고층빌딩가에 도착 했다. '신주쿠센터빌딩'에 도착한 뒤 고속 엘리베이터를 타고 최상 층 전망레스토랑을 향했다. 그곳에선 창가 좌석에 앉지 않으면 그

다지 의미가 없다. 하지만 이미 창가 좌석은 만석이어서 안내받은 곳은 벽 쪽 좌석이었다. 이러면 지하레스토랑과 다를 바 없다. 이제 전망을 즐기면서 식사하는 것은 포기할 수밖에 없다. 근사하게 대접하려고 했던 내 계획이 어긋나고 말았다. 술을 좋아하는 우곤을 위해서는 이자카야가 좋았을지도 모르겠다.

맥주로 건배. 우곤은 곧바로 소주를 주문했다. 중곤과 나는 먹을 뿐이었다. 우곤은 요리에 거의 손을 대지 않고 홀짝홀짝 술 마시는 사람 특유의 모습을 보였다. 이 레스토랑 분위기는 아무리 보아도 소주를 마실 수 있는 무드는 아니었지만 우곤은 만족하는 표정을 보였다.

즐거운 분위기에서 한동안 일본어와 한국어가 섞인 대화가 오고 갔다.

우곤에게 약간 취기가 돌 무렵이었다. 문득 생각난 듯이 또 같은 말을 끄집어냈다.

"형은 어째서 날 기념비에 데려가지 않았나요?"

의식하고 있었던 것이다. 중곤도 나도 듣지 않은 척을 하며 입을 다물고 있었지만 우곤은 도움을 청하는 듯 내 얼굴을 응시했다. 중곤이 고통스레 말했다.

"야마카와 씨, 나는 데려갈 셈으로 일본에 왔습니다."

"네."

"야마카와 씨도 알고 계시죠. 언젠가 아내를 한 번 추도기념비에 데려간 적이 있다는 걸"

"네."

"그때 격렬히 오열하던 아내의 목소리가 지금도 귓가를 맴돕니다. 그때를 생각하면 귀가 찢어지는 느낌입니다. 남동생을 추도비 앞에 데려가면 똑같이 오열할 것임에 틀림없으리라 생각했습니다. 일본에 데려올 때까지는 그다지 심각하게 생각하지 않았습니다. 아니, 이번에 일본에 온 것도 거기에 가기 위해서였습니다. 그런데 막상 나고야에 도착하고 보니 갑자기 그런 남동생의 모습을 볼 자신이 없어져 버린 겁니다. 야마카와 씨."

중곤은 내게 이해를 구하듯 고통스레 말했다. 그 순간 우곤은 형이 나와 관련해 무슨 말을 하는지 열심히 두 사람의 얼굴을 견주어 보았다. 하지만 언어의 의미를 이해하는 것을 포기하고 술잔을 입으로 가져갔다.

중곤의 표정에는 고통의 그림자가 드리워져 있었다. 중곤은 설령 남동생이 그곳에서 오열할지라도 역시 데려가야 했다고 여기에 와서 새삼스레 느끼는 것 같았다. 그리고 갈피를 잡지 못하며 후회하는 듯한 감정으로 괴로워하는 것처럼 보였다. 우곤은 형의 기분을 이해할 수 없다는 모습이었다. 아내처럼 오열하는 모습을 보고 싶지 않다는 형의 심리도 파악할 수 있다. 그렇지만 누이를 생각하는 남동생 입장에서 보면 추도기념비에 데려가지 않은 형이 원망스러울 뿐이었다. 이제 와서 나고야로 되돌아가는 것은 무리다. 다음 기회로 미룰 수밖에 없다. 과연 다음 기회가 찾아올지 어떨지 모른다. 이대로라면 우곤이 계속 형을 원망할지도 모른다. 형 중곤은 남동생의 원망을 아무 말 없이 계속 참아내야 하리라고 생각했다.

2시간에 걸쳐서 식사를 마친 뒤 우리 세 사람은 레스토랑과 인접한 전망코너에 들러서 눈앞에 펼쳐진 도쿄의 야경을 바라보았다. 우곤은 손에 들고 있던 인스턴트 카메라의 셔터를 누르고 있었다. 야경을 배경으로 중곤을 한가운데 세우고 우리는 어깨를 나란히 한 채 모르는 사람에게 사진을 찍어달라고 부탁했다. 신주쿠의 야경을 내려다보는 시간이 우곤에게 잊을 수 없는 추억이 되기를 바라는 나의 마음이었다.

다음 날 나는 직장 일로 도저히 형제와 같이할 수 없었다.

그 다음 날, 즉 귀국하는 날 아침 나는 호텔룸을 방문했다.

그때는 벌써 짐을 완전히 정리한 채 나를 기다리고 있었다. 나리타발 오후 1시 서울행 비행기로 귀국할 예정이었다. 전날 형제는 '하토버스'를 타지 않았고 중곤이 좋아하는 아사쿠사浅草에 갔다고 했다. 우곤도 매우 기뻐했다고 했다. 형제는 완전히 마음이 풀어져 있었다.

　나리타행 리무진은 호텔 앞에서 출발한다. 그 시간이 될 때까지 1층 커피라운지에서 기다리기로 했다.

　"야마카와 씨. 여러모로 신세졌습니다."

　"어제는 함께할 수 없어서 미안했습니다. 기회가 된다면 꼭 다시 한번 우곤 씨를 일본에 데려오십시오. 그땐 셋이 같이 추도기념비에 가시죠."

　"승소하면 다시 데려오겠습니다. 그땐 저도 개의치 않고 함께 울겠습니다."

　중곤은 밝게 웃어보였다. 우곤의 표정도 밝게 보였다.

　시계를 보니 어느샌가 리무진버스의 출발 시각이 임박해 있었다.

　일이 있었다고는 하나 모처럼의 기회였던 만큼, 두 사람의 관광을 안내하지 못한 것만이 내 마음 속에 무겁게 남아 있었다.

〈봉선화〉

2003년 9월 중순 중곤에게서 우편으로 작은 소포가 도착했다.

열어보니 비디오 테이프 하나였다. 뒤에 붙은 스티커를 보니 "〈봉선화·조선여자근로정신대〉헤엔카이平演会 제20회 공연－구리키 에쇼栗木英章 작, 후나기 준舟木淳 연출, 2003년 8월 24일, 장소 : 나고야시 예술창조센터"라고 적혀 있었다.

이전 방일 때 중곤에게서 그 공연에 대해서 구체적으로 들은 적이 있었다. 나고야에서 상연된 연극의 비디오 테이프가 한국에서 중곤의 손을 거쳐 내게 도착했던 것이다. 한시라도 빨리 내게 보여주고 싶다는 중곤의 마음이 전해졌다.

한국 가곡의 선봉에 선 〈봉선화〉는 3·1독립운동과도 관계가 깊어서 내게는 특별한 느낌이 드는 곡이다. 나고야에서 상연된 〈봉선화〉에 대해 언급하기 전에 아무래도 3·1독립운동과 〈봉선화〉에 대

215

해 밝혀둘 필요가 있겠다.

일본에서는 '만세독립운동'으로 알려진 '3·1독립운동'은 일본의 식민지 지배에 맞선 독립운동이었다. 조선 국토에 노도처럼 퍼졌다. 서울의 파고다공원(최근에는 '탑골공원'으로 불린다)에는 이때 조선 각지에서 일어난 운동의 상징적 정경을 새긴 거대한 10개의 부조가 설치되어 있다.

내가 처음으로 한국을 방문한 계기는 이 부조를 보고 싶은 마음 때문이었다. 나와 한국의 관계는 이 파고다 공원이 출발점이었다고 볼 수 있다. 이 독립운동의 시초가 '2·8독립선언'이다. 1919년 2월 8일 도쿄의 간다神田 사루가쿠초猿樂町의 조선YMCA회관(현 아시아청소년센터 회관으로, 재일본한국 도쿄YMCA의 빌딩이 있고 그 앞에 '2·8독립선언'의 기념비가 건립되어 있다)에서 열린 조선유학생대회에서 '조선청년독립단'의 명칭하에 대표인 최팔용崔八鏞(와세다대학 재학) 이하 11명이 이름을 내걸고 독립선언문과 결의문을 발표, 만장일치로 가결한 사건에 뿌리를 두고 있다.

이 당시 남녀 600명 정도의 유학생이 회의장에 출석했다고 한다. 그 후 일본제국 의회에 청원서 제출을 시도했지만 간다경찰서에 의해 대회는 해산되었고 60명 넘는 사람들이 체포되었다.

체포된 대표 최팔용의 증언에 따르면 참가자 중에는 기독교를 믿는 학생지도자도 있었다. 또한 윤창석尹昌錫 목사의 기도로 개회

했던 사실이 밝혀졌다. 선언문의 기초는 와세다대학 철학과에 적을 두고 있던 이광수李光洙가 작성했다고 알려져 있다. 이광수는 당시 이미 소설가로서 문명을 떨치고 있었다. 이광수는 선언문 초안을 작성한 후 상해로 망명했으며 안창호安昌浩(조선독립운동가)에게 영향을 받아 대한민국 임시정부에 뛰어들었다. 그 후 많은 작품을 계속 발표한 이광수는 조선 근대문학의 대부의 위치에 올랐다.

'2·8독립선언'에 이름을 올린 사람 중 한 사람인 송계백宋繼白은 선언문을 실크 천에 써서 학생복에 꿰맨 뒤 경성(현 서울)으로 건너갔다. 그리고 본토에 있는 독립운동지사들에게 간다의 결기와 세계 정세를 전했다. 당시 제1차 세계대전에서 중립을 관철한 미국 제28대 대통령 윌슨이 주창한 민족자결 원칙이 배경에 있었다. 2·8독립선언에 참여한 학생 중 약 500명은 잇달아 귀국한 뒤, 조국의 독립운동에 참가해 3·1독립운동의 중요한 역할을 수행했다.

간다에서 체포된 수십 명의 학생들 중 9명이 기소되었다. 전원 1년 미만의 금고형을 받았다. 이 당시 이마이 요시유키今井嘉幸, 우자와 후사아키鵜沢聡明라는 변호사 겸 정치가로도 이름을 떨친 일본인이 무보수로 변호에 나섰다. 그들은 민족자결 사상이 세계의 조류인 만큼 학생들의 주장은 정당한 것이라며 무죄를 주장했다.

3월 23일 요시노 사쿠조吉野作造는 '먼저 스스로를 반성하자'라는 제목을 붙여 레메카이黎明会의 제3회 강연회에서 조선통치정책을 비판했다. 레메카이는 요시노 사쿠조 등의 제창으로 이마이 요시유키, 니토베 이나조新渡戸稲造, 미야케 세츠레드宅雪嶺 등 23명이 발족한 데모크라시 계몽단체였다.

나는 두 번째로 한국에 갔을 때 서울의 레코드 가게에서 〈한국가요집〉 3개(64곡 수록, 1983년 제작)의 카세트 테이프를 발견하고 망설임 없이 구입했다. 그 두 번째 테이프에서 〈봉선화〉의 곡명을 보고 나도 모르게 "아, 이거다"라고 외쳤다.

귀국하자마자 〈봉선화〉가 수록된 두 번째 테이프를 들었다. 작사 김향준金享俊, 작곡 홍난파洪蘭坡, 소프라노 김연자(현재 일본에서 활약 중인 엔카 가수 김연자와는 다른 사람).

바이올린의 인트로는 무겁고 어두웠다. 마치 3·1독립운동을 상징하는 듯한 곡이었다. 엄밀히 말하면 3·1독립운동의 비통한 결말을 상징하는 것이었다. 파고다공원의 부조와도 겹쳤다. 소프라노의 울림은 기도도 절규도 가스펠 그 자체였다.

이 곡을 듣고 있으면 그 비애감 속에 조선민족의 강렬한 민족성이 느껴진다. 어떠한 국가도 민족도 타국이나 타민족에 지배당하는 것을 기뻐할 리 없다. 그러나 조선민족 정도로 독립정신이 강한 민족은 세상에 없지 않을까 하고 생각한다. 이 민족은 지배받는 것도 지배하는 것도 싫어한다. 민족자결에 대한 공감은 당연한 것이었다.

홍난파(본명 홍영후)는 수원에서 태어나 조선정악전습소^{朝鮮正樂傳}
習所 양학부洋學部를 수료한 뒤 1918년 도쿄음악학교(현 도쿄예대)에서
유학했다. 유학 중에 일어난 2·8선언에 공감해 자금을 마련하기
위해 바이올린을 전당포에 맡기고 독립선언문을 인쇄해 배포했다.
그 때문에 도쿄음악학교를 중퇴하고 귀국했다.

1921년 소설 『을녀乙女의 혼』(원제 『처녀의 혼』)을 출판했는데, 이
책의 속표지에 직접 작곡한 바이올린 곡 '애수'의 악보를 게재했다.
이 악보를 본 음악가 친구인 김향준이 선율의 아름다움에 감동해
〈봉선화〉라고 제목을 붙여서 작사했다. 이렇게 해서 명곡 〈봉선화〉
는 탄생했다. 두 사람의 생각이 일치한 곳에 명곡을 탄생시킨 원점
이 있다고 볼 수 있다. 〈봉선화〉에 대한 두 사람의 공감은 봉선화라
는 꽃 그 자체에 포함돼 있다. 이 꽃은 가을에 결실을 보아 무르익
으면 종자를 사방으로 퍼뜨려 번식한다. 식민지 지배하에서 억압당
한 민족에게 이윽고 이 꽃처럼 흩날릴 때가 오리라는 생각이다. 탄
압받은 '3·1독립운동'의 슬픔이 이 곡에 담겨져 있다. 그건 그렇고
음악가들이 소설을 쓰고 시작詩作 활동까지 하는 이 민족의 깊은 감
수성과 재능은 놀라울 따름이다.

하지만 명곡 〈봉선화〉가 조선 사람들에게 널리 알려지고 불리게
될 때까지는 그로부터 10년이 걸렸다. 1930년 〈봉선화〉가 레코드
로 완성돼 라디오에서 방송하자 즉시 민중에게 퍼져나갔다.

그런 와중에 홍난파는 1926년 다시 도쿄음악학교에 편입학하였고 다음해에는 도쿄교향악단의 제1 바이올린 연주자가 되었다. 5년 후인 1931년에는 귀국해 중앙보육학교의 교수직에 부임했다. 미국으로 건너가 셔우드음악학교에서 연구 활동을 하다가 귀국한 것은 1940년이었다. 귀국 후에는 조선에서 처음으로 관현악단을 조직해 양악의 개척자가 되었다. 하지만 다음해인 1941년 옥중에서 당한 고문의 후유증으로 인해 뜻밖의 죽음을 맞이한다. 향년 44세. 숨겨진 재능은 영원히 말살되고 말았다.

그는 가곡뿐만 아니라 동요도 작곡했다. 유작인 〈고향의 봄〉에는 일본인인 나도 짙은 향수를 느낀다. 홍난파가 서거한 후인 1942년 〈봉선화〉에 숨겨진 조선민족의 혼이 서려 있음을 알아챈 조선총독부는 레코드 발매금지와 가창금지령을 내렸다. 그러나 가창을 금지시키는 것이 가능할 리 없었다.

1942년 무사시노武蔵野음악대학을 졸업한 소프라노 가수 김천애金天愛는 이 해 히비야日比谷공회당에서 독특한 가창력을 선보이며 〈봉선화〉를 절창했다. 공연 후 김천애가 입었던 새하얀 저고리의 소매는 감동해서 달려든 조선인 유학생들의 눈물과 손때로 거무스름해졌다는 전설이 있다.

〈봉선화〉를 듣고 난 뒤 무엇인가에 홀린 듯이 한국으로 날아간 내가 방문한 곳은 서울에서 남쪽으로 100킬로미터 정도 떨어진 충청남도 천안시 용두리라는 조용한 마을이었다. 이곳에 유관순柳寬順의 생가가 있다. 또한 이 지역에서 자동차로 10분 정도 북쪽으로 돌아가면 '독립기념관'이 있다.

한국에서는 초등학생이라도 유관순의 이름을 모르는 이는 없다. 일본에는 '한국의 잔다르크'라고 알려져 있는데 아주 일부의 사람들이 그렇게 부르고 있는 것이 아닐까? 나는 유관순을 잔다르크라고 부르는 것에 다소 저항감을 느낀다. 17세로 옥사한 소녀이지만 한국의 현모로서 듬직한 어머니상이 겹친다.

유관순의 생가를 방문해 그녀의 동상 앞에 섰을 때처럼 깊고 고요한 감동에 내가 몸을 떨었던 적은 없다. 아마 앞으로도 그 이상의 감동을 느낄 수는 없으리라 생각했다.

그날은 맑은 가을하늘에 눈부신 햇빛이 쏟아지고 있었다. 나는 동상을 올려다보며 그곳에서 잠시 움직일 수 없었다. 조형이 너무나도 아름다웠기 때문이다.

유관순은 1920년 12월 16일 아버지 유중권柳重權, 어머니 이소제李少悌 사이의 딸로 충청남도 천안시 용두리에서 태어났다. 위로는 의붓어머니가 낳은 언니와 오빠가 있었다. 게다가 두 사람의 남동생이 있었다.

주변은 조용한 촌락이었다. 단지 용두리와 인접한 병천리並川里에서는 5일에 한 번 식료품이나 일용잡화를 포장마차에 진열해놓고 파는 시장이 열려 번잡했다.

아버지 중권은 당시에 꽤 진보적인 의식의 소유자였다. 아버지는 민족교육의 필요성을 의식하고 같은 사상을 가진 마을의 친구 몇 명과 작은 민족학교를 세웠다. 그러나 일제 지배하에서는 순종하는 체하는 것이 극히 보통의 조선인 가정 분위기였다. 민족학교에 자제를 보내는 부모는 소수였다.

학교를 세웠지만 생각한 만큼 학생이 모이지 않았다. 이른바 사립학교였는데 학생이 모이지 않으면 경영이 불가능했다. 거액의 빚을 진 아버지는 고리대금업자로부터 사채를 반환하라는 위협과 재촉에 시달리면서 보내야만 했다. 때로는 폭행을 당하는 일도 있었다. 고리대금업자는 일본인이었다. 어린 관순은 그런 양친의 모습을 보고 지내야만 했다. 마음에 상처를 입은 어린 시절의 기억을 잊어버리는 인간은 없다. 관순의 마음속에 반일의 의지가 흔들리지 않는 신념으로 자리를 잡았다.

학교 경영에 좌절한 아버지는 굴욕적인 괴로움을 떨구기 위해 구도를 추구해 마을에 작은 교회를 세웠다. 그리고 '일요학교'를 열었다. 관순은 이 일요학교에 열심히 다니는 모범소녀였다.

1916년 봄 이 작은 교회에 순회전도단(공주감리교회 충청남도교구)

이 방문했다. 이때 관순은 여성 선교사 앨리스 해먼드 샤프 여사의 눈에 들었다. 총명하고 쾌활한 관순의 모습에 마음이 끌린 샤프 선교사는 관순을 서울의 이화학당에서 배우게 하겠다고 아버지 중권에게 요청했다. 이화학당은 현 이화여자대학(한국 제일의 명문여자대학)의 전신이다. 1886년 미국의 메소디스트의 파견교사 스크랜턴 부인이 창설했다. 당시의 이화학당은 조선에서 처음으로 미국식 교육을 실천하며 여성의 지위 향상을 목표로 삼았다.

1916년 4월 관순은 이화학당의 3학년으로 편입학했다. 13세였다. 배우는 것을 좋아한 관순은 꿈에 부풀어 기숙사생활을 했다. 새로운 지식에 눈을 뜬 관순의 마음은 더욱 넓은 세계를 향했다. 이렇게 3년의 세월을 보내고 1919년 중학교 2학년으로 신학기를 맞이하려 했을 때였다. 3월 1일 '3·1독립운동'이 서울 중심으로 펼쳐진 것이다.

관순도 당연히 학생 데모에 참가하려고 태극기를 만들었다. 하지만 학교 측은 갑자기 하급생의 데모 참가를 금지시켰다. 교외로 나가는 것조차도 허락하지 않았다.

파고다공원을 중심으로 모인 수만 명이 넘는 데모대의 대부분이 학생들임을 깨닫고 조선총독부는 즉시 각 학교에 휴교령을 내렸다.

휴교가 언제 풀릴지 모른 채로 관순은 이 휴교 기간을 이용해 귀향했다. 그 사이에도 3·1독립운동의 물결은 잠잠해지기는커녕 전국으로 퍼졌다. 일본은 이 운동을 탄압하기 위해 경찰, 헌병, 그리고 군대를 투입했다.

관순은 이화학당에서 윌슨대통령의 민족자결사상을 배웠다. 무엇보다 굴욕적인 양친의 모습이 어제의 일처럼 마음을 자극했다. 독립운동이 전국으로 퍼져 가는 상황에서 귀향한 관순의 마음에는 서울에서 데모에 참가할 수 없었던 아쉬움이 강하게 남아 있었다. 관순은 이 아쉬움 때문에 가만히 있을 수 없었다. 향리의 기독교 전도사 조인원趙仁元을 비롯해 마을의 유력자들과 상담을 하며 마을에서도 독립운동을 펼칠 것을 주장했다. 물론 아버지 중곤도 관순의 생각에 반대하지 않았다. 아버지는 강력한 협력자 중 한 사람이었다.

드디어 관순의 생각이 이루어지게 되었다. 관순의 열의에 감동한 마을의 유력자들은 행동을 보일 결의를 굳혔다. 16세의 소녀라고는 하지만 이화학당에서 배운 관순에 대한 신뢰감은 특별한 것이었다. 처음부터 마을의 유력자들의 마음에는 일제에 대한 굴욕과 분노가 자리잡고 있었다. 관순이 귀향한 것은 3월 13일, 마을사람들이 결기를 굳히기까지 불과 보름밖에 지나지 않은 상태였다.

4월 1일 그 날은 음력으로 3월 1일에 해당하는 날이었다. 병천리에서 시장이 열리는 그날에 맞춰 마을사람들은 비밀리에 전단지와 작은 태극기를 만들어 준비했다.

드디어 당일 전단지가 뿌려지자 시장의 광장에는 3천 명 정도의 사람들이 모여들었다. 이윽고 집회가 열렸다. 급히 제작한 단상에 최초로 올라간 사람은 전도사 조인원이었다. '독립선언서'를 읽자 군중은 '만세'를 연호했다. 이상한 열기가 한순간에 고조되었다. 군중의 열기는 더욱더 열기를 부채질했다.

이어서 단상에 등장한 사람은 유관순이었다. 16세 소녀라고는 생각할 수 없을 정도로 당당한 자세였다. 그야말로 잔다르크라는 표현이 잘 어울리는 모습이었는지 모른다. 관순은 터질 듯한 목소리로 독립 봉기의 때가 왔다고 외쳤다.

관순의 연설이 끝나자마자 군중은 더욱 크게 "대한민국 만세!"를 외쳤다.

흥분한 군중 속에서 "헌병 분견대로 가자!" "모두 헌병 분견대로 행진하자!"고 외쳤다. 이제 그 행진을 막을 수는 없었다. 군중의 마음은 하나의 흐름이 되어 있었다. 이 10여 년 동안 조선 민중이 얼마나 굴욕을 감내하며 살았는지, 그것을 뒷받침하는 증거였다. 인권을 향한 뜨거운 마음은 민족이나 시대를 초월하는 불변의 가치다. 관순은 아버지와 함께 선두에 서서 행진했다. 독립을 외치는 군중이 우르르 몰려가 헌병 분견대로 접근하자 위기감을 느낀 헌병대는 무차별 발포를 하며 데모 해산을 명령했다. 그러나 분노가 폭발한 군중은 물러서지 않고 분견대를 포위했다.

그 순간 아버지 유중권이 헌병이 발사한 총탄에 맞고 쓰러졌다
(3일 후에 사망). 이 모습을 지켜본 어머니 이소제는 미친듯이 군중의
선두에 서서 독립을 외쳤다. 분견대를 포위한 군중은 독립만세를
계속 연호했다. 더욱 큰 비극은 거기에서 시작되었다.

이윽고 천안헌병대 본부에서 완전 무장을 한 수십 명의 헌병이
달려왔다.

눈에 띌 정도로 '독립'을 절규하듯 외치던 어머니 이소제는 칼을
뺀 헌병의 손에 의해 그 자리에서 참살당하고 만다. 이 광경을 본
군중은 공포에 휩싸여 차츰 흩어졌다. 최후까지 저항한 사람은 잇
달아 체포되었다. 상처를 입은 관순도 오빠 우석愚錫도 계속 저항했
지만 결국 체포당하고 만다.

이때 헌병대의 총탄과 칼에 희생된 사람들은 도합 30명이었다.

관순은 오빠들과 함께 공주검사국으로 이송되었다. 눈앞에서 모
친이 참살당하는 광경을 목격한 관순에게 고문에 굴복하는 일 따
위는 있을 수 없었다. 검사의 심문에

"나는 대한민국 사람이다. 일본인의 재판을 받을 이유는 없다. 나
를 처형할 권리 따윈 너희들에게 없다."

라며 분노를 표현했다.

"주모자는 누군가?"

"나다."

라고 단언했다. 이미 죽음을 각오한 증언이었다.

관순은 징역 3년형을 선고받았지만 상고했다.

관순의 신병은 서울 서대문형무소로 이송되었고 상급심은 서울의 법정에서 열렸다. 심리 중에는 일본인 검사를 향해 의자를 들어 던졌다. 그래서 그들은 더욱이 법정모욕죄를 물어 관순의 징역형을 7년 가산해 복역시켰다. 양친을 눈앞에서 잃은 관순에게는 격렬하게 저항하는 이외에 방법이 없었다.

1년 후인 1920년 4월 '한국병합 축하'라는 구실로 특별사면이 실시되었지만 관순에게는 적용되지 않았다. 3·1독립운동으로 조선 전국에서 체포된 사람은 4만 6천 명 정도였다.

유관순은 거듭되는 고문에도 굴하지 않았다. 하지만 점점 체력을 잃어 그 체력소모는 여병을 불렀다. 결국 젊은 육체도 한계에 이른 날이 찾아왔다. 1920년 9월 28일 오전 8시 20분 서대문형무소 내에서 옥사. 향년 17세.

유관순의 죽음에 대해 『한국근대인물백인선』(월간 『신동아』 편집실 편, 동아일보사, 1979.7)에는 다음과 같이 쓰여 있다. 필자는 정세현(숙명여자대학 문리대 조교수·동양사).

유관순은 (…중략…) 1920년 10월 어느 날 잔인무도한 일제 옥졸의

유관순 열사의 영정사진(유관순 열사 기념관)

칼에 의해 몇 차례나 난도질 당해 참살 당하고 말았다.

참살당한 2일 후에 유관순의 죽음을 안 이화학당 교장 프라이와 월터 선생은 일제당국에 유체의 인도를 요구했지만 그들은 그들의 흉악함이 폭로되는 것을 두려워 거부했다. 그래서 학당의 은사들이 이 일을 국제여론에 호소하기 위해 강경하게 항의하자 유체를 인도해 주었다.

석유 드럼통을 넣는 나무상자에 넣어진 관순의 유체를 본 은사들은 동강동강 잘려 참살당한 관순의 몸 어느 곳을 보아도 상처입지 않은 곳이 없는 것을 확인하고 놀라지 않을 수 없었다.

유관순은 은사와 학우들 몇 명이 안겨준 성경과 꽃다발을 품은 채 이태원의 공동묘지에 매장되었다.

서울에서 천안까지 고속버스로 약 1시간 반, 거기에서 택시로 이십몇 분 걸리는 곳에 유관순의 생가가 있다. 울창하게 우거진 작은 뒷동산 앞에 위치한, 당시를 떠올리게 하는 한적한 시골 촌락이다. 주변에는 논밭이 펼쳐져 있다. 생가는 국가가 복원했다. 초가지붕

에다가 흙벽으로 재생한, 당시의 전형적인 한국의 민가다. 이 분위기는 일본의 농가에서도 볼 수 있는데 한국의 민가는 일본의 민가보다도 처마가 낮고 중심기둥이 가늘다.

그날은 나 외에 다른 사람의 그림자를 찾아볼 수가 없었다. 나는 감개무량해 마치 명화 앞에 선 듯이 응시하다가 가까이 가서 벽에 손을 대보고 창문을 만져 보았다. 미닫이의 그늘에서 관순이 나올 것 같은 느낌이 들었다.

생가와 마당이 이어진 왼편에 작은 벽돌로 쌓아올린 산뜻한 교회가 있었다. 이 교회도 새롭게 지어진 것이었는데 관순이 이화학당에 입학하는 계기가 된 교회이다. 나는 문 너머로 안을 들여다보았지만 안에서도 사람 형체를 볼 수가 없었다. 그 정도로 조용한 촌락이었다.

택시를 주차장에 기다리게 해둔 터라 나는 헤어지기가 섭섭했지만 생가를 떠났다. 다음에 향한 곳은 유관순을 기리는 기념관이었다. 자동차로 10분 정도의 거리에 있었다.

택시운전수는 이 고장에 사는 상냥한 아저씨였다. 이 아저씨와 단어를 하나씩 나열하며 주고받는 대화가 즐거웠다. 아저씨는 때로 양손을 핸들에서 떼고 뒷좌석의 나를 향해 큰 소리로 득의양양하게 설명해주었다. 나는 그 의미가 알 듯 말 듯 하였지만 거창하게 끄덕여 보였다. 한국에서는 이러한 느낌을 지닌 연배의 운전수가 결코 드물지 않다. 나의 한국에 대한 향수는 이러한 곳에도 배어 있다. 운전수도 독특한 일본인이라고 생각했음에 틀림없다.

기념관에 도착했다. 여기에서는 한국인 몇 사람을 볼 수가 있었다. 기념관 오른편 계단 위의 고지대에 유관순의 동상이 푸른 하늘을 등지고 서 있었다. 오른손에 작은 태극기를 쥐고 만세를 부르듯 양손을 높이 쳐들고 있었다. 그리고 먼 하늘을 응시하고 있었다. 표정과 모습에서는 16세 소녀의 청순함이 흘러넘쳤다. 아름다운 동상이었다. 그 아름다움에 감동한 나는 한동안 우러러본 채로 움직이지 않았다. 나도 모르게 눈자위가 뜨거워졌다. 동상 앞에는 나 외에 다른 사람은 없었다. 어디에선가 〈봉선화〉의 첼로 음률이 들려오는 것만 같았다.

"손님! 손님!"

꼼짝하지 않고 있는 나를 염려했는지 꽤 거리를 유지하며 기다리고 있던 운전수가 부르는 소리가 들렸다. 그래도 뒤돌아보지 않는 내게 이번에는 천천히 걸어오는 발자국 소리가 들렸다.

1999년 가을 '원코리언 페스티벌' 실행위원회 주최로 15회의 '원코리어 페스티벌'이 열렸다. 장소는 일찍이 '2·8선언'이 있었던 간다 사루가쿠초에 위치한 재일본한국YMCA 아시아청년센터였다. 지하의 작은 홀에서 소프라노 가수 전월선田月仙이 게스트로 출연했다. 한일의 가곡을 몇 곡 불렀다. 말할 것도 없이 〈봉선화〉도 그 중 한 곡이었다. '원코리언 페스티벌'은 조선반도의 남북통일을 염 원한 기획이다. 재일동포의 통일을 향한 열망을 담아 매년 열리는 행사이다.

분단된 상태이므로 조선민족의 슬픔은 사라지지 않았다. 〈봉선 화〉에 담긴 생각은 작곡된 약 80년 전과 조금도 다를 바 없는 느낌 이다.

그날 대회장에서 판매한 전월선의 첫 앨범 CD를 한 장 사왔다. 수록된 〈봉선화〉의 인트로는 첼로였다. 역시 첼로 인트로는 바이올 린 음율보다 무겁다. 이 인트로를 듣는 것만으로 내 마음은 형용할 수 없는 슬픔에 사로잡힌다.

〈봉선화·조선여자근로정신대〉를 창작해 공연한 '헤엔카이'는 나고야에서 연극을 통해 착실히 평화 활동을 펼치고 있는 사람들 의 모임이다.

동봉된 자료에 의하면 '헤엔카이'의 정식명칭은 '아이치 현민縣民 의 손으로 평화를 원하는 연극 모임'이다. 1982년 이래 한 번도 중 단하지 않고 시민들 중에서 캐스터 스태프를 모집하여 그들의 도 움으로 매년 한 차례 공연을 하는 모임이다.

〈봉선화〉 공연은 2003년 8월 23일(토)에 2회, 24일(일)에 1회 진행되었다. 거기에 참여한 100명을 넘는 현민이 노력한 결과였다.

성공적인 공연을 위해 모임의 추천인에 수많은 저명인과 단체가 이름을 올렸다. 이들의 협력으로 공연이 이루어졌음을 이해할 수 있다.

두 시간에 걸친 열연은 나고야지방재판소 심리 중의 '전 조선여자근로정신대의 손해배상 등 청구사건'을 모티브로 하여 일본이라는 국가의 양심을 엄하게 묻는 내용이었다. 실제로 심리를 진행하는 법정이 무대가 되었다. 그리고 이른바 극중극이라는 구성 속에 역사인식을 포함한 주장이 뜨겁게 펼쳐졌다. 엄중한 이야기의 전개 속에도 풍자와 유머가 담겨 있었으며 무거운 스토리임에도 밝은 느낌을 주었다. 나는 두 시간 동안 이 연극을 보면서 흐르는 눈물을 주체할 수가 없었다. 이상한 시대의 인간 행동의 골계에서 오히려 슬픔이 느껴졌다. 군수공장에서 일하는 순진한 소녀들의 몸뻬바지의 모습이나 순수한 대사에 감동하지 않을 수 없었다.

국가권력에 지배당하는 조직과 인간의 덧없음, 그것은 지금의 현실과 일맥상통한 부분이 있다. 국가권력과 대극을 이루는 상황에 소녀들은 처해 있었다.

그로부터 60년, 살아남은 소수의 할머니들은 자신들이 살아온 역사적 증언을 법정에서 토해냈다.

할머니 역에 대해서는 이제 연기가 아니라 실제로 할머니들이 거기에서 증언하고 있다고 생각할 수밖에 없었다. 한국인의 독특한 일본어 속에 리얼리티가 있었다.

가곡 〈봉선화〉의 멜로디가 할머니들의 증언과 함께 흘렀다. 그 선율은 너무나도 깊고 엄중했다.

각본 〈봉선화〉라는 타이틀도 이 곡과 맞닿아 있다. 나는 가곡 〈봉선화〉와의 만남을 상기했다. 파고다공원의 부조, 유관순 생가, 아름다운 관순의 동상, 서대문형무소 내에 복원된 독방에 갇힌 관순의 모습 등이 떠올랐다.

작가와 연출가는 전쟁이 끊임없이 이어지는 그 원흉에 초점을 맞추고 있었다. 이 소송을 통해 국가와 인간의 원죄를 물으려고 했다. 일찍이 소녀들이 거주했던 공장의 사감 노인의 고통과 증언이 그랬다. 또한 북한의 일본인 납치문제까지 언급한 대화가 그랬다. 작가의 평화를 향한 강렬한 염원이 궁극적인 테마였다. 재판이라고 하는 극중극이 알맞은 소재가 아니었을까?

막이 내리자 원고 전원이 무대에 올랐다. 70대 후반에 접어든 할머니, 할아버지들이다. 원고 한 사람 한 사람에게 꽃다발이 주어졌다. 한동안 박수가 울려 퍼졌다.

나고야 지원회를 대표해 다카하시 마코토가 원고들을 소개했다.

"김중곤 씨, 원고 중에서 단 한 사람의 남성, 80세입니다."

장내에 더 커다란 박수소리가 울려 퍼졌다. 등골이 팽팽한 중곤의 모습은 도저히 그 연령으로는 보이지 않았다. 장내 전체에 웃음이 퍼진 것은 80세라고 소개받았음에도 불구하고 너무나도 젊어보였기 때문이다.

김중곤은 비극의 주인공이면서도 이상하리만큼 밝은 표정을 보였다. 그것은 인간의 넓은 마음에서만 보이는 것이리라. 중곤은 해마다 젊어지는 것처럼 보였다. 그 건강의 비결은 무엇일까? 인간의 숙명을 달관한 것일까? 일본 국가와 미쓰비시중공업으로부터 진정한 사죄를 받을 때까지 죽을 수는 없다는, 그 투쟁이야말로 목숨의 보루가 된 것일까? 일본 지배하의 조선에서 태어나 일본에서 배우고 일본군으로 끌려갔다. 여동생과 부인은 일본의 군수공장에서 중노동에 시달렸다. 여동생은 그 공장에서 숨을 거뒀다. 그 자신은 한국전쟁에 출전해 싸웠다. 시대에 계속 농락당해 온 80년 동안의 인생. 이 사내의 강인함은 언제 어디서 길러진 것일까?

비디오 테이프를 보고 마지막으로 감동을 느낀 것은 원고 한 사람 한 사람을 풍부한 유머를 섞어 소개한 나고야 지원회의 공동대표 다카하시 마코토의 모습이었다. 이 무거운 무대에서 유머로 장내에 밝은 기운을 불어넣었다. 내가 다카하시 마코토에게 느꼈던 매력은 그날 입은 다카하시 마코토의 복장에서도 찾을 수 있다. 말하자면 김중곤도 매우 멋쟁이였는데, 다카하시 마코토도 자연스럽게 멋을 풍기는 멋쟁이였다. 깃을 뒤로 젖힌 핑크색 반팔셔츠에 흰바지와 연한 갈색 구두. 심각하고 무거운 이야기 뒤에 마치 벚꽃이 활짝 핀 듯한 밝은 느낌을 안겨주었다. 나는 엉겁결에 다카하시 마코토의 밝은 표정에 박수를 보냈다.

고등학교 교사로 보낸 긴 교직 생활에서 막 정년퇴임한 다카하시 마코토의 머리칼은 멋진 로맨스 그레이. 핑크색 셔츠와 흰 바지가 정말로 잘 어울렸다. 유머 넘치는 화술과 자연스런 멋, 그리고 강한 신념. 매력을 느낀 것은 당연했다.

　　김중곤이 다카하시 마코토, 그리고 나와 알게 된 지 십몇 년이 흘렀다. 하지만 나와 다카하시 마코토는 한 번도 만날 기회가 없었다. 다카하시 마코토는 고등학교 역사 교사로서 독자적인 역사 교육을 실천하며 교직이라는 생활 기반 위에서 전후배상 문제나 전쟁 책임 현안에 정면으로 맞서왔다. 그곳에서 강한 신념과 넘치는 활력을 느낄 수 있다. 한편 나는 주택산업이라는 오로지 계속 수익을 좇는 비즈니스 사회에서 살아왔다. 전후배상 문제 등과는 직접 마주할 기회가 없는 일개 샐러리맨에 지나지 않았다. 이러한 생활 환경의 차이가 두 사람의 만남에서는 장벽과 같은 것이었을지 모른다. 하지만 중곤은 마음속으로 두 일본인이 언젠가 만날 수 있는 날이 올 거라고 믿고 있었던 것 같다.

　　2004년 5월 드디어 그날이 왔다.

중곤 등 원고들이 나고야에 1주일 체재하는 스케줄이 짜여 중곤은 5월 24일 방일했다. 나고야 지원회의 사무국이 작성한 체재 기간의 구체적인 일정표가 사전에 중곤에게서 내게 도착해 있었다. 그것을 봤을 때 80세의 중곤에게는 안타까울 정도로 힘든 스케줄처럼 여겨졌다. 나고야 지원회의 스태프들에게는 중곤이 노인이라는 인식이 없었던 것이 아닐까? 그 정도로 중곤이 건강하다는 증거이기도 했다. 일정표에는 상경하는 스케줄도 짜여 있었다. 거기에는 '5월 26일 오후 5시, 도쿄역에서 김중곤 씨의 친구와 만남'이라고 적혀 있었다. 친구는 나였지만 이름까지는 적시되어 있지 않았다. 중곤밖에 알지 못했기 때문이다.

중곤 등 원고들은 예정대로 방일했다. 막 도착한 나고야 공항에서 전화가 걸려왔다. 26일, 도쿄역 마루노우치丸の内 남쪽 출구의 개찰구에서 만나기로 약속 시간과 장소를 서로 확인했다.

그리고 당일, 중곤은 다카하시 마코토와 나고야 지원회의 멤버 한 사람과 함께 나고야 오전 8시 35분발 신간선으로 상경했다. 국회의원에게 청원하고, 미쓰비시중공업 본사에 대한 요구 집회가 목적인 상경이었다. 그러한 도쿄에서의 힘든 스케줄을 마친 후 나고야로 돌아가기 직전에 약간의 시간을 이용해 다카하시 마코토와 내가 만날 일정이 짜여 있었다. 중곤이 사무국에 의뢰해 특별히 짠

일정이었다. 다카하시 마코토와 나를 만나게 할 기회는 이날밖에 없다고 마음속으로 다진 중곤의 강한 의지가 느껴졌다. 다음 날 아침 9시부터 나고야지방재판소에서 21회 법정이 열리므로 그날 중으로 나고야로 돌아가지 않을 수 없었다.

나의 자택에서 도쿄역까지 전차를 갈아타고 약 1시간 20분 정도 걸린다. 당일 나는 여유롭게 자택을 출발했다. 한여름처럼 더운 햇볕이 쏟아지고 있었다. 나는 약속 시간보다 1시간이나 빨리 도쿄역 남쪽 출구에 도착한 뒤 역내의 다방에서 기다렸다. 4시 반경에 휴대전화가 울렸다. 중곤으로부터였다.

"지금 시나가와品川입니다만 예정대로 그 시간에 도쿄역에 도착하겠습니다."

"안심하세요. 나는 벌써 도쿄역에 도착해 있습니다. 늦어도 괜찮습니다. 신경 쓰시지 마세요. 기다리고 있겠습니다."

드디어 만날 수 있는 시간이 임박했다.

시나가와는 미쓰비시중공업 본사의 소재지다. 기다리기만 하는 나는 요구 집회로 뛰어다니는 중곤과 다카하시 마코토에게 미안한 마음이었다.

십여 분이 지나자 다시 전화가 울렸다.

"지금 전차를 탑니다."

"네, 알았습니다."

인간의 보루

시나가와역과 도쿄역은 엎어지면 코 닿을 곳이다.

나는 다방을 나와 개찰구 앞에 섰다. 계속 쏟아져 나오는 사람들의 얼굴을 주시했다.

10분 정도 기다리다가 인파의 흐름 속에서 웃는 중곤의 얼굴을 발견했다. 아침 일찍 나고야를 출발해 도쿄에서 예정되었던 행동을 마친 그 표정에 피로한 기색은 보이지 않았다. 의식하고 보니 중곤의 옆에 사진으로만 보았던 다카하시 마코토가 모습을 드러냈다.

"아, 다카하시 마코토 선생님이다!"

나는 무심코 작게 외쳤다. 기쁜 순간이었다.

개찰구를 빠져나와서 먼저 중곤과 악수를 나눴다. 그 뒤 중곤이 소개했다. 행동을 같이 해온 나고야 지원회의 멤버 두 사람도 있었다. 19시발 신간선으로 나고야로 돌아가기 전 약간의 시간에 역 구내 레스토랑에서 환담을 나누게 되었다. 도쿄역 구내에서도 마루노우치 쪽에는 옛날 그대로의 정취가 남아 있다. 좋은 레스토랑으로 들어가서 겨우 앉을 수 있었다. 저녁 식사를 하기에는 이른 시간이어서 간단한 요리와 생맥주를 주문했다. 일행은 건배했다. 처음 서로 얼굴을 마주하는데도 오랜 친구처럼 편한 분위기였다. 상냥한 다카하시 마코토의 표정에는 연극 〈봉선화〉의 무대에서 본 유머러스한 감성이 넘쳐흘렀다. 다카하시 마코토의 인격이 생각한 그대로

임을 깨달았다. 나고야 지원회 대표로서의 인품을 강한 신념과 활력과 유머 감각이 떠받치고 있는 듯 여겨졌다. 오랫동안 교직에 봉직한 엄숙함은 티끌만큼도 없었다. 겨우 두 사람의 만남을 성사시킨 중곤의 웃음은 만족 그 자체였다. 일본인 친구를 상대방에게 자랑삼아 소개하는 듯한 중곤의 웃음이었다.

동행한 나고야 지원회의 멤버 마에야마 구니오前山邦夫는 대기업에 근무하는 샐러리맨이었다. 말수가 적고 겸허한 인품의 소유자였다. 또 한 사람 소고 다카오十河孝雄는 밝고 솔직한 청년으로 히토츠바시一ツ橋대학원에서 배우고 있는 재경학생이었다. 이와 같은 일본인들에게 에워싸여 있는 김중곤의 마음은 어떨까? 가해국과 피해국의 투쟁 이면에 양국의 훌륭한 인간관계가 형성되어 있음에 나도 모르게 감동을 느꼈다. 그것은 다카하시 마코토의 표정에서도 느껴졌다.

중곤을 가운데 두고 보낸 화목한 시간이었다. 황급한 첫 만남이었지만 흡족했다.

시간은 눈 깜짝할 사이에 지나갔다.

나는 나고야로 돌아가는 일행을 개찰구 밖에서 손을 흔들며 배웅했다.

6월에 접어든 어느 날 다카하시 마코토에게서 내게 편지와 함께 나고야 지원회와 관련한 몇 개의 자료가 도착했다. 편지에는 첫 대면에 대한 한마디의 감상이 적혀 있었다.

"일전엔 만나 뵈어서 좋았습니다. 진심으로 그렇게 생각합니다. 무겁고 딱딱한 얘기를 즐겁게 나눴습니다. (…중략…) 건강한 중곤 씨도 나중에는 피곤하셔서 호텔에서 공항까지 계속 눈을 감고 계시더군요."

일주일의 스케줄을 무사히 소화한 뒤 완전히 지쳐서 귀국하는 중곤의 모습이 보이는 것 같았다.

다카하시 마코토의 배려는 나의 상상을 초월했다. 그리고 나도 늦었지만 나고야 지원회의 일원으로 가입하게 되었다.

다카하시 마코토 일행은 '아이치현 조선인강제연행 역사조사반'을 설립한 이래 나고야 미쓰비시 조선여자근로정신대 소송 건으로 약 18년의 세월을 보냈다. 그들은 제소 이래 5년 반에 걸친 구두변론을 마치고 2004년 10월 7일 결심 공판을 맞이했다. 판결은 약 4개월 후인 2005년 2월 24일에 결정되는 상황이었다.

결심까지 제1차 제소 22회, 제2차 제소 19회의 구두변론을 마쳤다. 소송대리인 우치카와 요시카즈 변호사 외 약 50여 명의 변호단, 그리고 약 천 명의 나고야 지원회의 회원들이 협조하는 역사에 남는 소송이 되었다.

이 소송에서 법정 내외의 활동에 투입된 막대한 에너지의 근원은 도대체 무엇이었을까? 한국인 원고 8명을 지원하는 일본인들의 마음속에 숨겨진 절규는 원고에 대한 지원임에 다름 없었지만, 밝히자면 그 근원에 존재하는 것은 전쟁에 대한 증오이지 단지 원고에 대한 동정 따위는 아니었다.

전쟁에 대한 증오 없이는 어떠한 전후보상, 배상소송의 경우에도 지원의 에너지를 이끌어낼 수 없다. 엄밀하게 말하면 지원이라기보다 원고가 되어 투쟁하는 것과 다를 바 없다. 피고는 국가이며 또한 그 국가에 의해 막대한 이윤을 손에 쥐어온 대기업이다. 어느 쪽도 확연히 드러나 보이나 붙잡을 수 없는 괴물이다. 하지만 원고들은 괴물 앞의 벌레와 같은 대상이 아니다. 계속 진실을 외치는 인간의 영혼만큼 작을지라도 강한 힘은 없다. 나는 이 투쟁은 전쟁에 대한 증오를 지닌 인간의 보루라고 확신한다.

판결은 판례를 뒤집을 수 있을지 없을지에 걸려 있다. 전후의 개인배상에서 판례에 의존한 판결은 책임감의 회피로밖에 여겨지지 않는다. 판례 의존 사상은 태만하며 판례에 책임을 덮어씌우는 소심한 기질에 근거한다고밖에 여겨지지 않는다.

소심함을 넘어서지 않는 한 역사는 변하지 않는다.

한일교섭의
빛과 그림자

한국에서 정보공개법이 제정된 것은 2003년 11월, 시행은 2005년 1월부터였다.

'전 조선여자근로정신대에 대한 손해배상 등 청구사건'의 판결일은 2005년 2월 24일로 정해져 있었다. 정보공개의 시행은 판결 직전의 일이다.

공개 대상은 국회, 재판소, 행정기관, 특수법인이었다. 한일조약 체결의 정부 간의 교섭 자료도 포함되었다.

공개법의 목적은 제1조에 명문화되어 있다. 요약하면 국민의 알권리를 보장하고 국정운영의 투명성을 확보하는 것에 그 목적이 있다. 나는 1월의 정보공개가 혹시 판결에 어떠한 영향을 끼칠지 모르겠다고 생각했다. 마음에 왠지 걸렸다.

한일교섭과 관련한 정보는 이미 '김·오히라大平 메모' 등을 통해 정보가 제법 공개되어 있다. 한국측 의사록(제1차 한일회담~제6차 회

243

담)의 대부분은 도쿄대학 동양문화연구소가 소장하고 있다. 또한 2000년 8월에는 미국 국립공문서관이 사료를 공개해 여러 내용을 밝힌 만큼 1월에 한국이 정보를 공개하더라도 지금까지 공개된 정보를 뒷받침할 정도로 가치가 있을지 모르겠다. 놀랄 만한 신규 정보는 없는 것이 아닐까?

그러나 한국 스스로의 정보공개이니만큼 조약체결 당사국의 정보로서 특별한 가치가 있다. 한국의 정보공개법의 시행을 기다릴 필요도 없이 지금까지의 개인배상 소송에서 협정에 표현된 "완전히 최종적으로 해결되었음을 확인한다"라는 한 문장을 이유로 기각되어 왔던 부분은, 회담 내용이나 경위와는 상관없다. 협정의 문언 그 자체에 의한 것이다. 엄밀하게 말하면 '모든 것이 해결 완료'라는 1절이 인식의 전부가 되었다.

한일조약에서 '모든 것이 해결 완료'되었다고 명시한 조문을 살펴보자.

한일기본조약 속의 '재산 및 청구권에 관한 문제해결, 혹은 경제협력에 관한 일본과 대한민국 사이의 협정'의 제2조 '재산·청구권 문제 해결'의 제1항에는 다음과 같이 적혀 있다.

양 체결국은 양 체결국 및 그 국민(법인을 포함)의 재산, 권리와 이익, 또는 양 체결국 및 그 국민 사이의 청구권에 관한 문제가 1951년 9월 8

1951년 9월 8일, 샌프란시스코 조약에 서명하는 요시다 시게루(吉田茂) 수상과 일본 위원단

일 샌프란시스코시에서 서명된, 일본과의 평화조약 제4조(a)에 규정한 내용을 포함해 완전히 최종적으로 해결되었음을 확인한다.

일본정부는 피해자가 사죄를 요구하는 소송에 대해 '한일협정에서 해결 완료'라는 자세로 일관하고 있다.

하지만 일본군 위안부의 소송에서는 이 협정조항을 꿰뚫었다. 일본군 위안부들의 비통한 외침에 대해 일본의 일부 식자와 전 국회의원들이 중심이 되어 1995년 8월 '재단법인 여성을 위한 아시아평화국민기금(하라 분베原文兵衛 이사장)'을 설립했다. 그리고 무라야마 도미이치村山富市 수상(당시)이 다른 추천인 등과 함께 기금 출연을 호소해 일본군 위안부에 대한 배상 사업을 실시했다. 추천인으로 이름을 올린 지식인 대부분이 어느 쪽인가 하면 일본에서는 양식 있는 좌파 계열의 사람들이었다. 배상금을 건넬 시점에서는 하시모토 류타로橋本龍太郎가 내각총리대신으로 취임해 있었다. 그러므로 하시모토 총리대신의 사죄편지와 함께 배상금을 보내게 되었다. 그러나 한국인 일본군 위안부 중 그것을 거부하는 사람이 많았던 이유는 어디까지나 일본 국가의 배상을 요구하고 있었기 때문이다. 이 사업은 대만, 필리핀, 한국에서 실시되어 79명이 사죄편지와 배상금을 받았다. 사업은 2002년 9월에 종료되었다. 한일의 개인배상 문제의 근저에 존재하는 것은 배상금이라는 돈 이전에 국가로서의 책임을 명확히 해야 한다는 점, 그리고 거기에 따라 사죄해야 한다는 점이다. 그럼에도 불구하고 이 사업에서도 볼 수 있듯이 일본 국가의 자세는 '해결 완료'라는 협정안을 방패로 내세웠다.

나는 이 기금의 추천인이나 실제로 기금을 낸 사람들에게 일본인으로서 사죄하고 싶다는 진정성이 있었다고 확신한다. 선의는 진실이었다고 생각한다. 배상금으로 모든 것을 해결했다는 생각이 아니었다. 고령화하는 전 일본군 위안부를 염두에 두고 현실적으로 가능한 일을 하루라도 빨리 실시하는 편이 좋으리라는 판단이었다.
그러나 이 배상금을 거부한 한국의 일본군 위안부 등은 어디까지나 일본 국가의 사죄와 배상을 요구했던 것이다. 재단의 성의 자체에 대해서는 이해하고 있었다고 생각한다. 다만, 만일 이를 수리하면 사실상 해결 완료로 받아들여져 문제의 본질이 풍화하는 것을 우려했으리라. 결코 재단의 성의를 무시하는 것은 아니었을 것이다. 재단의 사업이었으므로 차라리 하시모토 총리대신의 편지는 불필요했던 것이 아니었을까? 모순된 행위가 아니었을까? 사죄의 편지를 총리 이름으로 썼을지언정 보상금은 재단에서 거출했으니 말이다. 즉 정부가 재단을 지원한다고 하는 입장이었다. 그 모순을 한국의 전 일본군 위안부나 한국사회가 인정할 수 없었던 것이다. 일본정부의 진의는 한일협정에서 맺은 '해결 완료'를 관철하려는 자세에 있었을 뿐 그 이외의 어느 곳에도 있지 않았다. 그렇다면 어째서 총리의 편지 등을 재단의 기금에 곁들일 필요가 있었을까? 그것을 성실한 자세로 받아들일 수 없는 것은 피해자의 시점에서 보면 형식적인 '틀'의 범위를 벗어나지 못한다고 여기기 때문이다. 피해자 개인의 입장에서 보면 국가 간의 조약에 어떻게 명문화되어 있는지 이해할 수 없기 때문이다.

이번 소송 문제의 본질도 다르지 않다. 전후 개인배상 소송, 손해배상청구 소송에서 원고들은 국가가 피해자 개인의 청구권까지 포기할 수 없다는 주장을 계속 펼치고 있다. 나도 개인의 청구권은 있다고 확신하고 있다. 국가는 무엇인가? 국가에게 인권이란 무엇인가? 피해자의 시점에서는 한일조약의 조문과는 상관없다고 보는 것이다.

한일월드컵 공동주최를 계기로 『아사히신문』의 사회부에서 한일문제 취재반을 편성해 획기적인 취재를 진행했다. 그런 뒤 그 취재를 '청산·한일교섭의 14년'이라는 제목으로 연재했다. 2000년 8월의 일이다. 월드컵 공동개최의 건도 있었지만 미국 국립공문서관 등에 소장되어 있는 극비전문이나 회의록의 공개가 그 배경이었다.

샌프란시스코강화조약에서 한국은 일본과 교전국이 아니었다는 이유로 연합국 측의 리스트에서 제외되었다. 당초 미국은 한국을 조약체결국에 포함시키려는 생각을 하고 있었다는 사실이 정보공개로 밝혀졌다.

1949년 12월에 작성된 미국의 초안에는 한국의 국명도 올라 있다. 일본의 식민지 지배에 대한 저항운동을 일본과 싸운 공적으로 인정했던 것이다.

그러나 1951년 4월 23일 요시다吉田 수상은 미국의 초안 작성 담당자인 달레스 특사와 도쿄에서 회담하는 석상에서 '조선과의 평화조약'이라고 제목을 붙인 문장을 발표했다. 다음과 같은 내용이었다.

"한국이 조인국이 되면 국내의 조선인은 재산, 손해배상 등에 대해 연합국민으로서 권리를 획득해 행사할 것이다. 일본에는 조선인이 100만 명 가까이 있어서 일본은 엄청난 금액 청구의 압박을 당하게 된다."

달레스 특사는 그로부터 약 2개월 후인 51년 7월 9일 주미한국대사(양유찬)에게 한국을 조인국에서 제외한다고 통보했다. 대사는 납득할 수 없어서 항의했지만 샌프란시스코강화조약은 한국을 조인국에서 제외한 채 9월에 체결되었던 것이다.

그 후 한국은 일본과 국교정상화 교섭을 시작하고 싶다며 미국에 알선을 요구했다.

예비회담 성격의 제1차 회담은 1951년 10월 20일 GHQ본부에서 개최되었다. 회담에는 연합국 총사령부 외교국장 씨볼트가 참관인으로 출석했다. 한국 측에선 처음부터 막대한 배상금의 지불을 요구했다. 거기에 맞서 일본 측에선 한국은 전승국도 아니고 샌프란시스코강화조약의 조인국도 아니니 배상은 없다는 식으로 응수했다. 그 무렵 한국은 한국전쟁의 휴전회담을 연합국 측과 함께 북한을 상대로 막 시작한 참이었다. 제1회 휴전회담은 7월에 개성에서 열렸고 제2차 회담은 판문점에서 10월 25일 개최하기로 예정되어 있었다. 한일회담도 휴전회담도 처음부터 격렬하게 서로 맞부딪치는 회담이었다.

한국의 경제상황은 전쟁으로 피폐되어 최악의 상황에 놓여 있었다. 역으로 일본은 한국전쟁으로 특수를 맞이해 전후의 경제부흥이 빛을 발하고 있었다. 한일회담의 배경을 생각할 때 이러한 경제적 상황을 주시하지 않을 수 없다.

양국의 갈등은 간단히 말하면 배상을 받으려는 한국과, 사죄는 물론 배상으로 지불하고 싶지 않다는 일본이 서로 대립하는 곳에 있었다. 그 후 회담은 중단되기도 하였으나 제7차까지 이어져 조인까지는 14년간의 세월이 필요했다. 어느 쪽인가 당사국이 획기적인 발상의 전환이나 양보를 하지 않는 이상 체결은 불가능했다. 그런 회담이 이어지는 상황에서 일본은 한국전쟁의 특수로 전후 부흥에 크게 탄력을 받아 고도 성장기를 맞았다. 한편 한국에게는 북한과 군사적 밸런스를 유지하는 것이 최대의 과제였다. 군사정권은 이를 피할 수 없었다.

한일회담에서 조약체결의 중개를 맡은 미국에게는 의도가 있었다. 오히려 이 의도에 한일문제의 어려움이 뿌리를 내리고 있었다.

애초부터 한국전쟁은 동서 냉전구조의 대리전이라 불리었다. 나는 한반도를 전쟁터로 삼은 동서 '냉전'하의 직접전쟁 그 자체였다고 생각하고 있다. 싸운 사람들은 조선인뿐만 아니라 미국을 중심으로 한 UN군과 중국군도 있었다. 인민군 편에서 비행기 조종사로 참전한 소비에트병사도 있었다. 거의 모든 무기는 소비에트제와 미국제였다. 역사를 되돌릴 수는 없지만 순수한 조선인만의 싸움이었다면 내적 피해에 머물렀을 가능성이 있다. 미국에서는 한국전쟁을 방공의 보루라는 시점에서 이해할 수 있겠지만 이 전쟁은 휴전 이후에도 한일조약의 체결과 방공의 보루의 위치를 점하고 있었다. 그렇지만 한일의 상황과 생각의 차이는 너무 나도 컸고 애당초 미국도 개입할 의사가 없었다. 하지만 "베트남전쟁 등 공산권과의 대립이 심화하는 상황이었으므로 아시아의 동맹관계를 안정시키기 위해서라도 한국 원조의 역할을 일본에게 요구하려는 의도를 드러냈다. 그리하여 1964년 4월부터 직접 관여하기 시작했다."(62년 5월의 국무성 문서를 토대로 작성한 『아사히신문』 기사, 2000년 8월 21일 자 조간)

미국은 자국의 이익을 추구하기 위해서는 너무나 골이 깊은 한일의 국민감정과 국정을 장악하지 않는 한 중개가 불가능하다고 판단했다.

특히 주한미대사관이 64년 8월 18일 국무성으로 보낸 전문에 따르면 한국의 이동원 외무부장관이 브라운 주한대사와의 회담에서 "한국인의 증오를 없애기 위해서는 일본의 태도 표명이 불가결하다"로 말하며 요시다 시게루吉田茂 전 수상의 '친선방한'을 제안했다. 재일대사관으로부터 그러한 미국의 의향을 접한 일본 측이 그것을 거부하자 2개월 후인 10월에 접어들어 번디 극동담당 국무차관보가 "기대할 수 있는 다음 방법은 시나椎名 외상의 방한이다"고 일본대사관에 지시했다. 거기에 대해 라이샤워 주일대사는 "이승만 라인을 침범한 의혹으로 나포된 일본 어선의 선원을 석방하지 않으면 시나의 방한은 어렵다"라고 회답했다.

브라운 주한대사는 "우리의 권유로 이 장관이 선원을 석방하겠다는 보증을 시나에게 전하도록 지시했고, 박정희 대통령도 승낙했다"고 밝혔다.

이 당시 시나 외무대신은 방한을 결단했으나 사죄 성명에는 소극적이었다.

라이샤워 대사가 시나 외상에게 아침 식사를 초대받은 자리에서 "일본의 도량이 크다는 것을 한국에게 보여주는 가장 유익한 방법은 식민지의 과거에 대해 어떻게든 사죄하는 것이다"라고 설득했다. 라이샤워 대사는 이 내용을 국무성으로 전문을 통해 보고했다.

한국은 나포한 선원을 그 해의 12월에 석방했다. 그리고 다음해인 1965년 2월 17일 시나 외무대신은 방한했다.

한국 매스컴의 대부분이 한국 측의 한일교섭 대표를 제2의 매국노라고 비판했다. 일본에서는 한일 국교정상화를 반대한 야당인 사회당이나 공산당, 젠가쿠렌全學連, 그리고 조총련 등이 치열한 데모를 반복했다. 사회당은 시나 외상의 불신임안조차 국회에 제출했다. 불신임안 미처리 단계에서 시나 외상의 방한이 이루어졌다. 당일 방한을 저지하려고 한 젠가쿠렌 데모대와 기동대가 서로 격렬

인간의 보루

히 충돌했다. 하네다羽田 공항 주변은 험악한 공기에 휩싸였다. 그런 상황에서 시나 외상은 방한했다.

김포 공항에 내렸을 때 시나 외상은 다음과 같은 성명을 발표했다.

"양 국가 간의 긴 역사 속에 불행한 시기가 있었던 것은 참으로 유감스런 일이며 깊게 반성하는 바입니다."

사죄의 의도가 포함된 일본정부의 첫 공식 메시지였다. 텔레비전과 라디오는 성명을 실황 방송했다. "깊게 반성한다"라는 이 일본정부의 언어야말로 한국국민이 요구하던 한마디였다. 그로부터 3일 후 한일기본조약이 가체결되었다.

그리고 4개월 후인 1965년 6월 22일 조약은 정식으로 체결되었다. 하지만 다음 날 북한은 한일조약 무효 성명을 발표했다. 14년간의 회담에 대해서는 『검증 한일회담』(다카사키 소지高崎宗司) 등에 자세히 나와 있다.

한국의 한일조약에 대한 의지는 다음과 같은 박정희 대통령의 말에 집약되어 있다고 생각한다.

"60년대의 빈곤에서 벗어나 조국의 근대화를 실현하기 위해서는 대일 국교정상화를 이루지 않으면 안 된다. 이 국교정상화 결정은 후세의 역사의 판단에 맡긴다. 이제는 소신을 관철해 국교정상화를 실현하자."(한일조약 체결 시의 한국 외상 이동원, 『한일조약체결 비화』)

한국경제는 한일협정 체결 후, 십몇 년 만에 '한강의 기적'으로 불리울 정도로 경제부흥을 이루었고 1988년에는 서울올림픽을 성공시켰다.

한일조약의 조기체결은 한미에게 중요한 정치과제였으며 목적이었다. 그 연장선상에서 라이샤워 주일대사에게 국무성 전문을 보냈고, 시나 외상을 설득했다. 한국국민의 기분을 풀어준 시나 외상의 성명도 분명히 시나 외상의 결단에 의한 것이었지만 따지고 보면 라이샤워 대사의 설득의 결과였다. 일본정부 스스로의 자발적인 깊은 반성에서 나온 것이라고 말하기는 어렵다. 결단을 한 시나 외상의 자세는 평가할 수 있다고 하더라도 근본에 남아 있는 일본정부의 본심은 오늘의 전후배상, 배상청구 소송에 대한 자세와 그 맥이 닿아 있다. 그 상징적 단면이 정치가의 망언, 비뚤어진 확신에 의한 야스쿠니 신사참배, '새로운 역사교과서를 만드는 모임' 등의 활동으로 나타나고 있다. 야스쿠니 신사 경내에 있는 자료관 '유슈킨遊就館'을 방문하면 누구나 알겠지만, 그 전시는 일본이 치른 전쟁의 찬미이다. 또한 일본이 책임을 전부 타국에 전가하고 있음이 명백히 드러난다. 일본인 유족을 방패로 삼은 전쟁 찬미의 근저에는 전쟁에 대한 반성 따위는 전혀 없다. 그것은 전쟁배상 재판의 판결에서도 여실히 나타나고 있다.

일본은 한일조약의 조문에 사죄라는 문자를 아예 새기지 않았다. 또한 청구권에 대해서도 공개된 정보에 따르면 일본 측의 '한일조약으로 해결 완료'라는 문언에 한국 측이 크게 반론을 한 것이 사실이다. 『검증 한일회담』의 저자 다카사키 소지 교수도 "안타깝게도 한국 측은 이 주장을 관철할 수가 없었다"고 말했다.

회담에서 엄격한 태도로 시치미 떼면 다인가? 외교가 그러한 형태로 해결되었다고 한다면 어째서 지금까지 한일관계는 정상화되지 않는가? 조약은 사물의 옳고 그름보다도 입장의 강약에 따라 결정된다. 그러므로 후유증이 남는 것이다.

미국에는 방공전략이나 이와 같은 한국의 국가재건이라는 목적이 있었다. 그에 반해 일본의 입장에서는 한일조약을 그렇게 서두를 일은 아니었다. 그러나 최대의 과제는 이승만 라인(한국에서는 평화라인)이었다. 1945년 연합군이 대일점령 관리의 일환으로 수역을 한정한 맥아더 라인(일본인의 어업활동을 제한할 목적으로 설정)은 샌프란시스코평화조약의 발효와 함께 철회되었다. 그에 앞서서 이승만은 1952년 1월 18일 '인접해양에 대한 주권선언'을 일방적으로 선포했다(샌프란시스코평화조약의 발효는 그해의 12월).

한국은 자원 보호를 위해 한국연안에서 50~60마일의 수역에 대한 주권을 선언하고, 10월에 '해양침범단속령'을 공포하여 일본어선의 나포를 시작했다. 1960년까지 나포된 일본어선은 177척, 선원 수는 2,270명이었다(지명관, 『일한관계사 연구』). 그리고 일본의 현안에는 재일조선인 문제가 있었다. 일본으로서는 전원 귀국시킬 생각이었다. 이런 계획이 나중에 북한으로의 귀환사업으로 연결된다.

한일조약체결에 대한 생각이 각각 달랐다고는 하나 체결이라는 결론을 추구했던 점은 서로 다르지 않았다. 이 부분에 대해서는 앞서 언급한 지명관 교수의 저서도 지적하고 있는데, 박정희는 군사쿠데타에 성공한(1961년 5월 16일) 지 불과 2주일 후인 6월 1일 외국인 기자단을 향해 다음과 같은 결의를 표명했다.

일본인은 과거를 사죄하고 그 이상의 성의로 회담에 임해야 마땅하다. 뭐라고 변명하는 것은 지금 시대에 통용되지 않는다. 옛날 일은 물에 흘려보내고 국교정상화를 하는 것이 현명하다고 생각한다.(『아사히신문』, 1961년 6월 2일)

1961년 7월 3일 박정희는 국가재건최고회의 의장으로 취임했다. 10월 20일 제6차 한일회담이 개최되었다. 다음해인 62년 12월 12일 김종필 중앙정보부장이 방일해 오히라 외상과 회담을 갖었다. 청구권자금 문제를 합의한 뒤 '김·오히라 메모'를 작성했다.

1년 후인 63년 1월 15일 대통령선거에서 박정희가 처음으로 당선되었다. 다음해 12월 3일 마지막으로 제7차 한일회담이 열렸다. 한국은 배상에 대해 엄하게 주장했지만 최종적으로 조약의 조문에는 사죄의 언어도 배상의 언어도 들어가지 않았다. 그런 상태로 조인되었다. 배상과 사죄는 서로 등을 맞대고 있는 형태이다. 사죄는 경제 지원으로 대체되었다. 박정희의 조약체결에 대한 고집이 공교롭게도 사죄와 배상의 언어를 말소시킨 꼴이 되고 말았다. 책임져야 마땅할 사람은 박정희일까? 한국은 전후배상을 포함해 주장해야 할 사항을 외치기는 했다.

다카사키 소지 교수는 『검증 한일회담』의 후기에 다음과 같이 서술했다.

일본으로서도 '완전히 최종적으로 해결되었다'고 하는 65년 당시의 인식에 안주할 것이 아니라 한일조약의 부족을 보충하는 '한일배상협정'을 새롭게 맺거나 국내법으로 '배상법'을 제정하거나 해서 전 '일본군 위안부' 등에 배상할 필요가 있을 것이다. (…중략…)

배상 문제에 관한 국민 전체의 관심 확산과 역사 인식의 깊이가 관건이다.

뉴아메리카 파운데이션의 부이사장 스티븐 클레먼스 씨가 샌프란시스코평화조약 50주기를 맞아 『아사히신문』에 발표한 메시지에 다음과 같은 구절이 있다.

그 후 50년의 양호한 미일관계는 달래스 대표의 행위를 정당화한다는 의견도 있다. 그런데 오늘 초래한 결과는 충분히 논의되어야 마땅하다. 일본에 전쟁 책임과 배상에 대한 고민을 안겨주는 것에 실패한 점은 그 후 일본과 주변국 사이에 역사의 기억을 둘러싸고 심각한 장벽을 만들었기 때문이다. (…중략…) 미국도 또한 일본의 역사적 건망증을 도운 공범자인 것은 분명하다.(2001.9.9)

더욱이 점령하의 일본을 묘사한 『패배를 끌어안고』의 저자인 미국의 메사추세츠공과대학 교수 존 다우어 씨는 전후 60주년과 관련해 이런 메시지를 발신했다.

점령 초기부터 냉전이 시작된 것에 대처하기 위해 미국은 일본의 전쟁 책임을 철저히 추궁하지 않았다. 그리고 일본은 중국과 분리되어 역사문제가 흐지부지되었다. (…중략…) 결국 일본은 아시아를 침략한 과거와 마주할 찬스를 놓쳐버리고 말았다.(『아사히신문』, 2005년 7월 25일)

지명관 교수는 『한일관계사 연구』에서 한일조약에 대해 다음처럼 지적했다. 긴 인용이지만 글을 소개한다.

인간의 보루

이 조약은 많은 후유증을 남겼다. 그런 까닭에 현재적인 의미를 지니고 있다. 그리고 일본에게는 조선반도에서 또 하나의 당사자인 북한과 가능한 한 빨리 전후 50년 이상이나 정식으로 국교를 유지하지 않은 일그러진 상태를 타파해야 한다고 하는 당면의 외교적 과제를 위해서도 이 조약은 오늘날 중요한 의미를 지니고 있다. 30여 년 전의 한일조약으로 지금 새롭게 국교를 재개해야 할 북일관계가 도대체 어느 정도로 구속받아야 하는가? 현 상황하의 북일조약은 새로운 관점에서 검토되어야 마땅하다고 한다면 그것은 한일조약에 어떤 영향을 미칠 것인가?

이와 같은 의미에서 앞으로의 북일조약은 그 내용도 한일양국의 협의와 합의를 전제로 해야 할 것이다. 거기에 새로운 내용을 포함한다고 한다면 한일조약은 수정을 요청받을 것임에 틀림없다. 더욱이 조선반도가 통일된 경우를 상정한다면 한일조약, 그리고 앞으로 체결·성립할 북일조약도 그때 다시 수정될 것임도 염두에 둬야 한다. 그렇다면 한일조약은 과거에 곤란했을 뿐만 아니라 현재나 장래에도 다난한 길을 걷지 않을 수 없다. 그야말로 미완의 조약이며 그런 의미에서 일시적인 조약이라는 인식을 지녀야 할 것이다. 그와 같은 유동적인 성격을 염두에 두고 이 조약에 유연하게 대처해 개정해야 할 때에는 개정해야 하며, 해석을 새롭게 해야 할 필요가 있을 때에는 새롭게 한다고 하는 현실적인 자세가 요구된다고 보지 않을 수 없다.

이 논고는 약 10년 전인 1996년에 발표된 것이지만 마치 지금 쓰인 것처럼 느껴진다. 본질적으로 한일문제는 변하지 않았다고 볼 수 있다.

현재 한국에는 북일교섭의 행방과 결착에 대해 엄격하고 냉정한 눈초리로 주시하고 있는 사람이 많다. 조선을 식민지로 지배하던 당시와 본질적으로 조금도 변하지 않은 자민당정권에 그것을 극복할 힘과 양식이 있다고는 도저히 생각할 수 없다. 그 원흉은 존 다우어 교수와 스티븐 클레먼스 씨가 지적한 그대로다.

1910년의 한국병합으로부터 태평양전쟁 패전, 그리고 한일조약 체결로부터 오늘날에 이르기까지 약 1세기에 걸쳐서 한일관계를 조망하는 시점에서 생각해보자. 내선일체화의 추진이 시작된 1936년부터 일본의 조선에 대한 정책은 태평양전쟁의 격화와 함께 상식적 궤도를 벗어났다. 조선에서 성용을 개시한 일부터 창씨개명, 노동력보충을 위한 강제연행, 일본군 위안부, 그리고 10대 중반의 소녀들을 거짓으로 유혹해 군수공장에서 강제노동을 시킨 일까지…….

나는 이런 사죄와 배상과 관련한 내용 중에서도 조선여자근로정신대 문제와 특별한 연을 품고 있는 듯한 느낌이 든다. 법정에서 재판하는 것과는 다른 느낌이다. 우선 피해자에 대한 사죄는 당연한 일이다. 사죄하는 이외에 해결할 방도는 없다. 사죄한다면 배상은

인간의 보루

미쓰비시중공업 나고야 항공기제작소 오에(大江)공장 본부 입구(1944년)

당연하다. 어째서 이렇게 당연한 사항을 어렵게 대처하고 있는 것일까? 이 당연한 문제를 신속하게 해결하지 않기 때문에 피해자들은 어쩔 수 없이 소송에 나선 것이다. 일본 국가와 일본을 대표하는 기업 미쓰비시중공업은 어째서 사죄할 수 없는 것일까?

한일조약의 '전부 해결 완료'라는 조항 때문일까? 허위로밖에 느껴지지 않는다. 그 정신은 야스쿠니 신사와 경내의 '유슈칸'의 근저에 흐르는 정신과 일치한다.

내가 전후배상 항목 중에서도 이 조선여자근로정신대 문제에 이질적인 느낌을 갖는 이유는 무엇일까? 그것은 무엇보다 피해자들이 10대 중반의 순진무구한 소녀들이기 때문이다. 지금의 시점에서 보면 중학생이다. 겨우 자아에 눈뜨기 시작한 소녀들이다. 이러한 소녀들에게 어떤 죄악감도 갖지 않고 여학교에 통학시켜 준다고 거짓말을 해서 일본으로 끌고 와 군수공장에서 혹사시켰다. 생각하는 것만으로도 믿고 싶지 않을 만큼 비정상적인 사실이다. 이렇게 명백한 범죄인데 왜 사죄와 배상을 할 수 없는가?

'한일회담 그리고 조약체결 시에 '여자근로정신대'의 존재 등을 상정하고나 있었을까?'라는 반문도 있으리라. 그러나 일본정부는 일본이 조선을 식민지배 하던 기간에 무엇을 해왔는지 잘 알고 있을 것이다. '상정할 수 없는' 피해자가 아니다. 충분히 상정할 수 있었던, 더욱이 한국의 사정을 간파하고 있던 일본의 교활한 자세가 '완전히 최종적으로'라는 문구를 포함시켰으리라. 일본인으로서 기뻐해야 할 것인가, 부끄러워해야 할 것인가. 지명관 교수가 지적했듯이 오늘날에도 해결하지 못한 채 과제로 질질 끌고 있는 상황을 주시하지 않을 수 없다.

한일회담의 최종단계에서 한국 측이 "개인청구(…중략…)의 주장마저도 불가능하다고 한다면 그것은 커다란 문제다"라고 주장한 사실이 기록에 남아 있다.(다카사키 소지, 『검증 한일회담』) 하지만 한국 측이 그 주장을 관철시킬 수 없었던 점은 앞서 언급한 대로다. 그렇다고 하지만…….

그 순진무구한 소녀들을 속인 잘못까지도 '완전히 최종적으로'
의 범주에 포함시켜 지워서 없앨 수 있을까? 그렇다고 한다면 얼마
나 일본이 잔혹하고 편협하게 보일까? 재판을 하지 않으면 해결할
수 없다는 사실만으로도 부조리한데, 더욱이 그것을 지워서 없애는
것이 인간으로서 가능한 일일까? 소송으로 다투고 있는 현재, 판결
하는 사람의 결단도 미래 개척의 가능성을 쥐고 있다. 한 사람의 재
판관이 새로운 역사의 문을 열 수 있는 커다란 가능성을 쥐고 있는
것이다. 인간의 믿을 수 있는 진실이 관철됨으로써 새 시대가 열렸
다. 질퍽거리는 한일관계 속에서 이 소녀들의 깊은 상처와 슬픔을
일본인들은 위로할 수 없을까?

재판 전날인 2005년 2월 23일 김중곤은 다른 원고와 함께 방일했다. 주부中部 국제공항에는 다카하시 마코토 등 나고야 지원회의 멤버들이 마중을 나왔다. 원고들은 판결의 한 순간에 각각의 꿈을 펼치려고 하고 있음에 틀림없다. 반세기 이상이나 방치돼 온 고통과 억울함이 드디어 씻기는 날이 찾아오려고 하고 있었다.

그날 저녁 방일한 중곤에게서 전화가 걸려왔다.

"한국의 중곤입니다."

"무사히 도착했습니까? 드디어……"

"네, 신세졌습니다."

"납득할 수 있는 판결이 내려지면 좋겠군요."

"나고야 지원회의 많은 분들, 변호사 분들, 참으로 애쓰셨습니다."

"중곤 선생님도 정말로 수고하셨습니다. 나고야까지 갈 수 없어서 죄송합니다."

"결과가 어떻게 나올지 아직 모르니까 내일 다시 연락하겠습니다. 오늘밤엔 숙박할 호텔에서 나고야 지원회의 분들과 저녁 식사 모임이 있다고 들었습니다."

"알겠습니다. 내일의 결과 기대하겠습니다."

나의 뇌리를 스친 것은 종종 텔레비전 뉴스에서 보는, '승소!'라고 커다랗게 쓴 전단지를 든 사람이 법정 밖에서 기다리는 지원자들 앞으로 달려오는 그런 광경이었다.

드디어 판결 당일을 맞이했다.

10시 30분의 개정 직전 나고야지방재판소 앞에서 나고야 지원회의 집회가 열렸다. 원고 7명 중 3명이 휠체어에 앉아 있었다. 승소에 대한 기대를 담아 최후의 어필을 했다.

방청할 수 없는 나고야 지원회의 분들은 나고야 변호사회관에 집결한 뒤 그 순간을 기다렸다.

판결 결과에 대해서는 나고야 지원회의 홈페이지에 즉각 올리게 되어 있었다.

나는 점심 무렵부터 인터넷으로 뉴스를 확인하기도 하고 홈페이지에 계속 접속하기도 했지만 판결 정보는 알 수가 없었다.

나는 약간 어두운 느낌에 사로잡혀 있었다. 나고야 지원회의 연락처에도 다카하시 마코토의 자택에도 전화를 해보았으나 당연히 부재중이었다. 낭보라면 어떠한 상황에서도 홈페이지에 '승소!'라는 문자가 올 것이다. 법정판결은 그렇게 시간이 걸리지 않는다.

"역시 걱정한 대로의 판결이었을지 모른다. 재판관에게는 새로운 시점에서 과감한 판결을 해보일 만한 판단력도 결단력도 없었음에 틀림없다. 6년간 이 정도로 많은 사람들을 농락하며 원고의 주장을 기각할 근거를 찾는 일에 집착했음에 틀림없다. 이것이 전후배상 재판의 현실이다."

나는 혼잣말을 중얼거리며 기각되었다고 확신했다.

중곤에게서 전화가 온 것은 오후 5시가 지난 후였다.

"야마카와 씨, 기각되었습니다."

중곤의 목소리는 의외로 크게 들렸다. 중곤 자신도 예상하고 있었던 것일까?

"……."

확신하고 있었다고는 하지만 나는 말을 잃었다.

"내일 도쿄로 가겠습니다. 다카하시 씨나 변호사 선생님들도 함께 가기로 했습니다. 미쓰비시와 국회로 가려고 합니다. 구체적인 시간은 아직 모르니 내일 아침 다시 전화하겠습니다."

"알겠습니다. 아무튼 기다리겠습니다."

판결 내용에 대해서 상세한 내용은 모르지만 나고야지방재판소에서의 1심 패소는 확정되었다. 변호단이나 나고야 지원회는 선후책을 강구하는 일에 쫓길 거라고 생각했다.

후일 발행된 나고야 지원회의 회보 『News』에 나온 그날의 기록에 따르면 판결이 내려진 후의 변호단이나 나고야 지원회의 황급한 행동을 잘 이해할 수 있다.

개정에서 폐정까지 불과 10분도 걸리지 않았다.

변호단과 나고야 지원회는 즉시 '판결평가·성명문 확정회의', 그리고 '원고를 위한 판결설명회', '판결보고 집회'를 모두 오전 중에 실시했다.

점심 식사 후 다음 날 실시할 '도쿄행동 협의회'가 열렸다. 중곤이 내게 전화를 건 것은 이 협의회 도중이었다. 그날은 마지막으로 '수고치하 모임'을 개최해 6년간의 법정투쟁의 매듭을 지었다. 그리고 앞으로 펼칠 새로운 투쟁의 결의를 다졌다.

당일의 『아사히신문』(석간) 나고야판은 1면 톱 7단기사로 판결을 보도했다. 개요는 다음과 같다.

사쿠마 구니오佐久間邦夫 재판장은 "한일청구권협정으로 어떠한 손해배상 청구권도 주장할 수 없다"고 말하며 원고 측의 청구를 기각했다.

판결에서는 원고들이 군수공장에서 노역에 종사했던 일과 일부의 사람이 지진으로 사망하기도 하고 사고로 부상을 당하기도 한 피해의 사실에 대해서는 인정했다.

지금까지 피고인 국가 측의 주장은 국가무답책, 혹은 제척기간, 나아가 근로정신대원과 일본군 위안부의 동일시 피해에 대해서도 한국 측의 오해에 기인한다며 부정했다. 미쓰비시중공업의 건에 대해서는 당시의 미쓰비시중공업과 현재의 미쓰비시중공업은 다른 회사라며 책임을 회피했다.

판결에서는 오로지 한일청구권협정이라는 구실을 들어 원고의 청구를 모두 일축해 버렸다.

이 기사를 읽은 나는 엉겁결에 쓴웃음을 짓고 말았다. 물론 기사 내용 때문에 웃은 것은 아니다. 기각의 이유는 모두 예상한 대로다. 기대하며 새로운 시점에서 본 판결의 의미가 전혀 느껴지지 않았다. 변호단이 막대한 에너지와 시간을 소요해 정리한 한일관계에 있어서의 '조선여자근로정신대'의 위상이 전혀 느껴지지 않았다. 그보다 전혀 알려고도 하지 않았으리라. 역사 인식이라는 것은 수험생이 통째로 암기하듯 단지 역사적 사실을 안다는 의미가 아니다. 역사적 흐름 속에서 그 사항이 어떠한 의미를 지니고 현재와 이어지고 있는지에 대해 의식적이어야 한다. 그런 만큼 변호단의 노작 『소장』에 적시된 역사적 사실에 눈을 감고 있어서는 통째로 암기하는 수험생보다도 나을 리 없다. 이 6년간의 원고들의 증언과 증언대에 서서 증언해 준 연구자나 지원자를 생각하건대 심리란 도대체 무엇이었을까? 막대한 시간은 무엇을 위해 필요했던가? 재판관은 지금까지의 전후배상이나 배상소송의 판례를 의식하며 기각이라는 전제 위에서 선로 위를 왕래했을 뿐이 아닐까?

외교에서 교섭을 위해서는 복잡하게 주고받는 과정을 반복하는 법이다. 하물며 한일교섭은 15년간이나 지속되었다. 결과적으로 협정은 협정의 문장이 모든 것을 대변할 터인데 개인배상에 대해서는 한 마디도 언급하지 않았다. 협정에 명기된 문장은 무상이든 유상이든 경제 지원이 전부다. 분명히 처음에 한국은 배상을 요구했다. 그러나 결과는 경제 지원으로 정리되었다. 공개된 한국 측 정보에 따르면 한국은 한국의 책임으로 보상하는 것을 인정했으며 경제 지원으로 정리했음이 밝혀졌다. 그러나 그것도 교섭경과일 뿐이다. 협정 자체는 아니다. 협정의 어느 곳에 개인배상까지 해결했다고 명시되어 있는가?

협정의 제2조 '재산·청구권 – 문제의 해결'의 1항에 기록된 '완전히 최종적으로 해결된 것으로 확인한다'는 문언으로 개인배상도 해결 완료라고 본다면 피해자는 눈물을 흘리다가 단념할 수밖에 길이 없는 셈일까? 개인으로서 피해자는 국가 간의 명분에 입을 다물어야 할까? 인도적 해결의 길이 없다면 그야말로 불합리하다. 길을 탐색하지 않으면 화근은 사라지지 않는다. 나는 사법의 판단에 납득할 수 없는 인간의 부조리를 통감했다.

우선 법정판결의 정황을 방청자가 기록한 내용을 소개한다.

'나고야 미쓰비시 조선여자근로정신대 소송을 지원하는 모임'의 『News』(No.30)에 실린 방청자 감상문 중 시미즈 나츠코淸水奈津子 씨(아이치대학 법과대학원 3년)의 다음 글에 나는 감동했다.

2005년 2월 24일, 나고야 미쓰비시 조선여자근로정신대 소송의 판결이 나고야 지방재판소에서 선고되었습니다. 판결은 매우 간단했습니다. 아마 도합 10분 정도도 걸리지 않았다고 생각합니다. 그리고 재판관은 짧은 판결문을 일방적으로 읽은 후 문 저편으로 사라져 버렸습니다.

이와 같은 재판소의 판단을 보고 피고를 패소시켜서는 안 된다는 결론이 먼저 전제된 듯한 느낌이 들어 견딜 수 없었습니다. 재판소는 원고가 체험한 괴로운 마음과 생활의 여러 노고를 조금이라도 배려했다면 이렇게 기술적이고 정략적인 판단은 하지 않았으리라 생각합니다. 재판소가 이렇게 차가운 판결을 내리는 것이 "재판관과 일반인의 감각이 다르다"고 듣는 이유라고 생각합니다.

법률학도인 한 젊은이의 순수한 감상문에 나는 구원받는 기분이었다. 때묻지 않은 감성 속에 그야말로 진실이 존재하는 듯한 느낌이 들었다.

판결 다음 날 아침, 중곤에게서 전화가 걸려왔다.

"지금 신간선을 막 탔습니다."

"네? 벌써요? 피곤하시지 않습니까? 괜찮습니까?"

"네, 괜찮습니다. 다카하시 씨와 변호사 분들, 원고들도 모두 함께 갑니다. 몇 시에 도쿄에 도착하는지, 잠시 기다려 주세요. 나고야 지원회 한 분이 전화를 받을 테니까요."

"알겠습니다."

"나는 나고야 지원회의 마츠이松#라고 합니다. 신세지겠습니다."

젊은 여성의 목소리였다.

"수고하십니다."

"저희들은 '노조미 42호'를 탔습니다. 시나가와역에는 10시 22분 도착 예정입니다. 8호차에 타고 있습니다. 잘 부탁드립니다."

"알겠습니다. 그럼 저는 도착 홈에서 기다리고 있겠습니다. 중곤 선생님에게 말씀 전해주십시오."

도쿄역은 맑았지만 봄은 아직 멀어서 아침부터 차가운 바람이 불고 있었다. 내가 시나가와역에 도착한 것은 일행이 승차한 신간선의 도착 시각 20분 정도 전이었다. 시나가와역에 신간선 홈이 개설되고 얼마 지나지 않았기에 내게는 신간선 홈에 서는 게 처음이었다. 입장권을 구입해 표시를 따라서 홈으로 내려갔다. 넓은 도착홈에는 사람의 형체가 보이지 않았다. 시나가와역에서 신간선으로 도쿄역 방향으로 승차하는 손님들이 있을 리 없었다. 추위는 홈까지 얼어붙게 했다. 나는 사람 그림자가 없는 홈을 우왕좌왕하며 도착을 기다렸다.

이윽고 무겁고 낮은 신간선의 독특한 굉음이 귀에 들렸다. 나는이 순간만큼 신간선의 도착에 마음을 두근거린 기억이 없었다. 그것은 중곤뿐만이 아니라 원고들과 변호단, 그리고 나고야 지원회의멤버들을 만날 수 있다는 두근거림이었다.

'노조미 42호'는 정각에 시나가와역에 도착했다. 문이 열리자 제일 먼저 뛰어내린 여성이 마츠이 다에코妙子 씨임을 금방 알 수 있었다. 마츠이 씨 입장에서 보더라도 거기에 혼자 서 있는 남자가 나임을 이름을 들을 필요도 없이 파악할 수 있었다. 서로 인사로 미소만을 교환했다. 그 순간에 마음이 통했다.

약 20명이 넘는 인원이 차례로 홈으로 내렸다. 원고들의 모습은한눈에 알 수 있었다. 그들은 한국에서 나고야로 와서 청구 기각이라는 말을 들은 뒤 신간선을 타고 지금 시나가와역에 도착했다. 소박한 할머니들의 모습에서 60년 전 어린 소녀들의 분위기는 느껴지지 않았다. 고행을 감내하며 살아온 모습이었다. 멀리 한국에서 60년 전의 비극을 짊어지고 이곳까지 찾아온 것이다. 나는 치밀어 오르는 분노를 참을 수 없었다.

중곤의 미소는 여느 때보다도 밝게 보였다. 원고 중 단 한 사람의 남성으로서 할머니들에게 온화하게 대하는 것 같았다. 중곤도 그것을 의식하고 있었는지 모르겠다. 판결을 달관한 중곤의 생생한 모습이 미소에 숨어 있는 것처럼 보였다.

다카하시 마코토는 전원의 하차를 확인하려는 듯 마지막에 내렸다. 투쟁가의 자세가 전신에서 느껴졌다. 상경의 목적은 무엇보다 미쓰비시중공업 본사 앞에서 항의행동을 하는 것이었다.

개찰구의 계단을 오르는 장소에서 나는 다카하시 마코토의 소개로 나고야 지원회 사무국의 고이데 유타카와 처음으로 만날 수 있었다. 고이데는 다카하시 마코토와 18년 전, '아이치현 조선인강제연행 역사조사반'을 결성한 이래 활동해 온 멤버 중 한 사람이었다. 그 이후 다카하시 마코토와 일심동체가 되어 이 소송 건으로 계속 투쟁하고 있다. 한 점의 흐림도 없는 진실한 모습을 보았다. 판결 후의 재빠르고 치밀한 행동 계획이나 준비도 사무국을 맡은 고이데의 기민한 솜씨에 의한 것이라고 생각했다.

더욱이 변호단장인 우치카와 요시카즈 변호사와도 반갑게 악수를 나눌 수 있었다. 변호단을 대표해서 수 명의 변호사들도 동행하고 있었다.

나는 중곤과 어깨를 나란히 하고 미쓰비시중공업 본사를 향했다. 걸으면서 중곤에게 물었다.

"어제의 법정판결은 어떤 분위기였습니까?"

"개정에서 폐정까지 불과 몇 분밖에 걸리지 않은 느낌이었습니다."

"그랬습니까?……"

"원고 할머니들 중에는 일본어를 곧바로 이해할 수 없는 분이 많아서 폐정 후에 처음으로 기각된 것을 알고 오열했습니다."

"……."

얘기하는 중곤도 괴로운 모습이었다. 할머니들은 지원자들에게 둘러싸여 있었던 만큼 승소를 믿고 있었음에 틀림없다. 일본의 재판 현실을 인식하고 있던 중곤은 냉정했다. 하지만 마음속으로는 분노로 치를 떨고 있었음에 틀림없다.

시나가와역의 남쪽이라면 일찍이 공업지대였다. 버블경제 붕괴 이후 요 몇 년 동안 이 지역은 일변했다. 고층빌딩이 잇달아 들어서 새로운 비즈니스타운이 형성되었다. 신간선 시나가와역의 개설도 이 재개발과 관계가 없지 않았다. 일본을 대표하는 기업의 위용을

인간의 보루

느끼게 하는 미쓰비시중공업 본사도 그중 하나. 역에서 걸어서 몇 분밖에 걸리지 않는 곳에 있었다. 나고야에서 막 상경한 일행은 미쓰비시중공업 본사빌딩의 정면 앞에서 준비했다. 횡단막을 펼쳤다.

'더 이상 원고들을 괴롭히지 말라! 원고단·변호단·나고야지원회'

횡단막에 새긴 표어였다. 겨울바람이 매서운 날씨 속에 항의집회가 시작되었다. 나도 거기에 서 있었다. ID카드를 목에 늘어뜨린 샐러리맨들이 이상하다는 듯 차가운 눈빛으로 곁눈질을 하며 지나가고 있었다.

원고 할머니 중 한 사람이 마이크를 쥐고 발언했다. 그때 나는 슬픔이라고도 고통이라고도 말할 수 없을 만큼 복받쳐 오르는 감정을 참을 수 없었다.

도대체 이 현실의 풍경, 구도는 무엇인가? 60년 전의 과오가 해결되지 않은 채 계속 시간이 흐르고 있다.

겨울바람 속에 미쓰비시 본사 앞에서의 집회가 이어졌다. 그 사이에 고이데는 미쓰비시중공업 측과 직접 절충을 진행하고 있었다. 그 결과 원고와 변호단, 나고야 지원회의 대표자들과 미쓰비시 측이 만나기로 합의했다.

"지금부터 미쓰비시중공업 측과 직접 만나기로 했습니다."

보고하는 다카하시 마코토의 표정에서 희미한 기쁨이 읽혔다.

지금까지 냉혹한 시선으로 회견까지 계속 거부해온 점을 생각해

보니, 청구를 기각한 판결에 대한 미쓰비시 측의 여유와 원고들에 대한 동정과 같은 것을 느낄 수 있었다.

다카하시 대표를 비롯한 대표단이 엘리베이터를 타고 자취를 감추었다. 남은 지원회의 멤버들은 회견이 끝날 때까지 1층에 있는 미쓰비시중공업 본사의 전시실에서 기다리기로 했다. 난방이 흐르는 옥내로 들어올 수 있었던 나는 겨우 안심했다. 넓은 전시실 안에서 창문 너머로 밖을 보니 나고야 지원회의 멤버들은 횡단막을 펼친 채 교대하면서 차가운 바람 속에서 통행인들에게 계속 어필하고 있었다.

"괜찮으시면 이쪽으로 오셔서 함께 이야기하시지 않겠습니까?"

동료들과 조금 떨어져 앉아 있던 나에게 상냥하게 말을 건넨 사람은 변호단의 한 사람으로 젊은 여성변호사인 다마키 히로코田巻紘子 씨였다. 얘기의 대상 속에 포함되지 않은 나를 배려해 주었다. 다마키 변호사의 상냥한 미소에 나도 모르게 웃음을 보이고 말았다.

약 30분 정도 지나 회견을 마친 멤버들이 1층으로 돌아왔다. 몇 사람의 미쓰비시중공업 사원도 함께 왔다. 전시실에서 대기하고 있던 멤버들도 일어나서 함께 빌딩을 나가게 되었다. 미쓰비시중공업 사원 네다섯 명이 엘리베이터 옆에 서서 인사를 반복하면서 배웅했다. 나는 심경이 복잡해졌다. 배웅하는 것은 예의이니 당연했지

인간의 보루

만 어떤 마음으로 배웅한 것일까 하고 생각했다. 비교적 젊은 사원들이었다.

가해자로서 국가도 기업도 법을 핑계로 득의의 미소를 짓는 모습으로 밖에 생각할 수 없었다.

미쓰비시중공업 측과의 회견 석상에서 우리 측에서는 변호단과 나고야 지원회 명의의 판결에 대한 '성명문'을 건네주었다. 또한 원고단, 변호단, 나고야 지원회의 명의로 '요청서'를 미쓰비시중공업 측에 건네주었다.

판결에 대한 '성명문'의 내용을 소개한다.

나고야지방재판소는 원고들의 청구를 모두 기각했다. 한일청구권협정을 이유로 원고들의 청구를 기각한 판결은 지극히 매정하기 짝이 없는 것이었다고 말하지 않을 수 없다. 한일청구권협정으로 모든 청구가 배척된 점에 대해 우리는 강한 분노를 금할 수 없다. 우리는 폭거라고도 볼 수 있는 이 판결의 판단에 혼신을 다해 울분을 표하며 강력히 이를 고발한다. 그와 함께 피고국 및 미쓰비시중공업에 사죄와 배상으로 한시라도 빨리 피해자를 구제해줄 것을 강력히 요구하는 바이다. (…중략…)

판결이 이런 피해를 인정하면서도 한일청구권협정으로 피해자 구제를 거부한 것은 부정 위에 부정을 덧씌웠다고 말하지 않을 수 없다.

전쟁 책임을 계속 은폐, 회피해 온 피고들의 비행을 간과하는 것이며, 사법의 정의에 대한 신뢰를 배반하는 지극히 불공정한 판결이라고 보지 않을 수 없다.

그러나 판결은 결코 피고들의 책임을 면죄하는 것은 아니다. 피고들이 한일청구권협정을 주장하는 이상, 원고들의 청구를 수용해 이행을 명령할 수 없는 것임에 불과하다.

판결이 전제한 사실에 따르면 원고들의 피해를 구제하는 것은 피해국 및 피고 미쓰비시중공업에 부과된 당연한 의무임을 우리는 다시 강조한다.

전쟁 피해에 끝은 없다. 역사에 대한 진지한 청산을 행하지 않는 자는 장래의 역사에 화근을 남길 것이다.

원고들이 속임을 당해 일본으로 끌려온 뒤로 이미 60여 년이 경과했다. 원고들은 노년에 접어들어 사망한 분도 있다. 그들의 여생은 얼마 남지 않았다.

우리는 원고들이 살아 있는 동안에 무엇보다 피고국 및 피고 미쓰비시중공업에게 사죄와 배상을 받아야 한다. 앞으로도 전력을 다해 분투할 것임을 결의한다.

2005년 2월 24일
나고야 미쓰비시 조선여자근로정신대 소송 원고변호단
나고야 미쓰비시 조선여자근로정신대 소송을 지원하는 모임

인간의 보루

미쓰비시중공업 본사 앞에서의 항의집회는 그날의 긴 하루 중 시작이었다.

그 후의 행동을 간단하게 정리한다.

택시에 합승해서 나가타초永田町로 향했다. 내각부 및 중의원 의원회관을 찾아갔다. 야당 각 의원회관 내의 사무소를 개별적으로 방문해 청원했다. 나는 중곤, 다카하시 마코토, 도미타 다카마사富田孝正(전 고교교사) 등과 행동을 같이 했다. 요구 집회 후 중의원 의원회관 2층 회의실에서 전원 모여서 집회를 가졌다.

저녁 때 하마마츠초浜松町의 다케시바산바시竹芝桟橋와 가까운 선원 회관으로 이동했다. 이 회관은 해외항로에 승선하는 선원들의 숙박을 위한 장소. 소박한 시설이었다. 원고를 포함한 전원이 여기에서 숙박하기로 한 터였다. 회관 밖으로 나가 작은 레스토랑에서 어깨를 맞대고 저녁 식사를 했다. 나는 우치카와 요시카즈 변호단장, 중곤, 다카하시 마코토와 함께 4명이서 테이블에 둘러앉았다. 정의감이 투철한 우치카와 변호단장의 인간성에 깊이 감복했다.

저녁 식사 후 선원회관의 회의실에서 집회를 가졌다. 정면의 자리에 원고들이 앉았다.

그곳에 집합한 원고와 변호사와 나고야 지원회의 멤버들은 타인의 아픈 마음을 진심으로 함께 느낄 수 있는 사람들이었다.

70대 중반의 원고 한 사람 한 사람이 간단한 스피치를 했다. 판결의 아픔에서 벗어나려는 모습이었다. 그것은 자신을 위해서라기보다 지원해 주는 일본인을 위해서라는 생각마저 들어 견딜 수 없었다.

중곤이 웃는 얼굴로 한마디 했다.

"한국 고향의 지원자들은 이길 수 있다고 생각하고 있습니다. 그러므로 귀국해서 그 사람들에게 어떻게 말하면 좋을지 망설이고 있습니다. 하지만 할머니들과 함께 마지막까지 어깨를 나란히하면서 함께하려고 생각합니다."

원고와 나고야 지원회의 멤버, 그리고 변호단이 '항소'를 향한 마음을 하나로 엮는 순간이기도 했다.

추운 겨울의 긴 하루였다. 각각 1심 패소에서 일어서기 위해 자신과 싸움과 동시에 역사의 틈바구니에 드러난 부조리와 싸우기 위해 열심히 행동한 날이었다.

집회가 끝난 8시 이후 나는 중곤에게 배웅을 받으며 회관의 현관을 나오게 되었다.

"감기 걸리지 않도록 주의하십시오."

격려를 받은 것은 나였다.

하마마츠초의 역을 향해 걷던 나는 깊은 피로감과 긴 하루의 묘한 충실감을 동시에 느꼈다. 역 앞에는 초고층 빌딩이 세워지는 중이었다. 어둠 속에 솟아 있는 그 끝을 올려다보았다. 인간은 오로지 살기에 바쁜 느낌이었다.

나는 몹시 지쳐서 자택으로 돌아왔다. 이미 10시가 지나고 있었다. 그날 밤에는 좀처럼 잠이 오지 않았다. 후회되는 일이 있었다.

"어째서 할머니들의 손을 자신의 손으로 굳게 쥐어드리면서 격려의 말 한 마디도 하지 못했을까?"

너무나도 한심스러운 자기 자신에 대한 분노였다. 오랜만에 섬뜩함을 느껴 니트로펜을 혀 아래에 머금고 마음의 안정을 취했다.

다음 날 나는 좀처럼 침대에서 일어날 수 없었다. 겹친 분노와 피로가 전신을 짓눌렀다. 누운 채로 양팔을 뻗어 창문 커텐을 잡아당기자 겨울 하늘이 눈부시게 맑았다. 푸른 하늘에 구름이 머무르는 것처럼 떠 있었다.

중곤과 할머니들은 이제 귀국길의 구름 위일지도 모르겠다. 비행기 속의 할머니들 모습이 눈에 비쳤다.

원고 7명 전원이 항소에 나선 것은 그로부터 2주일 후인 3월 9일이었다. 다시 새롭게 시작하는 끈질긴 투쟁이었다.

인
간
의
보
루

5

2007년 7월 20일부터 매주 금요일 아침, 하루도 빠뜨리지 않고 진행하고 있는 선전 활동과
미쓰비시중공업 본사에 대한 금요행동(시나가와역 남쪽 출입구에서 전단지를 배포하는 저자)

나고야지방재판소의 제1심 판결은 원고의 피해 사실을 인정하면서도 청구를 기각했다. 그 근거는 1965년 조인된 '한일청구권 경제협력 협정'으로 '해결 완료'라는 판단에 의한 것이었다.

지금까지 제2심(항소심)의 나고야고등재판소에서도 1심판결을 추인할 확률이 전후배상 재판의 판례를 보더라도 높다고 생각되었다. 따라서 제2심에서 가장 중요한 논점은 한일협정의 인식과 해석이 될 것임이 틀림없었다.

항소심에서 제3회 구두변론은 바로 이 논점을 벗어나지 않았다. 2006년 2월 2일,

증인으로 법정에 선 사람은 한국의 김창록 씨였다.

증인 김창록 씨의 프로필

전공분야 · 법사학(한국 · 일본근현대법사), 1984년 서울대학교 법

과대학 졸업, 1985~1994년 서울대학교 대학원 법학과 박사과정, 1995~2005년 부산대학교 법과대학 전임강사~부교수, 2005년~건국대학교 법과대학 부교수, 1997~1999년 지바千葉대학 비상근 강사, 홋카이도北海道대학 비상근 강사.

김창록 증인은 원고(항소인) 변호인의 심문에 대해 다음과 같이 증언했다.

심문 식민지 지배와 관련이 있는 문제에 대해서는 결국 협정 해결의 범위에 포함됩니까, 제외됩니까?

증인 포함되지 않는다고 생각합니다. 왜냐하면 그 조약[1](한일청구권 경제협력 협정)의 당사국은 한국과 일본이지만, 한쪽의 당사국인 일본 측이 그것이 문제라는 것을 명확히 부정하고 있기 때문입니다. 회담에서 다룬 문제가 아니었는데 회담의 결과 성립한 협정으로 해결되었다고 보는 것은 논리적으로 타당하지 않습니다. 그리고 또 한 가지 이유로 당시 한국과 일본 사이에는 여러 의견 대립이 있었습니다. 하지만 하나의 의견이 합치한 부분이 있었습니다. 그것은 한국 측도 일본 측도 한일회담은 샌프란시스코평화조약 제4조에 의해 발생한 영토 분리분할에 따르는 민사상, 재정상의 문제를 해결하기 위한 것이었다는 점입니다. 따라서 그 사항

인간의 보루

은 식민지 지배에 관한 문제를 포함하고 있지 않아서 양국의 인식의 범위에 들지 않는다고 볼 수 있겠죠.

심문 본 건에서 항소인들의 청구권은 협정 사정권 내의 문제입니까, 그렇지 않으면 사정권 밖의 문제라고 보십니까?

증인 사정권 내의 문제가 아닙니다. 항소인들이 주장하는 것은 즉 어린 소녀들이 속임을 당해서 끌려와 자유를 구속받았고 그러한 상황 속에서 무기한으로 노동을 강요당했다는 점입니다. 거기에 근거한 청구권이라고 생각합니다. 그러므로 이 재판에서 주장하는 청구권은 식민지와 관련한 청구권입니다. 방금 전 말씀드렸듯이 이것은 청구권협정의 대상 외이므로 이 재판에서 원고가 주장하고 있는 청구권은 협정 범위 외의 문제입니다.

심문 한일청구권협정 제2조 1항[2] "완전히 최종적으로 해결"이라는 문언, 그리고 2조 3항의 "어떠한 주장도 할 수 없다"고 하는 문언, 이러한 내용에 대해 한국정부와 일본정부는 어떠한 법적 효과를 내기 위해 합의했다고 말할 수 있을까요?

증인 한국정부가 법적 효과에 대해서 명확히 정리했는지를 확인하는 것은 지금 불가능합니다. 그러나 일본정부의 경우 외교보호권[3]만을 포기하는 것이라고 명확히 정리했으며 1990년대부터 일관되게 주장해왔습니다. 따라서 한국정부는 1990년대에 들어서서 일본이 외교보호권만을 포기하는 주장을 했다고 보았으므로 이러한 점을 염두에 두고 생각하면 그 합의라는 것은 외교보호권만의 포기라고 지적할 수 있겠죠.

심문 그렇다면 개인의 청구권에 대해서 협정은 어떠한 효력도 미치지 않는다고 보아도 좋겠습니까?

증인 그렇습니다.

(…중략…)

심문 본건 협정의 성질에 대해서 묻겠습니다. 본건 협정을 강화조약[4]처럼 생각할 수 있습니까?

증인 한국과 일본 사이는 전쟁 상태가 아니었다는 것이 일본 측의 인식이었습니다. 이를 강화조약처럼 볼 수는 없습니다. 그것은 일본 측의 인식과 동떨어진 생각이며 한국과 일본 사이의 한일회담의 실상과도 맞지 않는 주장이라고 저는 이해합니다.

심문 샌프란시스코강화조약에 대한 해석이 어떻든 본건 협정의 해석과는 전혀 관계가 없다는 식으로 받아들여도 좋습니까?

증인 그렇습니다.

이 논점에 대해서 내 나름대로 때때로 생각하는 바가 있었다.

한일협정 체결 당시에는 조선여자근로정신대 문제뿐만 아니라 일본군 위안부 문제나 강제연행 문제로 개인이 배상을 요구하는 등의 안건에 대해서는 상정조차 하지 않았다. 따라서 개인배상 등은 협정의 문언에 적시하지도 않았다. 김창록 씨가 증언으로 명시했듯이 한일협정 2조에 기록된 "완전히 최종적으로 해결되었음을 확인하는" 것은 외교보호권을 대상으로 한 내용이므로 개인배상은 사정권 외의 문제였던 것이 너무나도 명백하다. 개인배상을 포함한다는 내용은 협정문의 어디에도 명기되어 있지 않다. 개인배상도 포함한다면 명확한 문언으로 표현해야 마땅했다. 중요한 국제협정이다. 개인배상도 해결 완료라는 인식을 인정한다면 얼마나 본 협정이 애매하고 불완전한 협정인지 지적하지 않을 수 없다. 책임을 피하기 위한 가해자 측의 너무나도 제멋대로의 해석이다. 판결 자체가 이러한 정치적 판단에 빌붙는다고 한다면 그것은 사법의 죽음을 의미한다고 볼 수밖에 없다.

샌프란시스코평화조약이나 한일협정에서 개인배상, 더구나 여자근로정신대원의 개인배상이 제소의 대상이 되리라고는 누구도 상상조차 하지 못했을 것이다. 외교보호권 포기로 모든 것이 해결되었다고 본 인식이었던 것이다.

　'일본과 코리아 사이의 진실을 비추는 '5·13 아이치 회합''이 개최된 것은 2006년 5월 13일이었다. 이 회합의 기획은 4개 단체가 실행위원회를 구성해 실시하기로 했다. 4개의 단체는 나고야 미쓰비시 조선여자근로정신대 소송을 지원하는 모임, 아이치현 조선인 강제연행 진상조사단 '마당 21', 재일본 대한민국민단 아이치현 지방본부, 재일본 조선인총연합 아이치현 본부였다. 장소는 나고야시 교육관. 강사로 한국에서 최봉태 변호사를 초청하여 그가 방일하게 되었다. 최봉태 변호사는 한국정부기관의 '일제강점하 강제동원피해 진상규명위원회'의 초대 사무국장으로 일본에도 잘 알려져 있었다.

　최봉태 변호사는 나고야 미쓰비시 조선여자근로정신대 소송의 항소심에서도 변호단과 나고야 지원회의 요청에 응해 의견서(갑 B 44호증=항소인 제출의 서증)를 제출했다.

이 의견서에서 최봉태 변호사는 앞에서 소개한 김창록 씨와 마찬가지로 한일청구권협정과 상관없이 피해자는 개인 청구가 가능하다고 주장했다. 그 이유에 대해서 다음과 같이 서술했다(동 의견서).

협정 체결 시에는 피해 부분에 대해서 합의에 이르지 못하고 한일 양 정부 사이에서 애매하게 처리되어 버렸다. 냉전구조하에 한국정부에 대해서도 일본정부에 대해서도 미국정부의 영향력은 대단히 막강했다. 비민주적 군사독재정권이던 한국정부에게는 피해자를 구제할 의사도 그 수단도 없었다.

한일청구권협정에 의한 청구권 자금 무상금액 3억 달러는 너무나도 적은 금액이다. 1945년 8월 6일 히로시마에 투하된 원자폭탄으로 사망한 한국인 피해자는 약 3만 명 이상으로 알려지고 있다. 무상자금 3억 달러를 한국인 원폭 피해자에게만 한정해서 지급한다고 해도 1사람당 1만 달러에도 미치지 못하는 금액이다. 이 정도의 금액이 과연 배상금의 성격을 지닐 수 있는지를 생각할 때 나는 이걸로는 인정할 수 없다고 생각한다.

따라서 한일청구권협정은 피해자 구제를 위한 협정이 아니었거니와 청구권 자금도 피해자 구제를 위한 자금이 아니었다고 볼 수 있다.

덧붙여 최변호사는 다음과 같은 의문을 재판소에 제기했다.

만일 일본정부가 청구권협정으로 피해자의 권리를 소멸시켰다고
주장한다면 일본정부가 자신에게 유리한 증거를 공개하지 못할 이유
가 전혀 없다고 생각한다. (인용자 주 : 한일회담 관계의 정보 개시를 가리킨다.
일본정부는 한일교섭에 지장이 있다는 점을 이유로 개시하지 않고 있다). 법률가
입장에서 논의의 대상이 되는 문서를 전부 검토하지 않은 채 정치판단
을 하는 것은 반드시 피할 것을 권유한다.

본건 피해자 구제에 대해서는 물론 피해자 구제가 한일관계, 동아시
아 관계에 주는 영향을 충분히 생각해 이치에 맞는 판단을 희망한다.

전부터 이와 같은 최봉태 변호사의 발언에 끌렸던 나는 그의 방
일 기회에 직접 강연을 듣고 싶다는 충동을 억누를 수 없었다.

당일 '5·13 아이치 회합'은 오후부터 시작되었지만 나는 아침
일찍 나고야로 향했다. 예전 미쓰비시중공업 도토쿠공장 입구(현재
는 닛신방적공장)에 세워져 있는 추도기념비를 방문하기 위해서였다.
언젠가 혼자서 조용히 방문하고 싶다고 생각하던 터라 좋은 기회
였다.

아침 8시 반에 나고야에 도착한 나는 지도를 보며 도토쿠공장으
로 향했다. 메테츠토코나메名鉄常滑선 도토쿠역에서 걸어서 약 10분
정도의 장소에 공장이 있었다. 공장의 한쪽에 도착했으나 정문의

위치를 알 수 없어서 멈추어 섰다. 공장을 일주할 셈으로 걷기 시작했다. 조만간 정문에 도착할 것이라고 생각했다. 하지만 10분 정도 걸었는데 공장의 부지가 너무나도 넓었다. 도저히 걸어서 둘러볼 수 있는 곳이 아니라는 것을 깨달았다. 높은 울타리로 둘러싸인 광대한 공장의 부지를 일주하려면 몇 시간 걸릴지도 모르겠다는 생각이 들었다. 나는 비로소 통행인에게 정문의 위치를 물었다. 걸어온 반대편임을 확인하고 돌아가기 시작했다. 울타리 틈새로 공장 내를 들여다보니 전쟁의 시대를 상기시키는 벽돌로 지은 오래된 건물도 보였다. 당시가 생각나서 가슴이 뜨거워졌다. 하지만 넓은 공장의 부지이다. 20분 정도 걸었을까. 겨우 공장의 정문에 도착했다. 기념비가 눈앞에 있었다. 약간 마음이 흥분됐다.

그날은 아침부터 하늘에 구름이 끼어 있었다. 게다가 무거운 구름이 낮게 깔려 있었다. 정문 앞에 딱 도착했을 때 보슬비가 내리기 시작했다. 보슬비를 맞으며 정문에서 공장 안을 바라보았다.

'여기가 소녀들이 노동에 시달렸던 곳인가, 순례 씨가 세상을 뜬 곳이 어디쯤일까?'

마음속으로 되뇌며 감회를 되새기고 있었다. 거의 사람 그림자는 보이지 않아서 넓은 공장의 분위기는 조용했다. 왼편에 수위실이 있었다. 창구를 들여다보니 초로의 수위가 내 얼굴을 보며 말했다.

"용건 있나요?"

추도기념비를 방문하러 왔다고 알렸다. 수위는 무표정한 모습이었지만 친절하게 고개를 끄덕였다. 그리고 정문으로 들어가면 곧장 눈앞에 보이는 기념비를 가리키며 말했다.

"저쪽에 있습니다. 여기에 주소와 이름을 기입해 주십시오."

그렇게 말하며 오래된 노트를 눈앞에 펼친 뒤 볼펜을 내밀었다. 나는 주소와 성명을 기입했다. 그것을 확인한 수위는

"자, 그럼 어서."

라고 말하며 기념비가 있는 석가산 쪽을 향하도록 재촉했다.

"고맙습니다. 그럼 실례하겠습니다."

나는 천천히 석가산 쪽으로 다가갔다. 거기에 추도기념비가 있었다. 보슬비는 조금씩 굵어지고 있었다. 숄더백에서 접은 우산을 꺼내 펼쳤다. 보슬비를 맞으며 기념비를 지그시 바라보았다.

"슬픔을 반복하지 않기 위해 여기 진실을 새긴다."

전쟁을 그린 장대한 슬픔의 드라마가 마음속을 휘저었다. 멀리 조선반도에서 이곳까지 끌려와 강제노동을 강요당한 소녀들의 모습이 눈에 비쳤다. 일본제국의 단말마의 이미지를 손바닥을 보듯 느낄 수 있었다.

일찍이 중곤과 부인 복례 씨 두 사람이 이곳에 섰을 때 근로정신대원의 일원이던 복례 씨는 주위를 의식하지 않고 계속 오열했다. 아내를 위로하는 말도 하지 않은 채 중곤은 그 아내 옆에서 묵묵히

지켜볼 수밖에 없었다. 나중에 중곤이 함께 방일한 남동생 우곤 씨를 여기로 데려올 수 없었던 것은 오열하던 아내의 모습을 상기했기 때문이다. 더욱이 남동생의 오열하는 모습을 바라보기 어려웠기 때문이다. 역사의 틈새기에 새겨진 가족의 비애를 일본인인 내가 어디까지 이해할 수 있을까?

조금 시간이 흐르자 한참 서있는 내 곁으로 수위가 다가왔다. 뭔가 동정하는 듯한 온화한 미소를 띠고 있었다. 나는 카메라를 내밀며 말했다.

"미안합니다만 셔터를 눌러 주시겠습니까?"

"알겠습니다. 어디를 누르면 됩니까?"

수위는 흔쾌히 카메라를 받았다. 우산을 쓴 채로 사진을 한 장 찍었다.

수위에게 답례를 한 뒤 공장을 떠나기로 했다. 뒷머리를 잡힌 것 같은 느낌이 들어서 정문을 거듭 돌아보며 그곳을 벗어났다.

나고야시교육관은 시의 중심부에 해당하는 사카에茉역 부근에 있었다. 나는 도토쿠道德역 빌딩 안에 있는 메밀국수 가게에서 이른 점심을 먹고 회장으로 향했다.

교육관 앞에 도착한 시간은 12시가 지난 후였다. 관내 2층의 회장 입구에서는 나고야 지원회의 멤버들이 접수 준비로 분주하게 움직이고 있었다. 다카하시 마코토, 고이데 유타카 선생, 데라오 데루미 선생의 모습도 보였다. 멤버들은 도쿄에서 달려온 나를 웃는 얼굴로 따뜻하게 맞이해 주었다. 최봉태 변호사의 강연을 기대하고 찾아온 나는 다카하시 마코토에게 살며시 여쭈었다.

"최 선생님이 정말로 방일하셨습니까?"

"오셨습니다. 지금 대기실에 계십니다. 그래요, 야마카와 씨를 소개해 드릴게요."

"네? 괜찮습니까?"

"꼭 만나보십시오."

마음이 두근거렸다. 설마 직접 만날 수 있으리라고는 생각지도 못했다.

대기실은 회장 입구의 바로 왼쪽에 있었다. 문이 열린 상태였기에 혼자서 소파에 앉아 있는 최봉태 변호사의 모습이 눈에 들어왔다. 사진으로밖에 보지 못했는데 틀림없는 최봉태 변호사였다. 매우 동안의 인상이었다. 밝은 얼굴로 맞이해 주었다. 다카하시 마코토가 나를 소개했다.

"야마카와 씨를 소개하겠습니다. 야마카와 씨는 원고 김중곤 씨의 친구입니다."

"야마카와 씨입니까?"

"야마카와 슈헤이라고 합니다. 선생님의 얘기를 참으로 듣고 싶어서 오늘 도쿄에서 왔습니다."

나는 긴장한 기색으로 말했다.

"그렇습니까? 고맙습니다."

다카하시 마코토는 나를 소개하더니

"잠시 얘기하고 계십시오."

그렇게 말하며 대기실에서 나갔다.

명함을 교환했다. 명함에는 '법무법인 삼일 변호사, 변리사 최봉태'라고 쓰여 있었다.

"선생님, 삼일은 3·1운동의 의미입니까?"

라고 물었다. 그러자 수긍하듯

"그 의미도 있습니다."

라며 웃는 얼굴로 대답했다. 나는 생각나서 재빨리 백에서 소형노트를 끄집어냈다. 언제나 휴대하는 자료 수첩이었다. 거기에 『아사히신문』이 소개한 최봉태 변호사의 얼굴 사진이 들어간 칼럼 기사를 오려내 붙여놓았던 것이다.

"선생님, 이거 아시죠? 『아사히신문』의 소개 기사입니다."

최봉태 변호사는 기사를 정확히 알고 있었다. 수줍음 반 반가움 반의 얼굴을 보이며 크게 호응해 주었다.

"야마카와 씨, 서울에 오시면 다음엔 꼭 서울에서 만납시다."

"언제 갈 수 있을지 모르겠지만 잘 부탁드립니다."

불과 몇 분간의 대화였지만 큰 에너지를 받았다. 개최 시간이 임박해서 회장으로 돌아왔다. 약 300명 정도를 수용하는 회장은 만석이었다. 열기마저 느껴졌다.

4개의 단체가 주최한 이번 모임에는 특별한 의미가 있었다. 그것은 민단과 조총련이 공동개최하기 위해 손을 맞잡았다는 사실이었다. 남과 북이 손을 잡고 개최를 추진한 것은 획기적인 사건이었다.

이윽고 4개 단체 각 대표의 인사로 강연회가 시작되었다. 거기에는 공동의 의지가 담겨 있었다. 각 대표가 제기한 공동 문제의 본질은 역사적 진실에 눈을 감으려는 자세에 대한 끊임없는 고발이었다. 조선여자근로정신대 문제는 그 상징이라고도 할 수 있다. 그릇된 역사를 정당화하려고 하는 국가체질이 존재하는 한 투쟁은 계속될 것임에 틀림없다. 모임은 그 결단식이었다.

최봉태 변호사는 완벽한 일본어로 강연했다.
제목은 '일제강점하 강제동원의 피해·진상규명 활동과 관련해서'였다.
일제점령하의 강제동원 진상과 역사의 진실을 명백히 하기 위한 특별법이 한국 국회에서 통과한 것은 2004년 2월 3일이었다. 나는 이 특별법은 노무현 정권의 지도력으로 제정된 것으로 이해하고 있었는데, 이 법률의 제정 배경에 피해자들의 꾸준한 투쟁이 있었음을 강연을 통해 알 수 있었다. 배상이나 사죄를 넘어 역사적 진실을 명백히 하는 곳에야말로 이 법률의 정신이 존재한다. 피해의 실태 속에는 징용자들의 유골 문제도 포함되어 있다. 일본에서 목숨을 잃은 피해자들의 유골이 일본의 도처에 묻혀 있는 상태이다. 너무 늦었다는 생각도 들지만 피해자나 유족들의 필사적인 외침이 닿은 것이다.

2004년 12월 한일정상회담에서 노무현 대통령은 고이즈미小泉 수상에게 징용자들의 유골 조사를 의뢰했고 이에 대해 고이즈미 수상은 협력을 약속했다. 이 약속을 기초로 양국 정부 간의 실무자 협의가 성립했다. 나는 실무자의 한 사람으로 참가한 최봉태 변호사의 생각에 감동을 느꼈다.

정말이지 '나고야 미쓰비시 조선여자근로정신대' 문제와 맥이 닿는 것이었다.

식민지 시대의 강제동원 피해 진상규명은 한일의 입장 차이나 오랜 세월의 경과로 볼 때 조사하기 위해서는 많은 곤란과 심각한 분쟁까지 예상되었다. 그래서 세 가지 원칙을 제안해 일본 측도 그 원칙에 합의했던 것이다. 그 세 가지 원칙은 다음과 같다.

첫째는 인도주의의 원칙이다.

이는 구체적인 문제가 발생했을 경우에 우선 유족의 의사를 존중해 해결을 모색하는 것을 의미한다.

둘째는 현실주의의 원칙이다.

오랜 세월의 경과로 유골 조사가 물리적으로 불가능할 수가 있다. 한국 측은 불가능한 것을 요구하거나 집착해 일본 측을 곤란에 빠뜨리지 않도록 신중히 접근해야 한다. 또한 일본 측은 현실적으로 가능한 부분에 대해 최선을 다해 협력해야 한다. '현실적으로 가능한 부분에 최선을 다한다'는 것이야말로 현실적인 원칙임에 틀림없다.

세 번째는 미래지향의 원칙이다.

한일 간의 평화 기반을 확고히 다지기 위한 작업임을 염두에 두고 협의를 진행한다는 내용이다.

그리고 최 변호사는 '현실주의 원칙'에 힘을 주어 얘기했다. 일본 측이 현실적으로 가능한 한 최선을 다하는 것이야말로 한국 내에서도 불가능한 요구를 자제하고 국민을 설득할 수 있는 힘이 된다고 단언했다. 이 세 가지 원칙을 나는 이해했다. 이 원칙이야말로 곧 인도주의의 원칙일지도 모르겠다고 생각했다.

최봉태 변호사는 실무자 협의를 통한 활동의 사례를 몇 개 열거했다. 그런 후 다음과 같은 말로 강연을 끝맺었다.

인간의 보루

"전쟁으로 상처 입은 피해자들의 아픔을 치유하는 과정이야말로 평화기반의 중요성을 서로 확인하는 과정이며 평화기반을 조성해 가는 길이라고 믿어 의심치 않습니다."

나고야 미쓰비시 조선여자근로정신대 소송에서 피고 측의 자세에는 이 세 원칙의 내용을 조금도 찾아볼 수 없음을 인정하지 않을 수 없다.

내게는 충실한 하루였다.

다음 날 서울의 최봉태 변호사에게 감사의 답례와 함께 내가 비정기적으로 묶어서 쓰고 있는 개인 잡지를 보냈다. 내게 편지를 받은 최봉태 변호사에게서 생각지도 않은 답례 전화가 걸려온 것은 그로부터 며칠 후였다.

　항소심에서 법정은 7회의 구두변론을 거쳐서 결심을 선고하기로 했다. 2006년 12월 5일에 열린 이 최후의 법정에서 최후의 증언을 하게 된 사람은 김중곤이었다. 약 15분간에 걸쳐서 구술한 중곤의 증언은 한일의 틈새기에서 농락당하며 꿋꿋하게 살아온 한 한국인의 80년 영혼에서 나온 절규였다. 앞으로 중곤은 두 번 다시 증언대에 설 수는 없다. 이 결심 법정에서 남기고 싶은 말은 난 한 마디가 아니었을까? 원고의 한 사람으로서 피고에 대해 사죄와 배상을 요구하고 있지만 이제 중곤의 본심은 열심히 노력하는 다수의 일본 지원자들과 변호단을 위해서라도 하루라도 빨리 해결해 달라는 염원 하나였다. 그 근저에 자리 잡고 있는 것은 미움, 분노, 슬픔을 넘어서 한일 우호를 외치는 중곤의 혼과 이상임을 확인하는 느낌이었다. 오랜 투쟁 속에서 원고들의 마음은 자신들보다도 지원자들을 위해 승소해야 한다고 하는 인간적인 고뇌로 느껴졌다.

결심 법정을 무사히 마친 중곤은 그 다음 날 상경해 나의 집에서 2박한 뒤 귀국했다. 중곤은 최후의 증언 원고를 뭔가 속박에서 석방되었다는 듯이 내 앞에 두고 귀국했다.

이곳에 그 전문을 소개한다.

한국에서 온 원고 김중곤입니다. 본 소송의 제1심에서는 "피해자가 주장하는 사실은 인정하지만 한일청구권협정에 의해 청구는 기각한다"는 판결을 내렸는데, 이에 이르기까지 6년이 걸렸습니다. 그 후로 오늘의 항소심까지 2년여의 세월이 흘렀습니다.

이 조선여자근로정신대가 화제가 된 이후로 18년의 세월이 흐르고 있습니다. 그동안 우리들을 지원해주신 일본의 여러분께 깊게 감사드립니다.

인간이란 나이가 들어감에 따라 기억이 희미해진다고 생각하고 있었는데, 실제로 스스로 나이를 먹어보니 결코 그렇지 않다는 것을 알게 되었습니다. 고통의 체험이란 것은 역으로 세월이 지남에 따라 선명한 기억으로 나타납니다. 아마 다른 원고 할머니들의 경우도 마찬가지라고 생각합니다.

최근 몇 년간 여러 생각을 하다가 새벽까지 잠들지 못한 적이 종종 있었습니다. 국가란, 개인이란, 인간의 존엄이란, 민족이란, 역사란, 그리고 법이란, 재판이란 도대체 무엇인가? 그러한 고민 끝에 항상 마지막에 품게 되는 생각은 '인간은 얼마나 경박하고 교활한 동물인가' 하는 것입니다. 개나 고양이 쪽이 훨씬 순수합니다. 영민하다는 말은 즉 교활하다는 뜻이 아닐까요?

지금 한국인인 저는 이렇게 일본의 법정에 서 있습니다. 왜일까요? 가해자, 피해자는 1심에서 명확히 구분되었습니다. 가해자는 일본인, 하지만 우리들을 구제하려고 하는 분도 일본인, 그리고 그것을 재판하는 분도 일본인입니다. 도대체 우리들은 무엇입니까? 이렇게 명백한 사실 앞에서 어려운 재판으로 싸워야 하는 인간의 어리석음, 교활함을 깨달을 뿐입니다.

가해자와 피해자의 차이는 간단합니다. 피해자는 죽을 때까지 그 상처를 잊을 수 없습니다. 어떠한 사건이든 마찬가지라고 생각합니다. 가해자는 오로지 시간의 경과 속에서 풍화되기를 바라고 있겠죠? 그러나 인간에게는 스스로 납득할 수 있는 지각이 있다고 생각합니다. 그것은 앞으로 살아갈 지혜라고도 생각합니다. 가해자가 진심으로 사죄하는 모습을 접할 수 있다면 납득할 수 있다고 믿습니다. 납득할 수 없다면 미래가 보이지 않기 때문입니다.

62년 전 저의 여동생은 나고야에서 14세의 나이로 목숨을 잃었습니다. 일본에 가면 여학교에 진학할 수 있고 급료도 받을 수 있다는 일본인의 말에 속아 동경의 마음을 품고 일본에 왔습니다.

그러나 빈약한 식사를 하며 하루 종일 중노동에 시달렸습니다. 그런 생활 속에서 지진이 덮쳐서 억울하게 세상을 떴습니다. 또한 여동생 친구인 저의 부인도 여동생과 함께 정신대원으로 일본에 왔습니다. 같은 공장에서 지진을 만났지만 살아남았습니다. 하지만 격렬한 공습 속에서 중노동을 강요당했습니다. 일본이 패전한 뒤에는 맨몸으로 귀국해야만 했습니다.

여동생과 부인 복례는 실로 자매처럼 지냈으며 양가 부모에게 귀여움을 받았습니다. 그러던 중 단 하나뿐인 여동생 순례가 희생되고 말았기 때문에 양가 부모의 결정으로 저는 복례와 결혼했습니다.

부인도 본건 제소 불과 3개월 후에 병으로 세상을 뜨고 말았습니다. 죽기 전 죽음을 깨달은 부인은 제 손을 쥐고 희미한 목소리로 말을 남겼습니다. "저는 당신 덕분에 행복한 생활을 했어요. 순례는 겨우 14세의 나이로 세상을 떴는데, 죽기 전 어떤 생각을 했을까요? 그때 일본에 가지 않았다면 한국에서 행복하게 보냈을 텐데……. 제가 살아 있는 동안에 판결이 내려졌으면 좋았을 텐데, 그걸 지켜보지 못하고 죽는 게 아쉽군요. 나고야의 지원회 여러분께 당신이 고맙다고 말씀 전해주세요." 그렇게 말하며 목숨을 거두었습니다.

이 여동생과 부인을 생각할 때 저는 가해자에게 사죄의 언어를 들을 때까지 도저히 눈을 감을 수 없습니다. 이 생각은 원고의 할머니들이나 아직 숨어서 이름을 밝히지 않는 할머니들도 마찬가지입니다.

가해자들은 먼 옛날 일처럼 생각하고 있을지도 모르겠습니다만 결코 그렇지 않습니다. 실제로 이 법정에 선 우리들이 이렇게 살아 있습니다. 당시 가해자들이 저지른 죄를 타인의 일로 생각해서는 당시 실제로 범한 죄보다도 무거운 죄를 범한다는 인식을 해 주시기 바랍니다.

역사에 기록되는 명판결을 기대합니다. 저는 남겨진 인생을 한일 우호에 바칠 각오입니다. 그 외에 살 수 있는 기반은 없습니다. 아무쪼록 잘 부탁드립니다.

　　나고야고등재판소의 항소심 판결일은 2007년 5월 31일이었다. 제소로부터 이미 8년, 항소 이래 2년 3개월이 지난 상태였다. 그 사이에 7회의 구두변론이 실시되었다. 그 뒤 우리는 판결의 날을 맞이했다.

　　나는 판결 전날 저녁 나고야로 향했다. 재판소와 가까운 비즈니스호텔에 숙박하며 그때를 기다렸다.

　　개정은 오전 10시. 당일 아침 8시 전에 고등재판소 앞에 도착했다. 나고야 지원회 멤버들이 개정 전의 집회준비를 하고 있었다. 장대를 세우고 횡단막을 내건 뒤 테이블을 설치하고 있었다. 한쪽 손에 종잇조각을 들고 바쁘게 지시하고 있는 다카하시 마코토의 모습이 보였다. 다카하시 마코토와 나는 웃는 얼굴로 인사를 나눴다.

　　"안녕하십니까? 수고하십니다."

　　"수고하십니다. 야마카와 씨, 아직 시간이 있으니까 중곤 씨를 만나 보세요. 호텔 방 번호를 가르쳐드릴게요."

그렇게 말하며 중곤이 머무르는 호텔 방의 번호를 확인 후 가르쳐주었다. 원고나 한국에서 방일한 지원자들은 재판소와 조금 떨어진 맞은편에 있는 호텔 KKR나고야에 숙박하고 있었다. 걸어서 2~3분의 거리였다.

호텔 1층 로비에는 원고와 지원을 위해 함께 일본에 오신 분들, 그리고 나고야 지원회의 멤버들의 모습이 보였다. 중곤의 모습은 보이지 않았다. 나는 중곤이 머무르는 6층 방으로 향했다. 엘리베이터에서 내리자 바로 앞이 중곤의 방이었다. 그리고 복도 앞에 3대의 휠체어가 보였다. 그것은 원고 할머니들의 방 앞에 놓인 것임에 틀림없었다.

노크를 하자

"네."

라고 하는 익숙한 중곤의 목소리가 들렸다. 바로 도어가 열렸다. 이미 양복으로 갈아입고 나갈 준비를 한 중곤이 웃는 얼굴로 맞이해주었다.

"수고하십니다."

"수고하십니다."

우리는 그렇게 말하며 굳게 악수를 나누었다.

트윈룸이었는데 보니까 또 한 사람이 아직 침대에 누워서 눈을

법정 가는 길

감고 있었다.

　"아직 쉬시는군요. 그럼 전 로비에서 기다리고 있겠습니다."

라고 낮은 목소리로 말하자

　"제주에서 오신 허중웅許重雄 씨입니다."

라고 밝혔다. 허중웅 씨는 전 제주중앙여자중학교 교장이었다. 현
재는 나고야 미쓰비시 조선여자근로정신대 소송을 지원하는 제주
특별자치도 지원회의 회장으로서 법정판결을 보러 한국에서 동행
한 분이었다. 제주도에서 2만 명이 넘는 사람들에게서 서명을 받은
회장이었다.

　나는 조용히 방을 나와 로비에서 중곤을 기다렸다.

로비에서는 몇 사람의 관계자들이 각각 대화를 나누고 있었다. 문득 소파를 보니 최봉태 변호사가 앉아서 학자의 풍모를 한 약간 고령의 남성과 얘기를 주고받고 있었다. 설마 오늘 여기에서 최봉태 변호사와 만날 줄은 생각지도 못했기에 깜짝 놀라서 멈추어 섰다. 1년 만의 재회인데 과연 나를 기억할지 어떨지 불안하기도 했다. 조금 거리를 두고 두 사람의 대화가 멈추기를 기다렸다. 이윽고 적당한 기회를 엿보다가 최봉태 변호사 앞으로 가서 말했다.

"선생님, 야마카와 슈헤이입니다."

그러자 여느 때처럼 밝은 동안에 미소를 머금으며 말했다.

"오래간만이군요, 야마카와 씨."

반가운 재회였다. 최봉태 변호사와 대화를 나눈 상대는 역사연구가인 야마다 쇼지山田昭次 선생이었다. 최봉태 변호사의 소개로 야마다 쇼지 선생과 처음으로 명함을 교환할 수 있었다. 야마다 쇼지 선생은 릿교立教대학 명예교수이며 본건에 관한 방대한 의견서를 '조선여자근로정신대의 강제연행·강제노동·민족차별'이라는 제목을 붙여 나고야고등재판소에 제출한 장본인이었다(갑C 92호 증).

얼마 지나지 않아 중곤이 로비로 내려왔다. 한 분의 남성과 동행이었다. 허중웅 선생이었다. 황급히 옷을 갈아입고 내려온 모습을 보고 깜짝 놀랐다. 중곤의 소개로 허 선생과 명함을 교환했다. 정신을 차리고 보니 로비에는 많은 사람들이 모여 있었다.

중곤과 함께 재판소로 향했다. 휠체어에 탄 원고들도 호텔을 나왔다.

원고단은 일단 재판소와 인접한 변호사 회관에 집합하기로 되어 있었다. 나는 중곤과 헤어져 재판소 앞으로 향했다.

재판소 앞에는 신문사나 텔레비전 방송국 등 매스컴 관계자들도 많이 모여들었다. 나고야 지원회 멤버나 방청하러 온 사람들로 넘쳤다. 방청은 추천에 의하지만 나는 운 좋게 방청권을 손에 쥘 수 있었다.

"지금 원고단이 이쪽으로 오시니 박수로 환영합시다."

나고야 지원회의 멤버가 핸드스피커로 안내했다.

이윽고 북소리가 들려왔다.

"둥, 둥, 둥."

"둥, 둥, 둥."

휠체어를 타고 어깨띠를 두른 원고들, 부인의 영정을 품에 안은 김중곤이 보였다. 원고들은 나고야 지원회의 멤버들의 부축을 받으며 서서히 걸어왔다. 선두에 서서 북을 치는 두 멤버의 모습이 보였다.

"둥, 둥, 둥."

원고들이 도착했다. 그 때 나는 북의 울림에 마음이 흔들렸다. 지금까지 북소리에 이정도로 인간의 슬픔과 고통, 원한의 정념이 담겨 있으리라고는 생각지도 못했다. 교향곡을 넘어설 정도의 깊은 울림이 느껴졌다.

"매스컴 관계자께서는 앞으로 나와 주세요. 사진을 촬영해 주십시오."

셔터 대열이 한참 동안 원고단을 향했다.

드디어 원고단의 입정. 그 뒤를 방청객이 이었다. 수백 석의 대법정 방청석은 만석이 되었다. 나는 일부러 앞 좌석에 앉아서 개정을 기다렸다. 원고단과 쌍방의 변호사들이 모두 모였다. 아주 조용해졌다. 드디어 개정.

정각에 재판관이 입정했다. 매스컴 관계자들을 위해 5분간 촬영을 허락했다.

엄숙한 분위기에서 나고야고등재판소의 판결법정이 개시되었다.

아오야마 구니오青山邦夫 재판장은 판결주문을 뒤로 돌리고 담담하게 판결이유를 약 30분간에 걸쳐서 한 자 한 자 계속 읽었다. 그 재판장이 낭독하는 문언을 듣고 방청석 바로 뒷좌석에서 어렴풋이 낮은 목소리가 들려왔다.

"좋아, 그렇지."

"그건 아니지."

인간의 보루

"좋아, 좋아, 그래, 그대로야."

나도 마음속으로 뒷사람의 목소리에 동조하고 있었다.

그리고 마지막으로 판결주문이 선고되었다.

"항소 기각."

1심에 이어서 한일청구권협정을 이유로 원고의 호소가 기각되었다. 판결주문을 선고한 뒤 재판관들은 잽싸게 안쪽으로 자취를 감추었다. 법정에 커다란 한숨이 흘러넘쳤다. 그 순간 원고 한 사람이 바닥에 무릎을 꿇고 오열했다. 통곡이었다. 바닥을 치면서 한국어로 절규했다.

"아버지! 어머니!"라는 언어만은 나도 들을 수 있었다.

중곤이 방청석에 있는 내게 시선을 돌렸다. 서로 가볍게 눈빛을 교환했다. 중곤의 눈자위는 분명히 젖어 있었다. 나는 답답해서 머릿속이 새하얗게 변했다. "미안해요, 미안해요"라고 마음속으로 되뇌고 있을 뿐이었다.

울며 외치는 원고 한 사람을 다른 원고와 나고야 지원회의 멤버들이 부둥켜안아서 휠체어에 태웠다. 법정에서 한 걸음 한 걸음 물러났다. 그러나 그 외침은 재판소의 밖에서도 이어졌다. 나는 나중에 한국어로 외치는 원고의 말의 의미를 중곤에게 물어보았다. 할

313

패소 판결(양금덕 할머니의 울분)

머니의 비통한 외침의 의미를 알아냈다.

"이 한을 누가 풀어줄까? 아버지, 어머니에게 무슨 말을 해야 할까? 이대로 집에 돌아갈 수 없지."

그렇게 계속 외친 원고는 77세의 양금덕 씨였다.

방청할 수 없었던 나고야 지원회의 멤버들은 변호사회관에서 대기하고 있었다. 전원이 함께 판결 집회가 열리기를 기다리고 있었다. 그 전에 변호단의 판결 평가 미팅, 그리고 원고단과 변호단, 나고야 지원회 간부의 기자회견이 열렸다.

그로부터 약 30분 정도 지나서 또 판결보고 집회가 열렸다.

판결주문 '청구 기각'이라는 발표에 다음과 같은 사항을 평가내용으로 보고했다.

1. 국가와 미쓰비시중공업의 불법행위 책임의 성립을 인정하고 아직도 미해결 문제임을 명확히 한 점.
2. 어린 소녀들의 향학열을 역으로 이용해 가족의 품에서 끌고 간 행위에 대해서 "기만, 혹은 협박으로 정신대원으로 지원하게 한 것을 인정하며 이건 강제연행이라고 보아야 마땅하다"고 인정한 점.
3. "이들의 연령에 비해 과혹한 노동이었다는 것, 빈약한 식사, 외출과 편지의 제한·검열, 급료의 미지급 등의 사항이 인정되며 또한 정신대원을 지원하기에 이른 경위 등도 종합하면 이건 강제노동이라고 보아야 마땅하다"고 인정한 점.
4. 도난카이 지진으로 사망한 피해자와 공장에서 작업 중에 부상당한 피해자에 대해서 "어느 것이나 상기의 강제연행, 강제노동으로 발생한 손해라고 보아야 마땅하다"며 강제연행, 강제노동과의 인과관계를 인정한 점.
5. 당시 일본도 비준해 등록한 ILO(국제노동관계) 조약 29호를 위반했다고 지적한 점.

6. 원고들이 여성이기 때문에 귀국 후 고통스러운 인생을 보낼 수밖에 없었던 것도 강제연행의 결과 발생한 비극임을 인정한 점.

7. 본건에 대한 국가무답책의 법리적용을 명확히 물리친 점. 그리고 미쓰비시중공업이 책임을 회피하기 위한 논거로 삼아온 전쟁 전의 미쓰비시중공업과 현재의 미쓰비시중공업이 다른 회사라는 의견에 대해 실직적으로 계속성이 있으며 불법행위를 책임져야 할 여지가 있다고 판단한 점.

이와 같이 국가와 미쓰비시중공업을 엄하게 단죄하고 양자의 불법행위 책임을 인정하면서도 판결은 한일청구권협정을 이유로 원고들의 청구를 받아들이지 않았다.

그 논거로는 샌프란시스코평화조약이 전쟁 피해자 개인의 재판상 소구할 권능을 말살시켰다는 해석을 들었다. 그리고 한일청구권협정에 대해서 마찬가지로 재판소 입장에서 불법행위 책임의 이행을 명령할 수 없다는 점을 제시했다. 그러나 판결은 한편, 국가나 미쓰비시중공업이 한일청구권협정으로 "피해자들은 어떠한 주장도 할 수가 없다고 항변하는 한"이라고 첨언했다. 말하자면 피고들의 한일청구권협정을 방패로 삼은 항변이야말로 포기해야 할 사항이라고 보았다.

나는 극도의 초조감을 느꼈다. 원고는 물론 피고도 사법도 피해의 사실을 인정하고 있다. 그런데도 피해자들은 배상받을 수 없다. 이 부조리에 대한 해결의 길은 도대체 어디에 있는 것일까?

최종적으로 해결의 길은 최봉태 변호사가 주장하는 '인도주의, 현실주의, 미래주의'를 공유하는 곳에 있는 것 아닐까라고 생각했다. 원고도 피고도 인도주의를 기반으로 현실적으로 가능한 노력을 기울이며 미래를 지향해야 마땅하다.

피고들이 한일청구권협정을 방패로 삼아도 어떤 것도 해결할 수 없다. 논리적으로 김창록 증인이 증언한 것처럼 '식민지 지배와 관련한 문제에 대해서는 결국 협정 해결의 범위에 들어가지 않는다'고 하는 생각이 이치에 맞다.

더욱이 샌프란시스코평화조약이 식민지 지배의 문제를 전혀 해결하지 못한 부분을 오타 오사무太修(불교대학 조교수) 씨는 제출한 의견서(갑B 38호 증), '한일교섭과 식민주의의 청산'에서 다음과 같이 명쾌하게 서술한 바 있다.

"샌프란시스코강화조약 제4조가 식민지 지배의 청산을 목표로 삼지 않았으며 그에 따라 진행된 교섭에서도 식민지 지배·전쟁의 청산을 지향하지 않았다"고.

나는 마음속으로 '피고들의 교활함, 사법의 의지박약함'이 틀림없는 원흉이라고 생각할 수밖에 없었다. 한걸음 나아가서 말하면 사법의 시점은 정치적 시점이며, 시민의 시점을 무시한 것이라고 보지 않을 수 없다. 정도를 벗어난 사법의 나약한 판결의 그늘에서 인간의 양심을 품은 사법의 고뇌 또한 읽을 수 있다.

그러나 결론적으로 기각한 것은 정치 권력과 대기업의 그늘에 몸을 웅크린 행위이다. 말하자면 뇌물을 주고받은 비리 관계가 부른 결과로 해석할 수밖에 없다. 하지만 나는 2심판결에서 새로운 시점과 에너지를 얻은 듯한 느낌이 들었다.

판결보고 집회가 끝난 뒤 나는 도쿄로 돌아가기로 했다. 다음 날 원고단, 변호단, 나고야 지원회에 의한 도쿄행동이 예정되어 있었기 때문이다. 나는 김중곤, 다카하시 마코토와 악수를 교환했다.

"그럼 내일 잘 부탁드립니다."

"도쿄에서 기다리고 있겠습니다."

라고 말한 뒤 변호사회관을 떠났다.

다음 날인 6월 1일 아침 나는 시나가와역으로 향했다. 2년 전 1심판결의 다음 날 일이 문득 생각났다. 2월이어서 그날은 추위가 매서웠다. 오늘은 완전히 그날과는 달리 상쾌한 초여름의 햇볕이 쏟아지고 있다. 일행은 '노조미 2호'를 타고 도쿄를 향하고 있었다. 11시 22분에 시나가와역에 도착할 예정이었다.

일찍 시나가와역에 도착한 나는 신간선 개찰구에서 일행의 도착을 기다렸다. 멀리 한국에서 온 늙은 원고들의 모습을 다시 이곳에서 본다는 것이 현실처럼 느껴지지 않았다. 이번에는 원고들 외에 최봉태 변호사와 허중웅 선생 등 한국에서 지원자들도 동행하고 있어서 강하게 힘이 솟는 느낌이었다. 또한 우치카와 요시카즈 변호단장 이하 10명의 변호단과 14명의 나고야 지원회 멤버가 오기로 했다.

예정대로 시나가와역에 도착한 일행의 모습이 개찰구 사이로 보였다. 나는 손을 흔들며 맞이했다. 이윽고 미나토 남쪽 출입구에 전원이 모여 미쓰비시중공업 본사 앞으로 이동했다. 원고들을 태운 3대의 휠체어를 밀고 있는 사람은 나고야 지원회 멤버였다. 일행의 본사 앞 도착과 거의 동시에 강제연행의 기업 책임과 재판을 지원하는 전국네트워크 멤버들도 지원하러 달려와 주었다. 미쓰비시중공업 측의 경비원 수는 평상시보다 많았으며, 뒷짐을 쥐고 현관을 주시하고 있었다.

장대를 세우고 횡단막을 펼친 뒤 휠체어의 원고들을 에워싼 채 어필을 시작했다. 나는 나고야 지원회의 한 사람으로서 횡단막을 들고 계속 서 있었다. 변호단장, 각 지원 단체의 대표가 연이어 핸드스피커로 호소했다.

현관 앞에서 어필행동을 계속 진행하고 있는 사이 나고야 지원회, 원고단, 변호단, 그리고 한국에서 온 지원자들이 본사빌딩으로 들어가 미쓰비시중공업 측을 상대로 직접 요구 집회를 진행했다.

본사 앞에서의 어필과 요구 집회는 오후 1시까지 계속되었다. 그 뒤 일행은 택시에 합승해 국회의원회관으로 향했다. 나고야 지원회의 멤버가 가까운 슈퍼에서 사가지고 온 오니기리(주먹밥)로 공복을 채웠다.

전원이 중의원 제2 의원회관에 도착했을 때에는 12시 반이 지난 시각이었다. 입관수속을 마치고 제2 회의실에서 간단한 협의를 마친 뒤 분산해 그룹별로 각 의원사무실로 찾아가 자료 배포와 요구 집회를 실시했다. 국회 개최 중이었으므로 직접 면담할 수 있는 의원은 없었지만 비서를 통해 요청문과 2심판결을 보도한 신문기사 복사물을 배포했다. 나는 이와츠키 변호사, 나고야 지원회의 도미다 선생과 동행했다. 각 의원의 눈에 한순간이라도 띄기를 바랐다. 이처럼 착실한 행동을 반복하는 것이야말로 중요한 현실주의라고 나는 인식했다.

전후배상 재판에서 분명 한국의 경우엔 한일청구권협정을 방패로, 중국의 경우엔 중일공동성명으로 원고의 청구를 기각하는 판결이 이어졌다. 그러나 사법은 가해의 사실을 확실히 인정했으며, 피해자가 구제받아야 마땅하다는 것을 시사하는 지점까지 내몰렸다. 이것은 각 사건의 소송을 지원하는 사람들의 착실한 조사와 투쟁의 결과였다. 국가의 배상 행위를 한 가지라도 인정한다면 헤아릴 수 없이 많은 피해자들의 배상 요구를 들어주어야 한다고 두려워하고 있는 것일까? 사법은 국가의 위기를 떠받치고 있다고 설명할 수밖에 없다. 그 방패가 한일청구권협정과 중일공동성명이다. 그렇다고는 하나 사법의 양심은 피고들에게 자발적 구제의 길을 넌지시 요구하고 있다. 그런데도 이 사법의 겁약의 그늘에 피고들은 어떻게든 도피하려고 하고 있는 것이다.

제2 회의실에서 도쿄의 판결보고 집회를 시작한 것은 3시 넘어서였다. 보고 집회의 내용은 전날 나고야에서 열린 집회의 내용과 거의 같았다. 여기에서도 최봉태 변호사가 인도주의와 현실주의에 대해서 얘기했다.

그날의 요구 집회는 이 집회의 폐회로 끝났다.

간다 사루가쿠초에 위치한 한국YMCA회관이 그날의 원고를 비롯해 한국에서 온 지원자들의 숙박 장소였다. 다음 날 하네다 공항에서 귀국하도록 일정이 짜여 있었다. 나고야에서 온 지원회의 멤버나 변호단의 멤버도 함께 숙박하게 되었다. 오늘밤 여기에서 석식 교류 모임을 갖기로 했다. 장소는 2층에 있는 레스토랑이었다.

6시가 지나자 바이킹식의 식사 모임이 시작되었다. 회원들이 몹시 지쳐 있었으며 게다가 공복이었던 만큼 가득 담긴 한국요리가 순식간에 사라져 버렸다. 몇 번 보충하였지만 그것도 깨끗이 비웠다.

함께 투쟁해 온 사람들이다. 모임 장소에는 밝은 분위기가 넘쳤고 이쪽저쪽에서 웃음소리가 들렸다. 대화로 활기가 느껴졌다. 진정한 한일 교류였다. 어두운 분위기는 어디에도 없었다. 승리축하회라고 해도 좋았다. 모인 사람들은 그곳에서 계속되는 투쟁을 위해 원기를 보충했다.

이윽고 다카하시 마코토의 사회로 각자에게 스피치의 기회가 주어졌다. 유머 넘치는 스피치도 적지 않았다.

최봉태 변호사는 전후배상 재판에서 이번의 판결 이상의 판결은 없다고 생각한다는 말까지 했다. 그리고 인도주의와 현실주의야말로 해결 가능한 방법이라는 것을 냉정한 시점에서 얘기했다.

스피치의 종반에 '김중곤 씨의 친구'라고 소개하는 사회자의 지명으로 나도 한마디 거들 수 있는 기회가 찾아왔다. 조금 긴장하면서 다음과 같이 인사를 했다.

"야마카와 슈헤이입니다. 여러분, 어제와 오늘 참으로 수고하셨습니다. 저에게는 매우 공부가 되는 이틀간이었습니다. 특히 최봉태 선생님의 인도주의, 현실주의, 미래주의의 본질을 이해할 수가 있었습니다. 뭔가 새로운 투쟁의 시점을 발견한 듯한 느낌이 듭니다. 제게 가능한 현실주의를 실천하기 위해 노력하겠습니다."

박수소리는 새로운 에너지가 되었다.

석식 교류 모임은 8시에 끝났다.

인간의 보루

로비에서 중곤과 이틀간을 회고하며 위로의 말을 주고받은 뒤 굳게 악수를 나누고 헤어졌다. 한국YMCA회관에서 스이도바시水道橋 역으로 향하는 나의 마음에는 1심 때와 같은 느낌은 없었다.

나고야고등재판소의 항소심 판결로부터 11일째에 해당하는 6월 11일, 원고 전원은 상고했다. 그날 변호단과 나고야 지원회는 연명으로 '성명문'을 발표했다.

이 성명문에는 '최고재판소를 노골적으로 추종한 사법 소극주의의 과오'라는 제목하에 부당판결에 대한 이유가 명쾌하게 드러나 있다. 나의 현실주의를 지탱하는 이론 무장의 본보기가 되었다.

나고야고등재판소 판결은 항소를 기각해 피해의 중대성을 수용하면서도 피해 구제를 인정하지 않았다. 사법의 역할을 포기한 내용이었으니 엄격히 비판받아 마땅한 부당한 판결이었다.

나고야고등재판소 판결이 항소를 기각한 직접적 근거로 삼은 한일청구권협정에 대해서는 피항소인인 국가가 스스로 개인의 청구권을 포기한 것이 아니라 '외교보호권'의 포기에 지나지 않는다고 국회에서 답변했다. 따라서 고등재판소 판결은 해석을 왜곡한 것이라고 보지 않을 수 없다. 게다가 한일청구권협정의 체결과정을 둘러싸고 한국에서는 교섭 과정의 문서공개가 이루어져 한국정부가 포기한 청구권에는 '인도적 이유에 근거한 청구권은 포함되지 않는다'고 천명하고 있다. 이에 반해 일본정부는 지금까지 교섭과정의 문서공개를 요구하는 시민에게 모든 문서공개를 계속 거부하고 있다. 고등재판소가 교섭 경위에 근거해 내용을 검증할 수도 없다는 조약에 따라 피해자의 구제를 거부한 것은 지극히 부당하다고 지적할 수밖에 없다.

고등재판소 판결 약 1개월 전인 4월 27일 최고재판소는 중국인 대상의 전후배상 재판에서 진행하던 5건 모두 일괄적인 판결을 내려(니시마츠西松건설최고재판소 판결 외) 피해자의 구제를 거부했다. 고등재판소 판결은 최고재판소 판결을 그대로 받아들인 것으로, 최고재판소를 무비판으로 추종해 전후배상 문제에 관한 사법의 역할을 포기했다고 지적하지 않을 수 없다.

한일청구권협정으로 소구할 수 없다고 하는 결론을 이끌어내기 위해 헌법이 전후배상을 인정하지 않는다는 고등재판소 판결의 판시는 분명히 잘못된 것이다. 해방 후 현재까지 이어지고 있는 인격적 살해에 대해 한일청구권협정 체결일 이전에 피해 원인의 핵심인 강제연행이 있었기 때문에, 체결일 이전에 발생한 사유에 의한 피해라고 하여 피항소인들을 면책한 논리이다. 이는 해방 후의 피항소인들의 부작위책임의 중대성을 부당하게 경시한 잘못된 것이라고 말하지 않을 수 없다.

이상과 같이 나고야고등재판소 판결은 최고재판소 판결을 무비판적으로 추종한 것이기 때문에 여러모로 잘못된 부당 판결이었다.

상고 3일 후인 6월 13일은 미쓰비시중공업의 주주총회가 열리는 날이었다. 그날 우리는 나고야 지원회의 이름으로 피고인 일본국 내각총리대신 아베 신조安部晋三와 미쓰비시중공업 주식회사 대표이사 츠쿠다 가즈오佃和夫 앞으로 공개 질의서를 보냈다. 그리고 다카하시 마코토 등 나고야 지원회의 멤버 몇 명이 상경해 재경의 '강제연행·기업 책임추궁 재판 전국네트워크'로부터 몇 명의 멤버를 지원받았다. 그 후 미쓰비시중공업 본사에서 가장 가까운 역인 시나가와역 미나토 남쪽 출입구에서 가두선전을 전개했다. 횡단막을 치고 장대를 세운 뒤 핸드스피커를 쥐고 어필했다. 더불어 전단지 배포를 실시했다.

당일 나는 아침 일찍 집을 나서 시나가와역 구내의 식당에서 배를 채운 뒤 행동에 참가했다. 역에서 노도처럼 쏟아져 나오는 샐러리맨들에게 계속 호소했다. 그중에는 아마도 미쓰비시중공업의 사원이나 주주총회에 출석하는 사람도 섞여 있었음에 틀림없다. 사람들은 횡단막을 힐끗 쳐다본 뒤 지나갔다. 제법 좋은 위치에 서서 계속 진행한 선전 행동이었다. 행동은 오전 내내 진행되었다.

종료 후 역 구내의 다방에서 휴식을 겸한 미팅을 실시했다. 배포한 전단지의 매수를 확인하고 보행자의 반응 등에 대해서 의견을 서로 교환했다.

다카하시 마코토는 7월에 접어들어 매주 금요일, 시나가와역과 미쓰비시중공업 본사 앞에서 농성을 시작했다고 공개했다.(금요행동) 거기에 맞춰 나고야 지원회의 멤버가 교대로 두 사람씩 상경하도록 하겠다고 말했다.

"야마카와 씨의 사정은 어떻습니까?"

다카하시 마코토가 약간 조심스럽게 내게 물었다.

"괜찮습니다. 참가하겠습니다."

"도쿄 쪽에서 나와 주시는 게 매우 도움이 됩니다. 고맙습니다."

"분발하겠습니다."

"야마카와 씨, 몸 상태는 괜찮습니까? 무리하지 않는 범위에서 부탁합니다."

"알겠습니다. 매주 나오겠습니다."

나는 단호히 말했다.

"그렇습니까? 그럼 행동 내용이나 나고야에서 언제 누가 상경할지에 대해선 후일 빨리 연락드리겠습니다. 도쿄에 사는 야마카와 씨가 나오시니 정말 고맙습니다. 잘 부탁드립니다."

다카하시 마코토가 기뻐하며 말했다. 약 18년간 이 문제의 선두에 서서 계속 달려온 다카하시 마코토의 뇌리에는 철저한 현실주의가 뿌리를 내리고 있었다. 뒤늦게나마 자신에게 가능한 현실주의를 모색하기 시작한 나는 다카하시의 제의를 빈틈없는 계획으로 받아들였다. 가능한 한 최선을 다하는 것이야말로 현실주의다. 나는 마음속으로 이를 악물었다.

며칠 후 다카하시 마코토는 전화와 팩스로 금요행동의 자세한 계획을 알리는 내용을 보내왔다. 시나가와역 미나토 남쪽 출입구에서의 선전 활동은 통근자가 가장 많은 시간대에 해당하는 오후 8시 45분부터 1시간 동안 실시한다. 그 후 미쓰비시중공업 본사 앞으로 이동해서 12시 45분까지 어필행동을 실시한다. 미쓰비시중공업의 담당자를 만나 요청서를 건넨다. 이 행동을 매주 반복하기로 했다. 나고야에서 지원회의 멤버가 2명씩 교대로 상경해 참가한다. 매주 참가할 사람은 올봄 나고야에서 사이타마埼玉현 야시오八潮시로 이사한 데라오 데루미(나고야 지원회 공동대표·나고야공업대학 명예교수)와 나(야마카와 슈헤이)로 정해졌다. 따라서 상시적으로 4명이서 행동을 반복하게 되었다.

운동계획서 앞부분의 '운동의 철학'에는 인도주의·현실주의=

전단지를 배포하는 야마카와 슈헤이

조기해결이라고 쓰여 있었다. 나는 이 한 문장을 보고 기뻐서 무심코 킥킥 웃고 말았다.

현실주의의 정신은 인도주의에 따라 현실에서 가능한 일에 최선을 다한다는 뜻이 된다. 이 정신은 결코 일방통행으로는 문제가 해결되지 않는다는 의미도 내포하고 있다. 쌍방이 현실주의에 투철해야 한다. 하지만 상대는 회피주의라는 삐뚤어진 현실주의에 머물러 있다. 한일청구권협정의 해석론에 입각한 회피주의는 너무나도 교활하다. 나고야고등재판소가 단죄한 강제연행·강제노동의 사실을 무겁게 받아들여 인도주의에 의거한 해결책을 실시해야 마땅하다. 가해자가 피해자에게 사죄하고 배상하는 이외에는 길이 없다. 가해자가 배상하지 않으면 누가 피해자에게 배상할 것인가? 이것은 회피주의와 인도주의의 싸움이다. 이 싸움에 참가하는 것이야말로 나 자신이 인간으로서 살아가는 보루(양심)인 것이다. 아마도 다카하시 마코토를 비롯해 많은 지원회의 멤버 한 사람 한 사람도 자기 나름 삶의 보루로 인식하며 참가하고 있음에 틀림없다. 한 사람 한 사람 작은 인간의 보루가 나고야 지원회라는 커다란 보루를 구축한 만큼 이윽고 이 투쟁이 끊임없이 인도주의를 무시하는 가해자들의 회피주의를 붕괴시킬 수 있다고 확신한다. 인도주의야말로 인간의 궁극적인 기반이다. 인류의 역사는 인도주의에 의해 지탱되었다. 어떠한 권력과 위선일지라도 붕괴하지 않는 역사는 존재하지 않는다.

2007년 7월 20일(금)은 최초의 금요행동의 날. 아침부터 찌는 듯한 한여름 날씨였다. 나고야에서 올라온 사람은 다카하시 마코토와 나고야 지원회의 스기시타 요시마츠杉下芳松. '강제연행·기업 책임추궁 재판 전국네트워크'의 야스하라安原가 달려와 주었다. 그리고 재경의 데라오 데루미와 내가 합류했다. 나고야 지원회의 장대를 두 개 세우고 새롭게 쓴 횡단막을 펼쳤다(나고야 지원회의 장대와 횡단막은 이후의 금요행동에 빠뜨리지 않는 준비물이 되었다). 횡단막의 문구는

"5·31 나고야고등재판소 미쓰비시중공업의 강제연행 강제노동을 단죄!"

"5·31 나고야고등재판소 판결에 근거해 조선여자정신대 피해

자의 구제실현을!"

이 두 문장이었다. 행동의 개시였다.

시나가와역 미나토 남쪽 출입구에는 미쓰비시중공업 본사 빌딩을 비롯해 수많은 초고층빌딩이 죽 늘어서 있다. 역 빌딩이 토해내듯 쏟아져 나온 통근자들의 흐름이 탁류처럼 이어졌다. 우리들은 지나가는 통근자들의 시선이 싫든 좋든 머무르기에 적당한 장소에 진을 쳤다. 우리에게는 아직 핸드스피커를 들고 외칠 담력은 없었으므로 오로지 횡단막을 안고 있을 뿐이었다.

통근자들은 횡단막에 눈길을 돌리다가 우리의 얼굴을 힐끗 보고 지나갔다. 내리쬐는 한여름의 태양에 눈이 부셨다. 끊임없이 땀이 흘러내렸다. 9시 40분이 지나자 마치 소나기가 내린 뒤처럼 사람 수가 줄어 조용해졌다. 역 앞에서 약 1시간 정도의 행동을 마치고 이번에는 미쓰비시중공업 본사 정면 현관 앞으로 이동했다. 역 앞에서와 마찬가지로 어필행동을 계속했다. 유리가 붙은 빌딩 1층 안에서 제복 입은 몇 명의 경비원과, 네다섯 명의 접수처 여자 사원, 그리고 남자 사원이 우리의 행동을 지켜보고 있었다. 무엇을 확인하려는지 빌딩 안에서 우리들을 향해 카메라 셔터를 누르고 있었다.

첫 번째의 어필행동을 마친 나는 맛보지 못한 충실감을 느꼈다. 최고재판소에서는 아직 판결을 내리지 않았지만 어떠한 판결을 내릴지라도 이 행동이 언젠가 해결의 방향을 좌우하는 투쟁이 될 것이라는 확신을 가질 수 있었다. 이 현실적인 행동이야말로 그 순간 가장 중요하게 느껴졌다. 최고재판소 판결 후의 투쟁도 현재 이렇게 노력함으로써 열릴 것임에 틀림없다고 확신했다.

나의 불안 요소는 건강 상태였다. 지병인 협심증. 관동맥의 바이패스 수술 이후 8년이 경과해 최근에는 해에 두세 번 니트로 알약을 혀 아래 넣고 심장을 안정시켰다. 나는 이 은밀한 불안을 해소할 수단을 강구해냈다. 타인이 보면 비장한 결의를 다지는 것처럼 보일지도 모르겠지만 전혀 그렇지 않다. 내게는 꽤 유머가 담긴 방법으로 느껴졌다. 그것은 미쓰비시중공업 츠쿠다 가즈오 사장 앞으로 요청서를 써서 밀봉한 뒤 품 속에 숨겨둔 일이었다. 이것을 품고 있으면 언제 어디서 쓰러져도 후회는 없다. 결심을 한 나는 혼자서 득의의 미소를 지었다. 이상한 일이다. 이것을 품은 이후 실로 몸 상태가 쾌조다. 츠쿠다 가즈오 사장이 나의 수호신이 되어 주리라고는 전혀 상상하지 못했다.

"오늘도 덕분에 건강합니다. 고맙습니다. 츠쿠다 사장님".

이러한 농담이 무심코 나온다.

김중곤의 부인 복례 씨와 여동생 순례 씨의 영정을 안고 서게 된 것은 3회째의 행동부터였다. 통근자들의 시선은 영정을 향했다. 눈길을 끄는 행동이어서 효과가 있었다. 하지만 영정을 안고 있는 나의 기분은 매우 무겁고 고통스러운 것이었다. 어째서 일본 시민 앞에 두 사람의 영정을 드러내야만 할까? 그러한 생각이 엄습했다.

"부인, 죄송합니다. 함께 싸웁시다."

나는 홀로 그렇게 중얼거릴 수밖에 없었다.

나는 영정을 안고 있는 행동을 여러 차례 계속했다.

내가 겨우 핸드스피커를 들고 외칠 수 있게 된 것은 5회째부터였다. 지금에 이르러서는 가장 치열히 외치는 사람이 나일지도 모르겠다. 그 날에 따라서 어필 내용을 다소 바꾸기는 했지만 본질은 다르지 않았다.

나는 계속 다음과 같은 말로 어필했다.

여러분 안녕하십니까? 저는 매주 금요일 이곳에 서서 어필하고 있는 '나고야 미쓰비시 조선여자근로정신대 소송을 지원하는 모임'의 멤버입니다. 이 문제는 여러 강제연행·강제노동 사건 중에서도 가장 비열하고 기만에 가득 찬 강제연행과 강제노동이었습니다. 결코 먼 옛날 얘기가 아닙니다. 피해자들은 지금도 계속 고통에 시달리고 있습니다.

이 강제연행의 비열함은 첫째, 연행대상이 초등학교를 막 졸업한 12세부터 14세의 아직 자아에 눈떴는지 어떤지 알 수 없는 소녀들이었다는 사실에서 느낄 수 있습니다. (미쓰비시중공업은) 이 소녀들을 일본의 군수공장으로 연행하기 위해 일본에 가면 여학교에 입학시켜 주겠다고 하는 수법으로 꾀었습니다. 4년 걸리지만 2년 만에 졸업증서를 받을 수 있다. 게다가 급료도 받을 수 있다. 그리고 매일 맛있는 식사도 할 수 있다고 유혹했습니다. 당시 여학교에 진학할 수 있는 대상은 일본에서도 많지 않은 혜택받은 가정의 소녀들이었습니다. 조선의 소녀들은 여학교에 다닐 수 있다는 말에 속고 말았습니다. 이 정도로 좋은 꿈은 없었던 것입니다.

1944년이라면 이미 일본에서는 미군이 공습을 시작했습니다. 학생들도 피난하기 시작했습니다. 소녀들에게는 여학교에 다니고 싶다는 향학열에 모든 것을 걸었습니다. 하지만 소녀들의 양친은 어떤 가정에서도 반대했습니다. 귀여운 딸을 그런 위험한 일본에 보낼 수는 없었기 때문입니다. 하지만 부모들이 반대하면 경찰에 연행한다며 교장과 헌병이 협박했습니다. 이렇게 해서 각지에서 약 300명의 소녀들이 모였습니다.

소녀들이 승선한 곳은 남단에 위치한 여수항이었습니다. 배웅하러 온 가족들은 절규에 가까운 통곡을 하며 딸들을 보냈습니다. 현해탄은 이미 미군의 잠수함이 출몰하는 위험수역이었으므로 밤에 도항을 감행했습니다. 그들은 시모노세키下關에서 행선지도 밝히지 않고 열차에 태워 소녀들을 이동시켰습니다. 도착한 곳은 나고야 미쓰비시중공업의 비행기를 만드는 공장이었습니다.

　소녀들은 공장에서 걸어서 10분 정도의 거리에 있던 제4 료와 기숙사에 수용되었습니다. 다다미가 12장이 깔린 1방에 6명씩 들어가 함께 기거하게 되었습니다.

　소녀들은 매일 아침 가미카제(신풍神風)라고 쓰인 머리띠를 둘러야 했습니다. 그리고 '우리는 소녀정신대'라는 노래와 군가를 높이 제창하며 대열을 지어 공장에 다니는 생활을 시작해야 했습니다. 감자밥에 단무지 절임만 허술하게 나오는 식사였기에 언제나 공복상태였습니다. 매일 밤낮없이 노동에 시달렸습니다. 동경하던 여학교에 통학하는 일은 아예 없었습니다. 이윽고 소녀들은 속은 것을 알아차렸지만 가족에게 편지를 쓸 자유마저도 빼앗긴 상태였습니다. 그 무엇도 거짓말이었던 것입니다.

　1944년 12월 7일 점심 시간이 지난 뒤 갑자기 엄습한 도난카이 지진으로 공장의 도처가 무너져 6명의 소녀들이 목숨을 잃었습니다. 마그네튜드 7.9라는 대지진이었음에도 불구하고 최고 통수부의 보도규칙에 따라 전 국민에게 이 재해가 전해지지 않았습니다. 전의의 상실을 우려했던 것입니다.

　더욱이 군수공장이 미군에게 공습을 당해 이윽고 소녀들은 도야마의 다이몬공장으로 이동하지 않을 수 없었습니다. 그러나 거기에서도 계속 미군의 공습에 시달려야 했습니다.

드디어 종전. 하지만 그해의 12월이 되어 소녀들은 맨몸으로 귀국해야만 했습니다. 급료는 후일 송금한다고 하는 약속이었지만 지금까지 1엔도 지불하지 않았습니다. 이것도 거짓말이었습니다. 도대체 이 피해자에게 누가 사죄하고 배상한단 말입니까?

제소 이후 약 8년. 지난 5월 31일 나고야고등재판소에서는 판결을 통해 이 기만에 찬 행위를 강제연행·강제노동으로 단죄했습니다. 더불어 일본이 비준(1932년 11월 21일)한 국제노동기관 ILO조약 29호도 위반했다는 사실을 인정했습니다. 사법은 피해 사실과 가해 사실을 확실히 인정하고 있는 것입니다. 그런데도 왜 미쓰비시중공업은 사죄도 배상도 하지 않으려는 걸까요?

분노가 치미는 전쟁이 끝나고 62년의 세월이 흘렀습니다. 소녀들도 이미 고령에 이르러 병원 생활과 휠체어 생활을 하게 되었습니다. 그러나 고통, 슬픔은 아직껏 풀리지 않은 상태입니다. 그러한 울분을 이해하기 어렵지 않습니다.

한국에서는 과거의 근로정신대원을 일본군 위안부처럼 계속 인식해왔습니다. 이 오인 문제는 귀국한 소녀들을 더욱 불행의 구렁텅이로 몰아넣었습니다. 일본인에게 더럽힌 여자들이라고 차별을 당해 결혼도 뜻대로 하지 못했습니다. 또한 결혼 후 과거에 근로정신대원이었다는 사실이 알려져 이혼을 택할 수밖에 없거나, 가정 내 폭력에 시달려야 했습니다. 피해자들은 정신대원이었다는 것을 계속 숨기며 살지 않

인간의 보루

을 수 없었습니다. 아직까지도 이름을 밝히지 않는 근로정신대원이 많은 이유는 이 오인 문제 때문입니다. 소녀들은 이중의 고통에 시달리며 살고 있습니다. 원고 한 사람이 익명을 사용하고 있는 것도 오인 문제가 그 배경에 깔려 있습니다. 얼마나 지긋지긋하고 기만에 가득 찬 강제연행, 강제노동이었을까요?

가해 책임이 명백한 미쓰비시중공업이 이 책임을 벗어나기 위해서 어떤 변명을 늘어놓고 있는지에 대해 말씀드리자면, 전쟁 전의 미쓰비시중공업과 현재의 미쓰비시중공업은 다른 회사라고 주장해왔습니다. 이러한 얘기가 통할까요? 재판소는 당연히 이를 인정하지 않았습니다. 이렇게 억지를 부리며 책임을 회피하니 말입니다.

사법은 가해의 사실관계를 인정했지만 원고가 요구한 사죄와 배상의 청구는 물리쳤습니다.

"피고 측이 한일청구권협정으로 완전히 해결되었다고 계속 항변하는 한 원고에 대한 청구를 명할 수 없다"고 합니다. 말하자면 국가권력을 추종하는 판결을 내린 것입니다. 이것은 분명히 부당한 판결입니다. 왜냐하면 65년에 체결된 한일청구권협정은 외교보호권의 해결을 양국이 서로 인정한 것이며, 개인의 청구권은 소멸하지 않았기 때문입니다. 무엇보다 협정이 맺어진 65년 당시 일본에서도 한국에서도 설마 개인이 국가나 기업을 상대로 제소하리라고는 상상조차 할 수 없었습니다. 따라서 한일협정의 문언에는 개인배상에 관해서는 명시되지도 않았던

337

것입니다.

반드시 죗값을 치를 때가 올 것입니다. 범한 죄에서 벗어날 수는 없다고 생각합니다. 미쓰비시중공업은 죄에서 벗어나려는 쪽에 중점을 둘 게 아니라 해결하려는 쪽에 중점을 둬야 마땅합니다. 아무리 죄에서 벗어나려 해도 무리입니다. 우리는 인간의 목숨을 돌려달라고 얘기하고 있는 것이 아닙니다. 사죄와 배상을 해야 마땅하다고 요청하고 있습니다. 현실적으로 가능한 내용을 요청하고 있는 것입니다.

미쓰비시중공업의 츠쿠다 가즈오 사장은 하루라도 빨리 해결해야 합니다. 기업이 과거에 범한 죄에서 벗어나려는 행위는 당시 저지른 죄 위에 더욱 무거운 죄를 덧씌우는 일이 됩니다. 피해자들의 고통과 슬픔에 가득 찬 모습을 접할 때 우리는 여기에 서서 이렇게 외치지 않고서는 도저히 견딜 수 없습니다.

잔서가 이어지던 더운 여름도 지나고 살을 에는 겨울바람이 매섭던 2008년 겨울. 어필행동은 계속되고 있었다. 매주 나고야에서 두세 명, 나고야 지원회의 멤버가 달려와 주었다. 재경의 데라오 데루미와 나 두 사람은 쉬고 있을 수 없었다.

금요행동은 정확히 35회를 맞이했다(2008년 4월 25일).

미쓰비시중공업은 서로 협상하기 위해 테이블에 앉는 자세를 보이지 않는다. 나고야고등재판소가 단죄한 강제연행·강제노동, 기만 등의 언어를 엄숙히 받아들여야 마땅하다. 세계에서 으뜸가는 미쓰비시중공업이 무작정 책임을 회피하려는 자세는 너무나도 가련하고 초라하다. 하루라도 빨리 사죄하고 배상한 뒤 당당하게 살아가는 미쓰비시중공업이야말로 세계에서 뽐낼 만한 기업의 본모습이다.

츠쿠다 가즈오 사장의 좌우명은 '성실'이라고 한다. 3만 수천 명의 직원을 거느리는 톱 위치에 있는 츠쿠다 사장은 '성실'의 의미를 누구보다도 인식하고 있을 것이라고 생각한다. 그런 만큼 평소 마음속으로는 아파하고 있음에 틀림없다. 아픔이 없다면 인간이라 말할 수 없다.

여기에서 나의 좌우명을 추쿠다 가즈오 사장에게 바친다.

내성불구內省不疚 **부하우하구**夫何忧何惧

양심에 비추어

조금이라도 꺼림칙한 곳이 없다면

무엇을 고민하랴

무엇을 두려워하랴

『논어』·「안연(顏淵)」

부
기

시나가와역 미나토 남쪽 출입구, 그리고 미쓰비시중공업 본사 현관 앞에서의 금요행동은 쉬지 않고 계속 진행되고 있다. 때로는 전단지를 배포하는 나의 얼굴을 밉다는 듯 노려보면서 가는 사람도 종종 있다. 일전에는 나의 정면에 떡 버티고 서서 한동안 아무 말도 하지 않은 채 계속 노려본 사람도 있었다. 그의 시선에서 살기조차 느껴졌다. 그 초로의 사내는 마지막에 이렇게 말하며 사라졌다.

"북한의 납치문제는 어떻게 해결할 거야?"

나는 사라지는 사내의 등 뒤를 향해 조용히 되받았다.

"이러한 문제를 빨리 해결하는 것이야말로 납치문제 해결을 위한 최선의 지름길이오."

사내는 몇 번이나 뒤돌아보며 나를 노려봤다. 아직까지도 조선인이나 중국인을 인간으로 생각하지 않는 일본인이 존재하고 있는 것처럼 느껴졌다. 하지만 이와 같은 일본인이 있는 반면에 일부러 손을 뻗어 전단지를 받는 사람이나 기부금까지 두고 이름도 밝히지 않은 채 사라지는 사람도 있다.

23회째 금요행동을 진행한 2008년 2월 1일에는 특별한 요구 집회를 실시했다. 날마다 쇠약해지는 원고들의 건강상태가 좋지 못한 소식이 들리는 상황 속에서의 긴급 요구 집회이기도 했다.

이 날에 맞추어 방일할 수 있는 체력을 지닌 원고 두 명이 찾아왔다. 김중곤과 양금덕 씨였다. 양금덕 씨 옆에는 그녀를 돌보는 정경희 씨가 동행한 상태였다. 세 사람은 도쿄에서 요구 집회 전날인 1월 31일 나고야 국제공항에 도착해 1박한 뒤 나고야 지원회의 멤버들과 함께 상경했다.

2월 1일의 집합 장소는 최고재판소 동쪽 출입구. 시각은 11시였다.

쾌청했지만 아직 2월. 꽤 차가운 아침 바람이 불었다. 나는 여느 때처럼 어필용 도구 하나를 쥐고 일찍 집을 나섰다. 도착한 것은 집합시간 30분 전이었다. 동쪽 출입문 앞에는 제복을 입은 수위 세 사람이 서 있었다.

수위가 내게 말했다.

"용건은?"

"면담입니다."

"그런가요? 아직 이르네요. 11시부터입니다."

"네, 알겠습니다."

수위는 오늘의 일정을 이미 알고 있었다.

나는 긴 천의 끝을 장대에 매달아 세운 뒤 멤버를 맞이하려고 여느 때처럼 재빨리 준비를 시작했다.

"이곳에 장대를 세울 수는 없습니다."

조용히 수위가 말했다.

"네? 그런가요?……"

"여기는 황궁과 마주보고 있으니까. 내가 안 된다고 하는 게 아니라 그렇게 정해져 있으니까요."

"네, 알겠습니다."

융통성이 없어 보이는 수위는 미안하다는 듯이 조용히 말했다. 나는 순순히 받아들였다. 장대를 세우는 것을 단념하고 멤버들의 도착을 기다리기로 했다. 최고재판소의 동쪽 출입구라고 불리는 이곳은 한조몬半藏門에서 가까웠다. 성 안의 해자를 끼고 황궁을 향하고 있었다. 나는 풀숲에 앉아서 차가운 바람을 맞으며 멤버들의 도착을 기다렸다. 당당하고 엄숙한 석조건물은 정말이지 권력의 상징이다.

11시 바로 전에 재경의 멤버들과 나고야에서 상경한 20명 넘는 일행이 도쿄역에서 택시에 합승한 뒤 잇달아 도착했다. 다카하시 마코토를 비롯해 친숙해진 얼굴들이다. 우치카와 변호단장, 이와츠키岩月 변호사의 모습도 보였다. 김중곤이 건강한 모습을 보이며 다가왔다. 우리는 말없이 서로 포옹하며 기쁨을 나누었다. 원고 양금덕 씨도 곁에 있었다. 나는 양손으로 양금덕 씨의 손을 쥔 채 다정하게 말했다.

"고생하십니다."

양금덕 씨가 웃음 띤 얼굴을 보였다. 광주에서 따라온 정경희 씨와도 인사를 나누었다.

그리고 이날 내게는 더욱 기쁜 일이 있었다. 이 책의 출간을 위해 현재 편집 작업을 진행 중인 산이치쇼보드一書房의 오카베 교시岡部淸 사장과 편집 담당 고수미 씨도 달려와 주었다. 나는 감격해서 가슴이 먹먹했다. 눈물이 북받치는 느낌이었다. 총 인원 30명이 넘었다. 이 중 건물 내의 면담실로 들어가는 인원은 17명으로 한정되었다. 나는 나고야 지원회의 도쿄 대표라는 구실하에 추천 없이 들어가게 되었다. 면담은 11시 반부터 12시까지 30분으로 예정되어 있었다. 멤버 절반은 문 앞에서 대기하기로 했다.

우리는 대기조의 박수를 받으며 건물 안으로 향했다. 동쪽 출입구는 왠지 최고재판소 뒷문의 인상을 풍긴다. 입구의 수위와 안내인은 친절했다. 거의 모든 멤버가 최고재판소 안으로 들어가는 것이 처음이었다. 나는 어렴풋이 설렘을 느꼈다.

엄숙하고 넓은 건물의 복도에는 우리들 외에 사람 그림자가 보이지 않았다. 그럴듯한 위엄이 건물 안에 가득했다.

안내받은 방 안에는 긴 테이블이 사각형으로 배치되어 있었다. 17명 전원이 입실해 착석하자 몸을 움직일 수 없을 정도로 좁았다. 바싹 붙어서 겨우 앉았다. 소정의 용지에 전원이 주소와 씨명을 기입했다.

이윽고 50대로 보이는 남성이 입실한 뒤 정면의 테이블에 앉아 정중히 인사를 했다. 매우 겸허한 자세였다. 법정 주석서기관 보좌라고 했다. 요청의 개시였다.

맨 처음에 이와츠키 변호사가 화해권고를 촉구하는 요청 내용을 설명한 뒤 상신서上申書를 제출했다.

이어서 원고 양금덕 씨가 통역을 통해 피해 사실을 조금 격앙된 목소리로 약 20분간에 걸쳐서 얘기했다. 남은 시간이 충분하지 않았다. 그 뒤 김중곤이 조용히 말했다.

"이제 할 얘기가 없습니다. 저는 여기에 정리해서 써왔으니 나중에 읽어주십시오."

그렇게 말하며 준비해 온 문서를 제출했다. 그것을 주석서기관 보좌가 수령했다.

마지막으로 우치카와 변호단장이 다시 한번 강력히 요청했다. 예정한 30분이 조금 지나 있었다. 무사히 요청 면접이 끝난 것이다. 왠지 개운한 느낌이 들었다.

동쪽 출입구로 나가자 문밖에서 대기하고 있던 멤버들이 박수로 맞이해주었다. 감동적이었다. 이렇게 최고재판소에서의 요청을 끝마쳤다.

이어서 시나가와역 미나토 남쪽 출입구로 이동했다. 그 뒤 택시에 합승했다. 다카하시 마코토의 지시로 나는 산이치쇼보의 오카베 교시 사장, 고수미 씨, 그리고 비디오 작가이며 '한일회담 문서 전면 공개를 요구하는 모임'의 사무국장인 고다케 히로코小竹弘子 씨와 동승했다. 오늘 하루 마지막까지 이 멤버들과 같이 이동하면서 행동하게 되었다.

이윽고 시나가와역 미나토 남쪽 출입구에 도착했다. 4명은 가까운 레스토랑에서 즐겁게 점심 식사를 할 수 있었다. 각각 그룹별로 점심 식사를 한 뒤 오후 1시에 역 앞에 전원이 집합했다. 그리고 약 1시간에 걸쳐 역전에서 어필행동을 실시했다. 이 정도로 다수의 어필행동은 처음이었다. 변호단부터 오카베 사장까지 전단지 배포를 도와주었다. 나는 기뻐서 우왕좌왕할 뿐이었다.

2시부터 3시까지 원고 2명, 통역 1명과 대표인 다카하시 마코토 등 4명이 미쓰비시중공업 측과 면담하기로 되어 있었다. 이 기회를 마련하기까지 다카하시 마코토의 노력은 언어로 형용할 수 없는 것이었다. 오늘 하루의 행동을 지켜보고 다카하시 마코토에게 나는 전에 없던 기백을 느꼈다. 다카하시 마코토뿐이 아니었다. 변호단과 고이데 유타카 그리고 데라오 데루미寺尾光身 등 전원의 눈빛이 달라 보였다.

드디어 미쓰비시중공업 본사 앞으로 모두 이동했다.

4명이 미쓰비시중공업 본사 빌딩으로 들어갔다. 횡단막을 친 뒤 전원은 묵묵히 현관 앞에서 기다렸다. 핸드스피커도 사용하지 않고 전단지도 배포하지 않는 무언의 항의였다. '무언'이라는 것에 이상한 힘이 느껴졌다.

이렇게 1시간이 금세 지나갔다. 그렇지만 약속 시간이 지나도 대표 4명이 좀처럼 나오지 않았다. 면담이 길어지는 듯한 느낌이었다. 교섭의 성과가 기대되었다. 하지만 그 후 4시부터 중의원 의원회관 내에서 사회보험청 직원과의 조사 요구 집회가 예정되어 있었다.

미쓰비시중공업과의 긴 면담을 끝내고 4명이 나온 것은 예정시간 30분을 넘겨 3시 반이 지날 무렵이었다. 웃는 얼굴로 나온 대표들의 표정에서 모두 요청면담의 성과를 느꼈다. 우리는 힘찬 박수로 4명을 맞이했다.

간단한 보고집회를 그 자리에서 열었다. 다카하시 마코토가 모든 이들 앞에서 간단한 보고를 했다.

"미쓰비시중공업 측에서는 총무과장 이하 6명이 출석해 차 접대도 했습니다." 다카하시 마코토는 얄궂은 미소를 띠우며 보고했다.

츠쿠다 가즈오佃和夫 사장 앞으로 '조기해결을 위한 요청서'를 제출했다. 중곤 자신도 최고재판소에 제출한 것과 같은 문서를 건넸다고 했다. 면담 자리에서는 양금덕 씨가 요청 때와 마찬가지로 피해 사실과 조기해결을 강하게 호소했다. 전체의 분위기는 나쁘지 않았다고 했다. 원고들의 얘기를 듣는 것만이 항상 일관된 미쓰비시중공업 측의 자세였다. 그러나 이번에는 일찍이 보지 못했던 온화한 분위기였다고 전했다. 뭔가가 바뀌려는 조짐일까? 그 내용은 김중곤의 감상을 통해서도 들을 수가 있었다. 아무튼 면담은 해결을 향한 발걸음을 한발 전진시켰음에 틀림없다. 문은 갑자기 열릴 수도 있다. 지금까지 접해본 적이 없을 정도로 온화했던 사사키佐々木 총무과장의 표정이 회장의 분위기를 자아냈는지도 모르겠다. 그것은 무엇을 의미하는 것일까?

미쓰비시중공업 본사 앞에서 요청면담 보고집회를 간단히 마치고 다시 회원들은 택시에 합승해 중의원 의원회관으로 향했다. 예정 시간이 이미 지나 있었다.

최후의 요청 장소는 사회보험청이었다. 직원 2명이 의원회관 회의실에서 기다리고 있었다. 전원이 회의실로 들어갔다. 좁은 회의실은 열기로 가득 찼다. 사회보험청 직원이 정중히 응대했다. 여기에서는 고이데 유타카가 주역이 되어 설명했다. 그리고 요청서를 건넸다. 양금덕 씨의 후생연금보험 탈퇴수당과 고 김순례 씨, 김복례 씨의 후생연금 보험가입 상황의 조사 보고에 대한 요청이었다. 고이데 유타카가 아니면 불가능한 치밀한 조사 요청이었다. 새로운 시점의 요청 내용에 나는 내심 감복하고 있었다. 사회보험청 직원은 마지막까지 정중히 응대하며 조사 기간으로 3개월의 시간을 달라고 회답했다.

이렇게 해서 약 1시간에 걸친 요청면담은 끝났다.

원고나 나고야 지원회 멤버들의 숙박장소는 간다 사루가쿠초에 있는 YMCA아시아청소년센터였다. 3번째 택시에 탑승해 이 마지막 장소로 이동했다.

오후 6시 전원이 모여 조촐한 저녁 식사 모임을 시작했다. 맥주로 목을 축였다. 긴 하루의 행동 뒤 전원이 한숨을 쉬면서 웃음을 보였다. 화기애애한 밝은 분위기는 여느 때와 같았다.

독특하고 유머 넘치는 우치카와 변호단장의 스피치를 들으니 웃음이 터져 나왔다. 즐거운 한때가 지나갔다. 전원이 간단히 스피치를 했다. 그때마다 박수와 웃음이 터져 나왔다. 서로에게 즐거운 위로모임이기도 했다. 처음 참가한 산이치쇼보의 오카베 사장, 편집 담당 고수미 씨도 스피치를 하게 되어 특히 큰 박수를 받았다. 모두 원군을 맞이한 기분이었다. 회합은 2시간 반 동안 계속되었다. 참으로 온화한 하루의 끝맺음이었다.

다음 날 하네다 공항에서 한국으로 귀국하는 원고들을 나고야 지원회의 멤버들이 전원 배웅했다.

벌써 캘린더는 3월로 넘어가고 있었다. 그 후에도 금요행동은 쉬지 않고 이어지고 있다. 작열하는 한여름에 시작한 금요행동이었다. 추운 바람이 매섭던 겨울을 보내고 상쾌한 춘풍의 계절을 맞이했다.

곧 내려질 최고재판소의 판단을, 만감을 담아 기도드리며 기다리고 있다.

그리고 인도주의에 근거한 성실한 미쓰비시중공업의 답변을 매일 손 모아 기다리고 있다.

미주

1 한일조약 : 한일기본조약, 한일어업협정, 재일한국인 법적지위협정, 한일청구권 경제협력 협정의 총칭.

2 "한일청구권·경제협력 협정" 제2조 ①
조약국은 양 조약국 및 그 국민(법인을 포함)의 재산, 권리 및 이익과 함께 양 조약국 및 그 국민 사이의 청구권에 관한 문제가 1951년 9월 8일 샌프란시스코시에서 서명한 일본과의 평화조약 4조(a)에 규정된 것을 포함해 완전히 최종적으로 해결된 것임을 확인한다.
→ 일본과의 평화조약(샌프란시스코평화조약) 제4조【재산】
(a) 이 조항의 (b)의 규정을 보류하고 일본 및 그 국민의 재산으로 제2조에 거론한 지역에 존재하는 것, 혹은 일본 및 그 국민의 청구권(채권을 포함)으로 실제로 이들 지역의 시정을 행하는 당국 및 그곳의 주민(법인을 포함)에 대한 대상의 처리와 함께 일본에 있어서의 이들 당국 및 주민의 재산, 일본 및 그 국민에 대한 이들 당국 및 주민의 청구권(채권을 포함)의 처리는 일본과 이들 당국과의 사이에 특별 약정의 주제로 한다. 제2조에 거론하는 지역에 존재하는 연합국, 혹은 그 국민의 재산은 아직 반환되지 않은 한 시정을 행하고 있는 당국이 현 상태에서 반환해야 한다. (국민이라는 말은 이 조약에서 사용할 때는 항상 법인을 포함한다)
(b) 일본은 제2조 및 제3조에서 거론하는 지역의 어느 곳엔가 존재하는 합중국 군정부에 의해, 혹은 그 사령에 따라 시행된 일본 및 그 국민의 재산 처리의 효력을 승인한다.

3 외교보호권 : 자국민이 외국에서 손해를 입었음에도 그 나라의 국내법의 절차에 따라 구제받지 못하는 경우 본국이 그 나라에게 적절한 구제를 안겨주도록 청구하는 권리. 이 권리는 국가에 속하며 개인의 권리는 아니다.

4 강화조약 : 전쟁을 포기하고 국제관계를 전쟁 전의 평화 상태로 되돌리는 계약.

인간의 보루

후기

무턱대고 여행을 떠나고 싶다는 생각에 사로잡힐 때가 있다. 현실에서 벗어나고 싶거나 형언할 수 없을 만큼 인생의 덧없음을 느낄 때 스치는 자기도피와 같은 생각일지도 모르겠다. 내가 홀로 떠난 첫 한국 여행도 바야흐로 그런 유혹에 의한 것이었다. 이미 나는 50대 중반에 가까운 중년 샐러리맨이었다.

어째서 난 이 시기에 여행의 유혹을 이기지 못했던 것일까? 그 이유는 명백했다. 약 반세기를 보내면서 나는 두 번이나 죽을 고비를 넘겼다.

첫 번째 죽을 고비는 17세, 고등학교 2학년이 된 지 얼마 지나지 않았을 때였다. 당시 불치의 병이라고 일컫는 폐결핵이 발병했다. 4년 동안 긴 요양생활을 하지 않을 수 없었다.

목숨을 건진 나는 고등학교 1학년부터 재출발을 했다. 21세였다. 반 병자였던 나는 불안에 시달리는 일상을 보냈다. 덧없다는 관념과 불량한 피는 이때 길러졌다.

그럭저럭 대학 졸업 후 출판사에 취직했다. 5년 후의 32세 때는 고민도 없이 독립해 영세 출판사를 설립했다. 출판물은 전부 불량 문학서. 독립은 자금 융통에 쫓기는 나날의 시작이기도 했다. 지옥과 같은 자금 융통의 생활도 3년 만에 막을 내리게 되었다.

힘이 다한 나는 막대한 부채 앞에서 죽음을 결심했다. 적당한 장소를 찾으며 방황했다. 도착한 니시이즈西伊豆의 작은 민박집 2층 구석에 숨어 아마기산天城山에서 마지막 순간을 맞기로 결정한 그날 밤 우연히 텔레비전 전원을 켰다. 그리고 흑인 여성 가스펠 가수 마할리아 잭슨의 노래와 영상을 접했다. 영상은 지난해의 일본공연 때에 촬영된 것이었다. 그때까지는 이 위대한 가수의 이름조차 알지 못했다. 영혼이 흔들렸다. 이전이나 이후 통틀어 내가 음악을 듣고 눈물을 흘린 것은 이때뿐이었다. 살아야겠다는 힘이 희미하게나마 솟았다.

지옥에서 빠져나온 나는 연이 있어서였는지 부흥기를 맞이한 주택산업계에 투신하게 되었다. 하루하루를 헤아리듯 버거운 나날을 보냈다. 빚의 변제와 결별한 처자에게 보내는 생활비가 모든 노동의 목적이었다. 하지만 나는 주택산업에 커다란 매력을 느끼고 일에 열중했다. 그 거대한 산업의 매력에 사로잡혔다. 이후 이 업계에서 빠져나오려고 생각한 적은 한 번도 없었다. 이렇게 십몇 년이 순식간에 지나갔다.

버블경제가 업계를 끓어오르게 했다. 나는 50대 중반에 들어서 빚이라는 속박에서 겨우 풀려날 수 있었다.

인간의 보루

나는 갑자기 일본에서 뛰쳐나와 여행을 떠나고 싶다는 강한 유혹에 이끌렸다. 여행지는 한국 이외에는 생각할 수 없었다. 경제적 문제와 시간을 염두에 두더라도 가장 가까운 외국은 한국이다.

1990년 5월 나는 초여름의 햇볕이 내리쬐는 한국으로 건너갔다. 서울에서 2박 3일을 머무르는 혼자만의 여행이었다. 애당초 성격이 멋대로인 내게는 기분 내키는 대로 행동할 수 있는 홀로 여행이야말로 가치가 있었다.

이 첫 한국 여행이 계기가 되어 홀리듯 방한을 반복하게 될 줄은 생각지도 못했다.

도대체 한국의 어디가 그 정도로 내 마음을 사로잡은 것일까? 한국의 문화, 풍속, 역사, 그리고 소박한 민족성에 홀려버린 것이다.

조선은 일본에 의해 36년간의 식민지 지배에 시달렸다. 태평양전쟁 말기에는 강제연행·강제노동으로 도탄에 빠져 고통스런 세월을 보내야 했다. 그리고 해방 후의 혼란, 한국전쟁, 남북분단 등 이와 같은 가혹한 역사는 결코 일본과 무관하지 않다. 일본국민은 이웃나라에 대해서 너무나도 무지하다. 조선여자정신대 문제 하나 해결할 수 없는 원흉은 일본인의 무지에 있다고 생각하지 않을 수 없다.

최초의 한국 여행으로부터 벌써 20년 가까운 세월이 흐르고 있다. 여권을 펼쳐 비자를 헤아리면 70회가 넘는다. 책장은 어느 틈엔가 한국 관련서로 가득 찼다.

그리고 나는 많은 한국인들을 알게 되었다. 특히 그 우연한 만남, 한 인간에게 축적된 역사라는 시점에서 보면 김중곤 씨와의 교류가 가장 드라마틱하고 중요하게 느껴진다. 최근 수 년간 나는 이 책을 집필하는 일에 몰두했다. 끝없이 미로를 헤매는 듯한 괴로운 나날이었다. 쓰면서 배우고 구원받으려 했던 나는 구원받기는커녕 깊은 고통 속을 방황하는 느낌이었다.

나는 인도주의와 현실주의의 이념에 의지해 행동함으로써 겨우 미로에서 빠져나올 수 있었다고 생각한다.

이 책을 정리하는 데 김중곤 씨, 홍은자洪銀子 선생님(제주대학교 일본문학 강사)이 여러모로 협력을 아끼지 않았다. 또한 '나고야 미쓰비시 조선여자근로정신대 소송을 지원하는 모임'의 다카하시 마코토, 데라오 데루미, 고이데 유타카, 도미다 다카마사 선생님을 비롯해 많은 멤버들, 그리고 우치카와 요시카즈 변호단장, 이와츠키 고지 변호사에게 매우 신세를 졌다(경칭을 생략하는 경우도 있는데, 내게는 다난한 세월을 보내며 만날 수 있었던 동지들이므로 그렇게 표현한 경우도 있다. 양해를 바란다).

그리고 무엇보다 산이치쇼보 오카베 교시 사장님의 격려와 편집

부의 고수미 씨, 고스가이 이사오小番伊佐夫 씨 등의 협력에 감사드린
다. 이곳에 한 사람 한 사람 이름을 나열할 수는 없지만 그 외에 이
책이 햇빛을 보게 되기까지 협력과 격려를 아끼지 않으신 많은 분
들에게 사의를 표한다.

2008년 3월
야마카와 슈헤이

역자 후기

이 책은 근로정신대 징용 현안과 일본의 양심적 시민단체의 활동 등을 주제로 다룬 일본 작가 야마카와 슈헤이 씨의 자전적 에세이다.

현재 이 근로정신대 징용 현안은 중요한 화제다. 또한 한일 간에 갈등을 야기하는 중대한 이슈로 부각되고 있는 만큼 국내의 많은 이들이 공유해야 할 사항이다.

일부 전문가를 제외하고 대부분의 국민이 근로정신대 문제를 일본군 위안부 문제와 혼동하는 현실에서 이 책은 근로정신대의 역사와 실상을 제시한다. 한일 간의 외교적 분쟁에 대한 해법을 모색하는 데 참고로 삼을 수 있는 내용이라고 생각한다.

이야기는 야마카와 슈헤이와 징용(근로정신대) 피해자의 유족 김중곤의 우연한 만남을 축으로 전개된다.

야마카와 슈헤이는 김중곤을 우연히 제주도에서 만나 양심적 일본인으로 거듭난 뒤 일본의 시민단체(나고야 미쓰비시 조선여자근로정신대 소송을 지원하는 모임)에 가입해 근로정신대 피해자들의 지원에 매진한 활동가이다.

그와 인간적 교류를 맺는 김중곤은 1944년 근로정신대로 나고야 미쓰비시중공업에 끌려가 불법노역에 시달리던 여동생 순례를 도난카이 지진으로 저세상으로 떠나보낸 유족이다.

김중곤은 피해를 입은 당사자이기에 줄곧 일본에서부터 근로정신대 피해자들의 인권회복을 위해 소송과 투쟁을 전개했다. 야마카와 슈헤이는 김중곤을 통해 이 사실을 접하고 근로정신대 운동에 본격적으로 뛰어들었다. 두 사람은 근로정신대 문제 해결을 위해 호흡을 함께 해온 역사적 증인이며 국경을 초월한 동지인 셈이다. 안타깝게 김중곤은 소송 진행 중 노환으로 지난(2019년) 1월 말 세상을 등졌다.

스토리는 야마카와 슈헤이가 김중곤의 증언과 일생을 접하고 근로정신대 현안에 본격적으로 관심을 표명하면서 발전한다. 자전적 에세이 형태이지만 도입부에서 소설적 구성형식을 띠며 작가와 유족(김중곤)의 만남을 생생하게 그리고 있다. 또한 이야기가 본격적으로 펼쳐짐에 따라 호소력 있게 일본 양심적 시민단체의 활약상과 창립배경, 그리고 재판과정에 대해서도 아주 구체적으로 기록하고 있다.

이 내용은 작가가 근로정신대 활동과 여러 사람의 증언을 토대로 사실을 기록한 것으로서 근로정신대에 관한 한 빠뜨릴 수 없는 중요한 실록임에 틀림없다.

후반부에는 일본정부와 전범기업의 파행적 구조를 파헤치고, 어떻게 하면 근로정신대 피해자들이 전범기업에게 사죄와 배상을 받을 것인지, 각 전문가들의 지혜와 해결방안을 제시한다. 나아가 21세기 현시점에서 한일관계를 돌아보며 국가란, 인권이란, 인간의 양심이란 무엇인지를 진지하게 묻는다.

작가가 본문에 잘 소개하지만 일본의 근로정신대 피해자 지원 단체이자 양심적 시민모임인 '나고야 미쓰비시 조선여자근로정신대 소송을 지원하는 모임(다카하시 마코토 대표)'이 우리 피해자들의 권익 활동과 소송 지원을 위해 결성된 것은 1998년.

결성 이후 2009년까지 10여 년간 '나고야 지원회'(약칭)는 일본에서 진행되는 재판에 참석하기 위해 왕래하는 피해자 할머니들의 체제비와 항공료, 소송비 등을 전액 지원했다. 그 이후로도 이들은 피해자뿐만 아니라 유족과도 돈독한 관계를 유지, 그들의 심경과 애환에 공감하며 법적 투쟁을 함께해왔다.

1999년 나고야 지방재판소에 제기한 손해배상 소송 1심에서 패소하고(2005년), 2007년 항소심에서도 패소했지만 '나고야 지원회'는 그것을 계기로 일본제국주의 시대의 일본정부와 전범기업의 가해 역사를 알리고 피해자의 인권회복을 호소하기 위해 '금요행동'을 펼치기 시작했다.

미쓰비시중공업과 협상 테이블에 앉았던 2년 동안(2010~2012년)

인간의 보루

을 제외하고 매주 금요일마다 자비를 털어 신간선으로 도쿄와 나고야를 오가며 도쿄 미쓰비시중공업 본사 앞에서 원정투쟁을 전개해온 그들의 목소리와 활약상이 이 책에 생생하게 담겼다.

2008년 도쿄 최고재판소에서도 원고들의 청구가 받아들여지지 않자 이런 분위기에 맞서 국내에서는 '근로정신대 할머니와 함께하는 시민모임'이 결성되었다(2009년). 이를 계기로 '나고야 지원회'와 '근로정신대 시민모임'(약칭)은 피해자 지원을 위한 본격적인 연대활동을 전개한다.

이런 한일 시민단체의 연대활동과 근로정신대 징용피해에 대한 관심을 호소하는 목소리에 호응하듯 2012년 5월 국내의 대법원은 일본기업에 배상 책임이 있다는 판결을 내렸다.

2012년 7월 미쓰비시와의 2년 동안의 협상결렬 이후 2차 금요행동을 전개하는 '나고야 지원회'의 각오가 남달랐을 것이었음에 틀림없다.

대법원 판결 이후 양금덕 할머니 등 피해자와 유족은 미쓰비시중공업을 상대로 광주지방법원에 2012년 손해배상청구 소송을 제기했다. 2013년 광주지방법원은 피해자들의 손을 드는 승소판결을 내렸다. 또한 2018년 11월 대법원도 최종적으로 피해자들 승소를 인정하는 판결을 내렸다.

하지만 미쓰비시중공업은 1965년의 한일청구권협정으로 근로정신대 문제는 해결됐다는 일본정부의 논리만을 추종하며 묵묵부답이다.

"일본인인데 왜 한국인과 관련한 일을 그렇게 열심히 하는가?"
"가해국의 시민으로서 해야 할 당연한 일을 하고 있을 뿐이다."

나고야 지원회 분들의 대답이다. 이 대답에서 책에 담긴 그들의 활약상과 투쟁의 근거가 인간의 보루(양심)임을 확인할 수 있다.
근로정신대 문제에 대한 이해를 위해 일본인이 진심으로 양심의 가책을 느끼고 쓴 이 에세이를 국내의 독자들과 널리 공유하고 싶다. 일본의 가해 역사를 깊이 자성하며 제시하는 화해의 시각으로 쓰여졌기에 그 누구의 발언보다 호소력이 있으리라고 여겨진다.

2020년 2월
김정훈

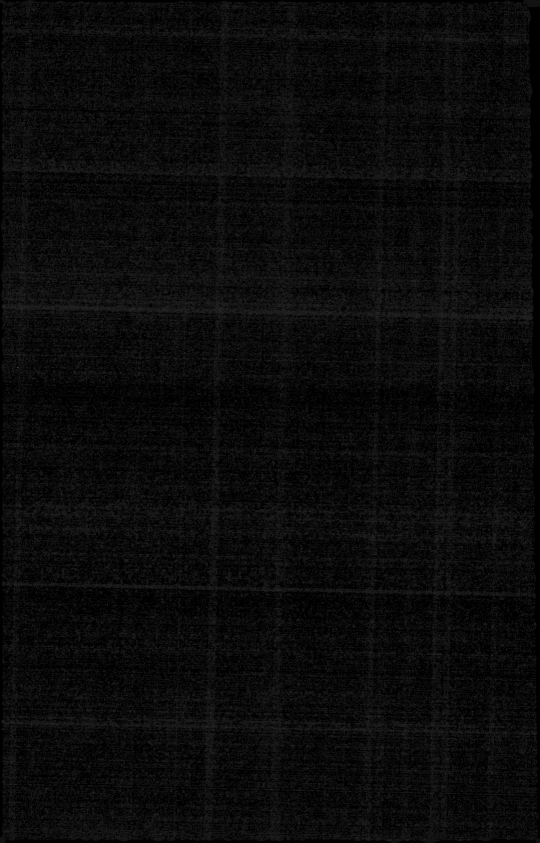